Vf 2315

LES
CLASSIQUES FRANÇOIS

PUBLIÉS

PAR M. LEFÈVRE.

DIX-SEPTIÈME VOLUME.

OEUVRES

DE

P. CORNEILLE

AVEC LES NOTES

DE TOUS LES COMMENTATEURS.

TOME TROISIÈME.

A PARIS,

CHEZ FIRMIN DIDOT FRÈRES, LIBRAIRES,
RUE JACOB, 56;
ET CHEZ L'ÉDITEUR, RUE HAUTEFEUILLE, 18.

M DCCC LIV.

L'ILLUSION[1],

COMÉDIE.

1636.

---

[1] Var. *L'Illusion comique.* (1639-54.)

A MADEMOISELLE

M. F. D. R.

Mademoiselle,

Voici un étrange monstre[1] que je vous dédie. Le premier acte n'est qu'un prologue, les trois suivants font une comédie imparfaite, le dernier est une tragédie : et tout cela cousu ensemble fait une comédie. Qu'on en nomme l'invention bizarre et extravagante tant qu'on voudra, elle est nouvelle; et souvent la grace de la nouveauté, parmi nos François, n'est pas un petit degré de bonté. Son succès ne m'a point fait de honte sur le théâtre, et j'ose dire que la représentation de cette pièce capricieuse ne vous a point déplu, puisque vous m'avez commandé de vous en adresser l'épître

---

[1] Cette pièce mérite véritablement le nom que lui donne Corneille, et pouvait être regardée comme un sommeil de l'auteur après la tragédie de *Médée* : mais quel réveil que la pièce du *Cid*, qui suivit immédiatement cette farce !

Le personnage de Matamore fit cependant le succès de *l'Illusion comique*, et la conserva même assez long-temps au théâtre. Le public, dont le goût n'était pas encore formé, prenait pour beau ce qui n'était que bizarre, ou même extravagant. (P.)

quand elle iroit sous la presse. Je suis au désespoir de vous la présenter en si mauvais état, qu'elle en est méconnoissable : la quantité de fautes que l'imprimeur a ajoutées aux miennes la déguise, ou, pour mieux dire, la change entièrement. C'est l'effet de mon absence de Paris, d'où mes affaires m'ont rappelé sur le point qu'il l'imprimoit, et m'ont obligé d'en abandonner les épreuves à sa discrétion. Je vous conjure de ne la lire point que vous n'ayez pris la peine de corriger ce que vous trouverez marqué ensuite de cette épître. Ce n'est pas que j'y aie employé toutes les fautes qui s'y sont coulées; le nombre en est si grand, qu'il eût épouvanté le lecteur : j'ai seulement choisi celles qui peuvent apporter quelque corruption notable au sens, et qu'on ne peut pas deviner aisément. Pour les autres, qui ne sont que contre la rime, ou l'orthographe, ou la ponctuation, j'ai cru que le lecteur judicieux y suppléeroit sans beaucoup de difficulté, et qu'ainsi il n'étoit pas besoin d'en charger cette première feuille. Cela m'apprendra à ne hasarder plus de pièces à l'impression durant mon absence. Ayez assez de bonté pour ne dédaigner pas celle-ci, toute déchirée qu'elle est; et vous m'obligerez d'autant plus à demeurer toute ma vie,

MADEMOISELLE,

Le plus fidèle et le plus passionné
de vos serviteurs,
CORNEILLE.

ACTEURS.

ALCANDRE, magicien.
PRIDAMANT, père de Clindor.
DORANTE, ami de Pridamant.
MATAMORE, capitan gascon, amoureux d'Isabelle [1].
CLINDOR, suivant du Capitan, et amant d'Isabelle [2].
ADRASTE, gentilhomme, amoureux d'Isabelle.
GÉRONTE, père d'Isabelle.
ISABELLE, fille de Géronte.
LYSE, servante d'Isabelle.
Geolier de Bordeaux.
Page du Capitan.
CLINDOR, représentant Théagène, seigneur anglois.
ISABELLE, représentant Hippolyte, femme de Théagène.
LYSE, représentant Clarine, suivante d'Hippolyte.
ÉRASTE, écuyer de Florilame.
Troupe de domestiques d'Adraste.
Troupe de domestiques de Florilame.

La scène est en Touraine, en une campagne proche de la grotte du magicien.

Noms des acteurs qui ont joué d'original dans l'Illusion.

[1] Bellerose. — [2] Mondory.

L'ILLUSION[1].

ACTE PREMIER.

SCÈNE I.

PRIDAMANT, DORANTE.

DORANTE.
Ce mage, qui d'un mot renverse la nature,
N'a choisi pour palais que cette grotte obscure.

[1] Dans cette pièce le célèbre comédien Mondory est représenté sous le nom de Clindor dont il jouait le rôle, et une partie de ses aventures sont racontées à la fin du premier acte. Avant d'être un grand artiste, et bien jeune encore, il avait composé des *parades* et des *ponts-neufs*, puis après diverses fortunes il s'était fait clerc de procureur. Corneille s'est représenté lui-même sous le masque du magicien Alcandre, et le duc d'Épernon paraît avoir été le modèle du Capitan gascon. Pendant son séjour à Bordeaux, Mondory avait fait partie de la maison de ce grand seigneur, et c'est lui probablement qui signala à Corneille les principaux traits de ce caractère. *L'Illusion comique* n'est donc qu'un cadre plus ou moins bizarre, où le poëte se met en scène avec son acteur chéri. Il lui avait autrefois confié le sort de *Mélite*, et Mondory s'était montré digne de cette confiance en coopérant de tous ses talents au succès de cette première pièce. Ici Corneille trace l'apologie du grand artiste; il raconte au public ses bonnes et ses mauvaises fortunes, et veut qu'on applaudisse sa constance et son courage comme on applaudit son

8 L'ILLUSION.

La nuit qu'il entretient sur cet affreux séjour,
N'ouvrant son voile épais qu'aux rayons d'un faux jour,
De leur éclat douteux n'admet en ces lieux sombres
Que ce qu'en peut souffrir le commerce des ombres.
N'avancez pas! son art au pied de ce rocher
A mis de quoi punir qui s'en ose approcher;
Et cette large bouche est un mur invisible,
Où l'air en sa faveur devient inaccessible,
Et lui fait un rempart, dont les funestes bords
Sur un peu de poussière étalent mille morts.
Jaloux de son repos plus que de sa défense,
Il perd qui l'importune, ainsi que qui l'offense ;
Malgré l'empressement d'un curieux désir [1],

génie. C'était lui témoigner dignement sa reconnaissance, car la pièce n'avait pas d'autre but que de relever Mondory aux yeux de son père qui s'effarouchait d'avoir un fils comédien. L'éloge du théâtre, qui termine le cinquième acte, dut remplir cet objet. Mais Corneille fit encore plus pour son ami lorsque, quelques mois plus tard, il lui offrit le rôle du *Cid*, qui mit le sceau à la réputation du grand acteur et qui créa celle du grand poëte. — Tristan, dans la préface de sa tragédie de *Panthée*, a tracé de Mondory un portrait qui donne une haute idée des talents de cet acteur : « Jamais homme, dit-il, ne parut avec plus d'honneur « sur la scène. Il s'y fait voir tout plein de la grandeur des pas- « sions qu'il représente ; et comme il est préoccupé lui-même, il « imprime fortement dans les esprits tous les sentiments qu'il « exprime. Les changements de son visage semblent venir des « mouvements de son cœur, et les justes nuances de sa parole et « les bienséances de ses actions forment un concert admirable « qui ravit tous les spectateurs. » — Après un pareil éloge, on comprend que l'admiration ait inspiré à Corneille cette comédie apologétique de son acteur favori. (A.-M.)

[1] VAR. Si bien que ceux qu'amène un curieux désir,
    Pour consulter Alcandre, attendent son loisir. (1639-54.)

Il faut, pour lui parler, attendre son loisir :
Chaque jour il se montre, et nous touchons à l'heure
Où, pour se divertir, il sort de sa demeure.

PRIDAMANT.

J'en attends peu de chose, et brûle de le voir.
J'ai de l'impatience, et je manque d'espoir.
Ce fils, ce cher objet de mes inquiétudes,
Qu'ont éloigné de moi des traitements trop rudes,
Et que depuis dix ans je cherche en tant de lieux,
A caché pour jamais sa présence à mes yeux.
  Sous ombre qu'il prenoit un peu trop de licence,
Contre ses libertés je roidis ma puissance;
Je croyois le dompter à force de punir,
Et ma sévérité ne fit que le bannir.
Mon ame vit l'erreur dont elle étoit séduite :
Je l'outrageois présent, et je pleurai sa fuite;
Et l'amour paternel me fit bientôt sentir
D'une injuste rigueur un juste repentir.
Il l'a fallu chercher : j'ai vu dans mon voyage
Le Pô, le Rhin, la Meuse, et la Seine, et le Tage :
Toujours le même soin travaille mes esprits;
Et ces longues erreurs ne m'en ont rien appris.
Enfin, au désespoir de perdre tant de peine,
Et n'attendant plus rien de la prudence humaine,
Pour trouver quelque borne à tant de maux soufferts [1],
J'ai déja sur ce point consulté les enfers;
J'ai vu les plus fameux en la haute science [2]
Dont vous dites qu'Alcandre a tant d'expérience :

---

[1] Var. Pour trouver quelque fin à tant de maux soufferts. (1639.)

[2] Var. J'ai vu les plus fameux en ces noires sciences. (1639-54.)
. . . .
Où en faisoit l'état que vous faites de lui. (1639-54.)

On m'en faisoit l'état que vous faites de lui,
Et pas un d'eux n'a pu soulager mon ennui.
L'enfer devient muet quand il me faut répondre,
Ou ne me répond rien qu'afin de me confondre.

DORANTE.

Ne traitez pas Alcandre en homme du commun ;
Ce qu'il sait en son art n'est connu de pas un.
 Je ne vous dirai point qu'il commande au tonnerre,
Qu'il fait enfler les mers; qu'il fait trembler la terre,
Que de l'air, qu'il mutine en mille tourbillons,
Contre ses ennemis il fait des bataillons,
Que de ses mots savants les forces inconnues
Transportent les rochers, font descendre les nues,
Et briller dans la nuit l'éclat de deux soleils ;
Vous n'avez pas besoin de miracles pareils :
Il suffira pour vous qu'il lit dans les pensées,
Qu'il connoît l'avenir et les choses passées [1];
Rien n'est secret pour lui dans tout cet univers,
Et pour lui nos destins sont des livres ouverts.
Moi-même, ainsi que vous, je ne pouvois le croire ;
Mais, sitôt qu'il me vit, il me dit mon histoire ;
Et je fus étonné d'entendre le discours
Des traits les plus cachés de toutes mes amours [2].

PRIDAMANT.

Vous m'en dites beaucoup.

DORANTE.

    J'en ai vu davantage.

PRIDAMANT.

Vous essayez en vain de me donner courage,

---

[1] Var. Et connoît l'avenir et les choses passées. (1639.)

[2] Var. Des traits les plus cachés de mes jeunes amours. (1639-54.)

Mes soins et mes travaux verront, sans aucun fruit,
Clore mes tristes jours d'une éternelle nuit.
DORANTE.
Depuis que j'ai quitté le séjour de Bretagne
Pour venir faire ici le noble de campagne,
Et que deux ans d'amour, par une heureuse fin,
M'ont acquis Silvérie et ce château voisin,
De pas un, que je sache, il n'a déçu l'attente :
Quiconque le consulte en sort l'ame contente.
Croyez-moi, son secours n'est pas à négliger :
D'ailleurs, il est ravi quand il peut m'obliger ;
Et j'ose me vanter qu'un peu de mes prières
Vous obtiendra de lui des faveurs singulières.
PRIDAMANT.
Le sort m'est trop cruel pour devenir si doux.
DORANTE.
Espérez mieux : il sort, et s'avance vers nous [1].
Regardez-le marcher ; ce visage si grave,
Dont le rare savoir tient la nature esclave,
N'a sauvé toutefois des ravages du temps
Qu'un peu d'os et de nerfs qu'ont décharnés cent ans ;
Son corps, malgré son âge, a les forces robustes,
Le mouvement facile, et les démarches justes :
Des ressorts inconnus agitent le vieillard,
Et font de tous ses pas des miracles de l'art.

---

[1] Var. Espérez mieux : il sort, et s'avance vers vous. (1639.)

SCÈNE II.

ALCANDRE, PRIDAMANT, DORANTE.

DORANTE.
Grand démon du savoir, de qui les doctes veilles
Produisent chaque jour de nouvelles merveilles,
A qui rien n'est secret dans nos intentions,
Et qui vois, sans nous voir, toutes nos actions;
Si de ton art divin le pouvoir admirable
Jamais en ma faveur se rendit secourable,
De ce père affligé soulage les douleurs;
Une vieille amitié prend part en ses malheurs.
Rennes, ainsi qu'à moi, lui donna la naissance,
Et presque entre ses bras j'ai passé mon enfance;
Là, son fils, pareil d'âge et de condition [1],
S'unissant avec moi d'étroite affection....

ALCANDRE.
Dorante, c'est assez, je sais ce qui l'amène;
Ce fils est aujourd'hui le sujet de sa peine.
Vieillard, n'est-il pas vrai que son éloignement
Par un juste remords te gêne incessamment?
Qu'une obstination à te montrer sévère
L'a banni de ta vue, et cause ta misère?
Qu'en vain, au repentir de ta sévérité,
Tu cherches en tous lieux ce fils si maltraité?

PRIDAMANT.
Oracle de nos jours, qui connois toutes choses,
En vain de ma douleur je cacherois les causes:

---

[1] Var. Là, de son fils et moi naquit l'affection;
Nous étions pareils d'âge et de condition. (1639-54.)

ACTE I, SCÈNE II.

Tu sais trop quelle fut mon injuste rigueur,
Et vois trop clairement les secrets de mon cœur.
Il est vrai, j'ai failli; mais, pour mes injustices,
Tant de travaux en vain sont d'assez grands supplices :
Donne enfin quelque borne à mes regrets cuisants,
Rends-moi l'unique appui de mes débiles ans.
Je le tiendrai rendu, si j'en ai des nouvelles [1];
L'amour pour le trouver me fournira des ailes.
Où fait-il sa retraite? en quels lieux dois-je aller?
Fût-il au bout du monde, on m'y verra voler.

ALCANDRE.

Commencez d'espérer; vous saurez par mes charmes
Ce que le ciel vengeur refusoit à vos larmes.
Vous reverrez ce fils plein de vie et d'honneur :
De son bannissement il tire son bonheur.
C'est peu de vous le dire : en faveur de Dorante
Je veux vous faire voir sa fortune éclatante.
Les novices de l'art, avec tous leurs encens [2],
Et leurs mots inconnus, qu'ils feignent tout-puissants,
Leurs herbes, leurs parfums et leurs cérémonies,
Apportent au métier des longueurs infinies,
Qui ne sont, après tout, qu'un mystère pipeur,
Pour se faire valoir, et pour vous faire peur [3] :
Ma baguette à la main, j'en ferai davantage.

(Il donne un coup de baguette, et on tire un rideau, derrière lequel sont en parade les plus beaux habits des comédiens.)

Jugez de votre fils par un tel équipage :
Eh bien, celui d'un prince a-t-il plus de splendeur?
Et pouvez-vous encor douter de sa grandeur?

---

[1] VAR. Je le tiendrai rendu, si j'en sais des nouvelles. (1639-54.)

[2] VAR. Les novices de l'art, avecque leurs encens. (1639-48.)

[3] VAR. Pour les faire valoir, et pour vous faire peur. (1639.)

PRIDAMANT.

D'un amour paternel vous flattez les tendresses;
Mon fils n'est point de rang à porter ces richesses,
Et sa condition ne sauroit consentir [1]
Que d'une telle pompe il s'ose revêtir.

ALCANDRE.

Sous un meilleur destin sa fortune rangée,
Et sa condition avec le temps changée,
Personne maintenant n'a de quoi murmurer
Qu'en public, de la sorte, il aime à se parer [2]

PRIDAMANT.

A cet espoir si doux j'abandonne mon ame :
Mais parmi ces habits je vois ceux d'une femme ;
Seroit-il marié ?

ALCANDRE.

    Je vais de ses amours
Et de tous ses hasards vous faire le discours.
    Toutefois, si votre ame étoit assez hardie,
Sous une illusion vous pourriez voir sa vie,
Et tous ses accidents devant vous exprimés
Par des spectres pareils à des corps animés;
Il ne leur manquera ni geste, ni parole.

PRIDAMANT.

Ne me soupçonnez point d'une crainte frivole ;
Le portrait de celui que je cherche en tous lieux
Pourroit-il, par sa vue, épouvanter mes yeux ?

ALCANDRE, à Dorante.

Mon cavalier, de grace, il faut faire retraite,
Et souffrir qu'entre nous l'histoire en soit secrète.

---

[1] Var. Et sa condition ne sauroit endurer
        Qu'avecque tant de pompe il ose se parer. (1639-54.)

[2] Var. Qu'en public, de la sorte, il ose se parer. (1639-54.)

PRIDAMANT.
Pour un si bon ami je n'ai point de secrets.
            DORANTE, à Pridamant.
Il nous faut, sans réplique, accepter ses arrêts¹;
Je vous attends chez moi.
            ALCANDRE, à Dorante.
                    Ce soir, si bon lui semble,
Il vous apprendra tout quand vous serez ensemble.

SCÈNE III.

ALCANDRE, PRIDAMANT.

            ALCANDRE.
Votre fils tout d'un coup ne fut pas grand seigneur ;
Toutes ses actions ne vous font pas honneur,
Et je serois marri d'exposer sa misère
En spectacle à des yeux autres que ceux d'un père.
  Il vous prit quelque argent, mais ce petit butin
A peine lui dura du soir jusqu'au matin ;
Et, pour gagner Paris, il vendit par la plaine
Des brevets à chasser la fièvre et la migraine,
Dit la bonne aventure, et s'y rendit ainsi.
Là, comme on vit d'esprit, il en vécut aussi.
Dedans Saint-Innocent il se fit secrétaire :
Après, montant d'état, il fut clerc d'un notaire.
Ennuyé de la plume, il la quitta soudain,
Et fit danser un singe au faubourg Saint-Germain²;
Il se mit sur la rime, et l'essai de sa veine

---

¹ VAR. Il vous faut, sans réplique, accepter ses arrêts. (1639.)
² VAR. Et dans l'académie il joua de la main. (1639.)

Enrichit les chanteurs de la Samaritaine.
Son style prit après de plus beaux ornements;
Il se hasarda même à faire des romans,
Des chansons pour Gautier, des pointes pour Guillaume.
Depuis, il trafiqua de chapelets, de baume,
Vendit du mithridate en maître opérateur,
Revint dans le palais, et fut solliciteur.
Enfin, jamais Buscon, Lazarille de Tormes,
Sayavèdre, et Gusman, ne prirent tant de formes.
C'étoit là pour Dorante un honnête entretien!

PRIDAMANT.
Que je vous suis tenu de ce qu'il n'en sait rien!

ALCANDRE.
Sans vous faire rien voir, je vous en fais un conte,
Dont le peu de longueur épargne votre honte.
  Las de tant de métiers sans honneur et sans fruit,
Quelque meilleur destin à Bordeaux l'a conduit;
Et là, comme il pensoit au choix d'un exercice,
Un brave du pays l'a pris à son service [1].
Ce guerrier amoureux en a fait son agent :
Cette commission l'a remeublé d'argent;
Il sait avec adresse, en portant les paroles,
De la vaillante dupe attraper les pistoles;
Même de son agent il s'est fait son rival,
Et la beauté qu'il sert ne lui veut point de mal.
Lorsque de ses amours vous aurez vu l'histoire,
Je vous le veux montrer plein d'éclat et de gloire,
Et la même action qu'il pratique aujourd'hui.

PRIDAMANT.
Que déja cet espoir soulage mon ennui!

---

[1] Var. Un brave du pays le prit à son service. (1639.)

ACTE I, SCÈNE III.

ALCANDRE.
Il a caché son nom en battant la campagne,
Et s'est fait de Clindor le sieur de La Montagne;
C'est ainsi que tantôt vous l'entendrez nommer.
Voyez tout sans rien dire, et sans vous alarmer.
   Je tarde un peu beaucoup pour votre impatience :
N'en concevez pourtant aucune défiance :
C'est qu'un charme ordinaire a trop peu de pouvoir
Sur les spectres parlants qu'il faut vous faire voir.
Entrons dedans ma grotte, afin que j'y prépare
Quelques charmes nouveaux pour un effet si rare.

FIN DU PREMIER ACTE.

ACTE SECOND.

SCÈNE I.

ALCANDRE, PRIDAMANT.

ALCANDRE.
Quoi qui s'offre à vos yeux, n'en ayez point d'effroi ;
De ma grotte, sur-tout, ne sortez qu'après moi ;
Sinon, vous êtes mort. Voyez déja paroître
Sous deux fantômes vains votre fils et son maître.

PRIDAMANT.
O dieux ! je sens mon ame après lui s'envoler.

ALCANDRE.
Faites-lui du silence, et l'écoutez parler.
(Alcandre et Pridamant se retirent dans un des côtés du théâtre.)

SCÈNE II.

MATAMORE, CLINDOR.

CLINDOR.
Quoi ! monsieur, vous rêvez ! et cette ame hautaine,
Après tant de beaux faits, semble être encore en peine !
N'êtes-vous point lassé d'abattre des guerriers,
Et vous faut-il encor quelques nouveaux lauriers[1] ?

---

[1] Var. Soupirez-vous après quelques nouveaux lauriers ? (1639-54.)

MATAMORE.

Il est vrai que je rêve, et ne saurois résoudre
Lequel je dois des deux le premier mettre en poudre,
Du Grand Sophi de Perse, ou bien du Grand Mogor.

CLINDOR.

Eh! de grace, monsieur, laissez-les vivre encor.
Qu'ajouteroit leur perte à votre renommée?
D'ailleurs, quand auriez-vous rassemblé votre armée?

MATAMORE.

Mon armée? ah, poltron! ah, traître! pour leur mort
Tu crois donc que ce bras ne soit pas assez fort?
Le seul bruit de mon nom renverse les murailles,
Défait les escadrons, et gagne les batailles.
Mon courage invaincu contre les empereurs
N'arme que la moitié de ses moindres fureurs;
D'un seul commandement que je fais aux trois Parques,
Je dépeuple l'état des plus heureux monarques;
Le foudre est mon canon, les destins mes soldats :
Je couche d'un revers mille ennemis à bas.
D'un souffle je réduis leurs projets en fumée;
Et tu m'oses parler cependant d'une armée!
Tu n'auras plus l'honneur de voir un second Mars;
Je vais t'assassiner d'un seul de mes regards,
Veillaque : toutefois, je songe à ma maîtresse;
Ce penser m'adoucit. Va, ma colère cesse,
Et ce petit archer, qui dompte tous les dieux,
Vient de chasser la mort qui logeoit dans mes yeux.
Regarde, j'ai quitté cette effroyable mine,
Qui massacre, détruit, brise, brûle, extermine;
Et, pensant au bel œil qui tient ma liberté,
Je ne suis plus qu'amour, que grace, que beauté.

CLINDOR.

O dieux! en un moment, que tout vous est possible!
Je vous vois aussi beau que vous étiez terrible[1],
Et ne crois point d'objet si ferme en sa rigueur,
Qu'il puisse constamment vous refuser son cœur.

MATAMORE.

Je te le dis encor, ne sois plus en alarme :
Quand je veux, j'épouvante; et, quand je veux, je charme;
Et, selon qu'il me plaît, je remplis tour à tour
Les hommes de terreur, et les femmes d'amour.
  Du temps que ma beauté m'étoit inséparable,
Leurs persécutions me rendoient misérable;
Je ne pouvois sortir sans les faire pâmer;
Mille mouroient par jour à force de m'aimer :
J'avois des rendez-vous de toutes les princesses;
Les reines, à l'envi, mendioient mes caresses;
Celle d'Éthiopie, et celle du Japon,
Dans leurs soupirs d'amour ne mêloient que mon nom.
De passion pour moi deux sultanes troublèrent;
Deux autres, pour me voir, du sérail s'échappèrent :
J'en fus mal quelque temps avec le Grand Seigneur.

CLINDOR.

Son mécontentement n'alloit qu'à votre honneur.

MATAMORE.

Ces pratiques nuisoient à mes desseins de guerre,
Et pouvoient m'empêcher de conquérir la terre.
D'ailleurs, j'en devins las; et, pour les arrêter,
J'envoyai le Destin dire à son Jupiter
Qu'il trouvât un moyen qui fît cesser les flammes,
Et l'importunité dont m'accabloient les dames :
Qu'autrement ma colère iroit dedans les cieux

---

[1] Var. Je vous vois aussi beau que vous êtes terrible. (1639.)

ACTE II, SCÈNE II.

Le dégrader soudain de l'empire des dieux,
Et donneroit à Mars à gouverner sa foudre.
La frayeur qu'il en eut le fit bientôt résoudre :
Ce que je demandois fut prêt en un moment ;
Et depuis, je suis beau quand je veux seulement.

CLINDOR.

Que j'aurois, sans cela, de poulets à vous rendre !

MATAMORE.

De quelle que ce soit, garde-toi bien d'en prendre,
Sinon de.... Tu m'entends ? Que dit-elle de moi ?

CLINDOR.

Que vous êtes des cœurs et le charme et l'effroi ;
Et que, si quelque effet peut suivre vos promesses,
Son sort est plus heureux que celui des déesses.

MATAMORE.

Écoute. En ce temps-là, dont tantôt je parlois,
Les déesses aussi se rangeoient sous mes lois ;
Et je te veux conter une étrange aventure
Qui jeta du désordre en toute la nature,
Mais désordre aussi grand qu'on en voie arriver.
Le Soleil fut un jour sans se pouvoir lever,
Et ce visible dieu, que tant de monde adore,
Pour marcher devant lui ne trouvoit point d'Aurore :
On la cherchoit par-tout, au lit du vieux Tithon,
Dans les bois de Céphale, au palais de Memnon ;
Et, faute de trouver cette belle fourrière,
Le jour jusqu'à midi se passa sans lumière[1],

[1] Var. Le jour jusqu'à midi se passoit sans lumière. (1639.)
CLINDOR.
Où se pouvoit cacher la reine des clartés ?
MATAMORE.
Parbleu, je la tenois encore à mes côtés.
Aucun n'osa jamais la chercher dans ma chambre,

CLINDOR.
Où pouvoit être alors la reine des clartés?
MATAMORE.
Au milieu de ma chambre à m'offrir ses beautés :
Elle y perdit son temps, elle y perdit ses larmes ;
Mon cœur fut insensible à ses plus puissants charmes ;
Et tout ce qu'elle obtint par son frivole amour
Fut un ordre précis d'aller rendre le jour.
CLINDOR.
Cet étrange accident me revient en mémoire ;
J'étois lors en Mexique, où j'en appris l'histoire,
Et j'entendis conter que la Perse en courroux
De l'affront de son dieu murmuroit contre vous.
MATAMORE.
J'en ouïs quelque chose, et je l'eusse punie ;
Mais j'étois engagé dans la Transylvanie,
Où ses ambassadeurs, qui vinrent l'excuser,
A force de présents me surent apaiser.
CLINDOR.
Que la clémence est belle en un si grand courage !
MATAMORE.
Contemple, mon ami, contemple ce visage ;
Tu vois un abrégé de toutes les vertus.
D'un monde d'ennemis sous mes pieds abattus,
Dont la race est périe, et la terre déserte,
Pas un qu'à son orgueil n'a jamais dû sa perte.
Tous ceux qui font hommage à mes perfections
Conservent leurs états par leurs soumissions.
En Europe, où les rois sont d'une humeur civile,

<small>Et le dernier de juin fut un jour de décembre.
Car enfin, supplié par le dieu du sommeil,
Je la rendis au monde, et l'on vit le soleil. (1639-54.)</small>

Je ne leur rase point de château ni de ville ;
Je les souffre régner : mais, chez les Africains,
Par-tout où j'ai trouvé des rois un peu trop vains,
J'ai détruit les pays pour punir leurs monarques [1],
Et leurs vastes déserts en sont de bonnes marques ;
Ces grands sables qu'à peine on passe sans horreur
Sont d'assez beaux effets de ma juste fureur.

CLINDOR.

Revenons à l'amour : voici votre maîtresse.

MATAMORE.

Ce diable de rival l'accompagne sans cesse.

CLINDOR.

Où vous retirez-vous ?

MATAMORE.

Ce fat n'est pas vaillant,
Mais il a quelque humeur qui le rend insolent.
Peut-être qu'orgueilleux d'être avec cette belle,
Il seroit assez vain pour me faire querelle.

CLINDOR.

Ce seroit bien courir lui-même à son malheur.

MATAMORE.

Lorsque j'ai ma beauté, je n'ai point de valeur.

CLINDOR.

Cessez d'être charmant, et faites-vous terrible.

MATAMORE.

Mais tu n'en prévois pas l'accident infaillible :
Je ne saurois me faire effroyable à demi ;
Je tuerois ma maîtresse avec mon ennemi.
Attendons en ce coin l'heure qui les sépare.

CLINDOR.

Comme votre valeur, votre prudence est rare.

[1] Var. J'ai détruit les pays avecque les monarques. (1639-54.)

SCÈNE III.

ADRASTE, ISABELLE.

ADRASTE.
Hélas! s'il est ainsi, quel malheur est le mien!
Je soupire, j'endure, et je n'avance rien;
Et, malgré les transports de mon amour extrême,
Vous ne voulez pas croire encor que je vous aime.
ISABELLE.
Je ne sais pas, monsieur, de quoi vous me blâmez.
Je me connois aimable, et crois que vous m'aimez;
Dans vos soupirs ardents j'en vois trop d'apparence;
Et, quand bien de leur part j'aurois moins d'assurance,
Pour peu qu'un honnête homme ait vers moi de crédit,
Je lui fais la faveur de croire ce qu'il dit.
Rendez-moi la pareille; et, puisqu'à votre flamme
Je ne déguise rien de ce que j'ai dans l'ame,
Faites-moi la faveur de croire sur ce point
Que, bien que vous m'aimiez, je ne vous aime point.
ADRASTE.
Cruelle, est-ce là donc ce que vos injustices[1]
Ont réservé de prix à de si longs services?
Et mon fidèle amour est-il si criminel
Qu'il doive être puni d'un mépris éternel?
ISABELLE.
Nous donnons bien souvent de divers noms aux choses:
Des épines pour moi, vous les nommez des roses;
Ce que vous appelez service, affection,
Je l'appelle supplice, et persécution.

[1] Var. Cruelle, c'est donc là ce que vos injustices. (1639.)

ACTE II, SCÈNE III.

Chacun dans sa croyance également s'obstine.
Vous pensez m'obliger d'un feu qui m'assassine ;
Et ce que vous jugez digne du plus haut prix [1]
Ne mérite, à mon gré, que haine et que mépris.

ADRASTE.

N'avoir que du mépris pour des flammes si saintes
Dont j'ai reçu du ciel les premières atteintes !
Oui, le ciel, au moment qu'il me fit respirer,
Ne me donna de cœur que pour vous adorer.
Mon ame vint au jour pleine de votre idée [2] ;
Avant que de vous voir vous l'avez possédée ;
Et quand je me rendis à des regards si doux,
Je ne vous donnai rien qui ne fût tout à vous,
Rien que l'ordre du ciel n'eût déja fait tout vôtre.

ISABELLE.

Le ciel m'eût fait plaisir d'en enrichir une autre;
Il vous fit pour m'aimer, et moi pour vous haïr :
Gardons-nous bien tous deux de lui désobéir.
Vous avez, après tout, bonne part à sa haine [3],

---

[1] VAR. Et la même action, à votre sentiment,
　　　　Mérite récompense ; au mien, un châtiment.
　　　　　　　ADRASTE.
　　　Donner un châtiment à des flammes si saintes. (1639-54.)

[2] VAR. Mon ame prit naissance avecque votre idée.
　　. . . . .
　　　Et les premiers regards dont m'aient frappé vos yeux
　　　N'ont fait qu'exécuter l'ordonnance des cieux,
　　　Que vous saisir d'un bien qu'ils avoient fait tout vôtre. (1639-54.)

[3] VAR. Après tout, vous avez bonne part à sa haine,
　　　Ou de quelque grand crime il vous donne la peine ;
　　　Car je ne pense pas qu'il soit supplice égal
　　　D'être forcé d'aimer qui vous traite si mal.
　　　　　　　ADRASTE.
　　　Puisque ainsi vous jugez que ma peine est si dure,
　　　Prenez quelque pitié des tourments que j'endure. (1639-54.)

Ou d'un crime secret il vous livre à la peine;
Car je ne pense pas qu'il soit tourment égal
Au supplice d'aimer qui vous traite si mal.

ADRASTE.

La grandeur de mes maux vous étant si connue,
Me refuserez-vous la pitié qui m'est due?

ISABELLE.

Certes j'en ai beaucoup, et vous plains d'autant plus
Que je vois ces tourments tout-à-fait superflus [1],
Et n'avoir pour tout fruit d'une longue souffrance
Que l'incommode honneur d'une triste constance.

ADRASTE.

Un père l'autorise, et mon feu maltraité
Enfin aura recours à son autorité.

ISABELLE.

Ce n'est pas le moyen de trouver votre compte;
Et d'un si beau dessein vous n'aurez que la honte.

ADRASTE.

J'espère voir pourtant, avant la fin du jour,
Ce que peut son vouloir au défaut de l'amour.

ISABELLE.

Et moi, j'espère voir, avant que le jour passe,
Un amant accablé de nouvelle disgrace.

ADRASTE.

Eh quoi! cette rigueur ne cessera jamais?

ISABELLE.

Allez trouver mon père, et me laissez en paix.

ADRASTE.

Votre âme, au repentir de sa froideur passée,
Ne la veut point quitter sans être un peu forcée :
J'y vais tout de ce pas, mais avec des serments

---

[1] VAR. Que je vois ces tourments passer pour superflus. (1639-54.)

Que c'est pour obéir à vos commandements.
ISABELLE.
Allez continuer une vaine poursuite.

SCÈNE IV.

MATAMORE, ISABELLE, CLINDOR.

MATAMORE.
Eh bien? dès qu'il m'a vu, comme a-t-il pris la fuite!
M'a-t-il bien su quitter la place au même instant?
ISABELLE.
Ce n'est pas honte à lui ; les rois en font autant,
Du moins si ce grand bruit qui court de vos merveilles [1]
N'a trompé mon esprit en frappant mes oreilles.
MATAMORE.
Vous le pouvez bien croire ; et, pour le témoigner,
Choisissez en quels lieux il vous plaît de régner ;
Ce bras tout aussitôt vous conquête un empire :
J'en jure par lui-même, et cela c'est tout dire.
ISABELLE.
Ne prodiguez pas tant ce bras toujours vainqueur ;
Je ne veux point régner que dessus votre cœur :
Toute l'ambition que me donne ma flamme,
C'est d'avoir pour sujets les desirs de votre ame.
MATAMORE.
Ils vous sont tout acquis, et, pour vous faire voir
Que vous avez sur eux un absolu pouvoir,
Je n'écouterai plus cette humeur de conquête ;
Et, laissant tous les rois leurs couronnes en tête,

---

[1] Var. Au moins si ce grand bruit qui court de vos merveilles. (1639-51.)

28 L'ILLUSION.

J'en prendrai seulement deux ou trois pour valets,
Qui viendront à genoux vous rendre mes poulets.

ISABELLE.

L'éclat de tels suivants attireroit l'envie
Sur le rare bonheur où je coule ma vie ;
Le commerce discret de nos affections
N'a besoin que de lui pour ces commissions.

MATAMORE.

Vous avez, Dieu me sauve, un esprit à ma mode ;
Vous trouvez, comme moi, la grandeur incommode.
Les sceptres les plus beaux n'ont rien pour moi d'exquis ;
Je les rends aussitôt que je les ai conquis,
Et me suis vu charmer quantité de princesses,
Sans que jamais mon cœur les voulût pour maîtresses [1].

ISABELLE.

Certes, en ce point seul je manque un peu de foi.
Que vous ayez quitté des princesses pour moi !
Que vous leur refusiez un cœur dont je dispose [2] !

MATAMORE, montrant Clindor.

Je crois que La Montagne en saura quelque chose.
Viens çà. Lorsqu'en la Chine, en ce fameux tournoi,
Je donnai dans la vue aux deux filles du roi,
Que te dit-on en cour de cette jalousie [3]
Dont pour moi toutes deux eurent l'ame saisie ?

CLINDOR.

Par vos mépris enfin l'une et l'autre mourut.
J'étois lors en Égypte, où le bruit en courut ;
Et ce fut en ce temps que la peur de vos armes

---

[1] VAR. Sans que jamais mon cœur acceptât ces maîtresses. (1639.)
[2] VAR. Qu'elles n'aient pu blesser un cœur dont je dispose ! (1639-54.)
[3] VAR. Sus-tu rien de leur flamme, et de la jalousie
   Dont pour moi toutes deux avoient l'ame saisie ? (1639-54.)

Fit nager le grand Caire en un fleuve de larmes.
Vous veniez d'assommer dix géants en un jour ;
Vous aviez désolé les pays d'alentour,
Rasé quinze châteaux, aplani deux montagnes,
Fait passer par le feu villes, bourgs et campagnes,
Et défait, vers Damas, cent mille combattants.

MATAMORE.

Que tu remarques bien et les lieux et les temps !
Je l'avois oublié.

ISABELLE.

Des faits si pleins de gloire
Vous peuvent-ils ainsi sortir de la mémoire ?

MATAMORE.

Trop pleine de lauriers remportés sur les rois,
Je ne la charge point de ces menus exploits.

SCÈNE V.

MATAMORE, ISABELLE, CLINDOR, PAGE.

PAGE.

Monsieur.

MATAMORE.

Que veux-tu, page ?

PAGE.

Un courrier vous demande.

MATAMORE.

D'où vient-il ?

PAGE.

De la part de la reine d'Islande.

MATAMORE.

Ciel, qui sais comme quoi j'en suis persécuté,

Un peu plus de repos avec moins de beauté ;
Fais qu'un si long mépris enfin la désabuse.
CLINDOR.
Voyez ce que pour vous ce grand guerrier refuse.
ISABELLE.
Je n'en puis plus douter.
CLINDOR.
                Il vous le disoit bien.
MATAMORE.
Elle m'a beau prier, non, je n'en ferai rien.
Et, quoi qu'un fol espoir ose encor lui promettre,
Je lui vais envoyer sa mort dans une lettre.
  Trouvez-le bon, ma reine, et souffrez cependant
Une heure d'entretien de ce cher confident,
Qui, comme de ma vie il sait toute l'histoire,
Vous fera voir sur qui vous avez la victoire.
ISABELLE.
Tardez encore moins ; et par ce prompt retour
Je jugerai quelle est envers moi votre amour.

SCÈNE VI.

CLINDOR, ISABELLE.

CLINDOR.
Jugez plutôt par-là l'humeur du personnage :
Ce page n'est chez lui que pour ce badinage,
Et venir d'heure en heure avertir sa grandeur
D'un courrier, d'un agent, ou d'un ambassadeur.
ISABELLE.
Ce message me plaît bien plus qu'il ne lui semble ;
Il me défait d'un fou pour nous laisser ensemble.

ACTE II, SCÈNE VI.

CLINDOR.

Ce discours favorable enhardira mes feux
A bien user d'un temps si propice à mes vœux.

ISABELLE.

Que m'allez-vous conter?

CLINDOR.

Que j'adore Isabelle,
Que je n'ai plus de cœur ni d'ame que pour elle ;
Que ma vie....

ISABELLE.

Épargnez ces propos superflus ;
Je les sais, je les crois ; que voulez-vous de plus?
Je néglige à vos yeux l'offre d'un diadème ;
Je dédaigne un rival : en un mot, je vous aime.
C'est aux commencements des foibles passions
A s'amuser encore aux protestations :
Il suffit de nous voir au point où sont les nôtres ;
Un coup d'œil vaut pour vous tous les discours des autres [1].

CLINDOR.

Dieux! qui l'eût jamais cru que mon sort rigoureux
Se rendît si facile à mon cœur amoureux !
Banni de mon pays par la rigueur d'un père,
Sans support, sans amis, accablé de misère,
Et réduit à flatter le caprice arrogant
Et les vaines humeurs d'un maître extravagant :
Ce pitoyable état de ma triste fortune [2]
N'a rien qui vous déplaise ou qui vous importune ;
Et d'un rival puissant les biens et la grandeur
Obtiennent moins sur vous que ma sincère ardeur.

---

[1] VAR. Un clin d'œil vaut pour vous tout le discours des autres. (1639.)

[2] VAR. En ce piteux état ma fortune si basse
    Trouve encor quelque part en votre bonne grace. (1639-54.)

ISABELLE.

C'est comme il faut choisir. Un amour véritable [1]
S'attache seulement à ce qu'il voit aimable.
Qui regarde les biens ou la condition
N'a qu'un amour avare, ou plein d'ambition,
Et souille lâchement, par ce mélange infame,
Les plus nobles desirs qu'enfante une belle ame.
Je sais bien que mon père a d'autres sentiments,
Et mettra de l'obstacle à nos contentements :
Mais l'amour sur mon cœur a pris trop de puissance
Pour écouter encor les lois de la naissance.
Mon père peut beaucoup, mais bien moins que ma foi.
Il a choisi pour lui, je veux choisir pour moi.

CLINDOR.

Confus de voir donner à mon peu de mérite....

ISABELLE.

Voici mon importun ; souffrez que je l'évite.

SCÈNE VII.

ADRASTE, CLINDOR.

ADRASTE.

Que vous êtes heureux ! et quel malheur me suit !
Ma maîtresse vous souffre, et l'ingrate me fuit.
Quelque goût qu'elle prenne en votre compagnie,
Sitôt que j'ai paru, mon abord l'a bannie.

CLINDOR.

Sans avoir vu vos pas s'adresser en ce lieu [2] ;

---

[1] Var. C'est comme il faut choisir, et l'amour véritable
S'attache seulement à ce qu'il voit d'aimable. (1639-54.)

[2] Var. Sans qu'elle ait vu vos pas s'adresser en ce lieu. (1639-54.)

ACTE II, SCÈNE VII.

Lasse de mes discours, elle m'a dit adieu.

ADRASTE.

Lasse de vos discours! votre humeur est trop bonne,
Et votre esprit trop beau pour ennuyer personne.
Mais que lui contiez-vous qui pût l'importuner?

CLINDOR.

Des choses qu'aisément vous pouvez deviner,
Les amours de mon maître, ou plutôt ses sottises,
Ses conquêtes en l'air, ses hautes entreprises.

ADRASTE.

Voulez-vous m'obliger? votre maître, ni vous,
N'êtes pas gens tous deux à me rendre jaloux;
Mais si vous ne pouvez arrêter ses saillies,
Divertissez ailleurs le cours de ses folies.

CLINDOR.

Que craignez-vous de lui, dont tous les compliments
Ne parlent que de morts et de saccagements,
Qu'il bat, terrasse, brise, étrangle, brûle, assomme?

ADRASTE.

Pour être son valet, je vous trouve honnête homme;
Vous n'êtes point de taille à servir sans dessein[1]
Un fanfaron plus fou que son discours n'est vain.
Quoi qu'il en soit, depuis que je vous vois chez elle,
Toujours de plus en plus je l'éprouve cruelle :
Ou vous servez quelque autre, ou votre qualité
Laisse dans vos projets trop de témérité.
Je vous tiens fort suspect de quelque haute adresse.
Que votre maître, enfin, fasse une autre maîtresse;
Ou, s'il ne peut quitter un entretien si doux,
Qu'il se serve du moins d'un autre que de vous.

---

[1] VAR. Vous n'avez point la mine à servir sans dessein. (1639-54.)

Ce n'est pas qu'après tout les volontés d'un père,
Qui sait ce que je suis, ne terminent l'affaire ;
Mais purgez-moi l'esprit de ce petit souci,
Et si vous vous aimez, bannissez-vous d'ici :
Car si je vous vois plus regarder cette porte,
Je sais comme traiter les gens de votre sorte.

CLINDOR.

Me prenez-vous pour homme à nuire à votre feu[1] ?

ADRASTE.

Sans réplique, de grace, ou nous verrons beau jeu.
Allez ; c'est assez dit.

CLINDOR.

     Pour un léger ombrage,
C'est trop indignement traiter un bon courage.
Si le ciel en naissant ne m'a fait grand seigneur,
Il m'a fait le cœur ferme et sensible à l'honneur :
Et je pourrois bien rendre un jour ce qu'on me prête.

ADRASTE.

Quoi ! vous me menacez ?

CLINDOR.

     Non, non, je fais retraite.
D'un si cruel affront vous aurez peu de fruit ;
Mais ce n'est pas ici qu'il faut faire du bruit.

SCÈNE VIII.

ADRASTE, LYSE.

ADRASTE.

Ce belître insolent me fait encor bravade.

---

[1] Var. Me croyez-vous bastant de nuire à votre feu ?
ADRASTE.
Sans réplique, de grace ou vous verrez beau jeu. (1639 54.)

ACTE II, SCÈNE VIII.

LYSE.

A ce compte, monsieur, votre esprit est malade?

ADRASTE.

Malade, mon esprit!

LYSE.

Oui, puisqu'il est jaloux
Du malheureux agent de ce prince des fous.

ADRASTE.

Je sais ce que je suis, et ce qu'est Isabelle [1],
Et crains peu qu'un valet me supplante auprès d'elle.
Je ne puis toutefois souffrir sans quelque ennui
Le plaisir qu'elle prend à causer avec lui.

LYSE.

C'est dénier ensemble et confesser la dette.

ADRASTE.

Nomme, si tu le veux, ma boutade indiscrète,
Et trouve mes soupçons bien ou mal à propos,
Je l'ai chassé d'ici pour me mettre en repos.
En effet, qu'en est-il?

LYSE.

Si j'ose vous le dire,
Ce n'est plus que pour lui qu'Isabelle soupire.

ADRASTE.

Lyse, que me dis-tu [2]!

LYSE.

Qu'il possède son cœur,
Que jamais feux naissants n'eurent tant de vigueur,

---

[1] Var. Je suis trop glorieux, et crois trop Isabelle,
Pour craindre qu'un valet me supplante auprès d'elle.
. . . .
Le plaisir qu'elle prend à rire avecque lui. (1639-54.)

[2] Var. O Dieu! que me dis-tu? (1639.)

Qu'ils meurent l'un pour l'autre, et n'ont qu'une pensée.
####### ADRASTE.
Trop ingrate beauté, déloyale, insensée,
Tu m'oses donc ainsi préférer un maraud?
######## LYSE.
Ce rival orgueilleux le porte bien plus haut,
Et je vous en veux faire entière confidence :
Il se dit gentilhomme, et riche.
####### ADRASTE.
Ah! l'impudence!
######## LYSE.
D'un père rigoureux fuyant l'autorité,
Il a couru long-temps d'un et d'autre côté;
Enfin, manque d'argent peut-être, ou par caprice,
De notre fier-à-bras il s'est mis au service[1],
Et, sous ombre d'agir pour ses folles amours,
Il a su pratiquer de si rusés détours,
Et charmer tellement cette pauvre abusée,
Que vous en avez vu votre ardeur méprisée :
Mais parlez à son père, et bientôt son pouvoir
Remettra son esprit aux termes du devoir.
####### ADRASTE.
Je viens tout maintenant d'en tirer assurance
De recevoir les fruits de ma persévérance;
Et, devant qu'il soit peu, nous en verrons l'effet :
Mais écoute, il me faut obliger tout-à-fait.
######## LYSE.
Où je vous puis servir j'ose tout entreprendre.

---

[1] Var. De notre rodomont il s'est mis au service,
    Où, choisi pour agent de ses folles amours,
    Isabelle a prêté l'oreille à ses discours.
    Il a si bien charmé cette pauvre abusée. (1639-54.)

ACTE II, SCÈNE IX.

ADRASTE.
Peux-tu dans leurs amours me les faire surprendre ?
LYSE.
Il n'est rien plus aisé, peut-être dès ce soir.
ADRASTE.
Adieu donc. Souviens-toi de me les faire voir.
(Il lui donne un diamant.)
Cependant prends ceci seulement par avance.
LYSE.
Que le galant alors soit frotté d'importance.
ADRASTE.
Crois-moi, qu'il se verra, pour te mieux contenter,
Chargé d'autant de bois qu'il en pourra porter.

SCÈNE IX.

LYSE.

L'arrogant croit déja tenir ville gagnée ;
Mais il sera puni de m'avoir dédaignée.
Parcequ'il est aimable, il fait le petit dieu,
Il ne veut s'adresser qu'aux filles de bon lieu.
Je ne mérite pas l'honneur de ses caresses :
Vraiment c'est pour son nez, il lui faut des maîtresses ;
Je ne suis que servante : et qu'est-il que valet ?
Si son visage est beau, le mien n'est pas trop laid :
Il se dit riche et noble, et cela me fait rire ;
Si loin de son pays, qui n'en peut autant dire ?
Qu'il le soit, nous verrons ce soir, si je le tiens,
Danser sous le cotret sa noblesse et ses biens.

SCÈNE X.

ALCANDRE, PRIDAMANT.

ALCANDRE.

Le cœur vous bat un peu.

PRIDAMANT.

Je crains cette menace.

ALCANDRE.

Lyse aime trop Clindor pour causer sa disgrace.

PRIDAMANT.

Elle en est méprisée, et cherche à se venger.

ALCANDRE.

Ne craignez point : l'amour la fera bien changer.

FIN DU SECOND ACTE.

ACTE TROISIÈME.

SCÈNE I.

GÉRONTE, ISABELLE.

GÉRONTE.
Apaisez vos soupirs, et tarissez vos larmes ;
Contre ma volonté ce sont de foibles armes :
Mon cœur, quoique sensible à toutes vos douleurs,
Écoute la raison, et néglige vos pleurs.
Je sais ce qu'il vous faut beaucoup mieux que vous-même [1].
Vous dédaignez Adraste à cause que je l'aime ;
Et, parcequ'il me plaît d'en faire votre époux,
Votre orgueil n'y voit rien qui soit digne de vous.
Quoi ! manque-t-il de bien, de cœur, ou de noblesse ?
En est-ce le visage ou l'esprit qui vous blesse ?
Il vous fait trop d'honneur.

ISABELLE.
              Je sais qu'il est parfait,

---

[1] Var. Je connois votre bien beaucoup mieux que vous-même,
    Orgueilleuse ; il vous faut, je pense, un diadème !
    Et ce jeune baron, avecque tout son bien,
    Passe encore chez vous pour un homme de rien !
    Que lui manque après tout ? Bien fait de corps et d'ame,
    Noble, courageux, riche, adroit, et plein de flamme,
    Il vous fait trop d'honneur.
              ISABELLE.
              Je sais qu'il est parfait,
Et reconnois fort mal les honneurs qu'il me fait. (1639-54.)

Et que je réponds mal à l'honneur qu'il me fait;
Mais si votre bonté me permet en ma cause,
Pour me justifier, de dire quelque chose,
Par un secret instinct, que je ne puis nommer,
J'en fais beaucoup d'état, et ne le puis aimer.
Souvent je ne sais quoi que le ciel nous inspire [1]
Soulève tout le cœur contre ce qu'on desire,
Et ne nous laisse pas en état d'obéir
Quand on choisit pour nous ce qu'il nous fait haïr.
Il attache ici-bas avec des sympathies
Les ames que son ordre a là-haut assorties :
On n'en sauroit unir sans ses avis secrets;
Et cette chaîne manque où manquent ses décrets.
Aller contre les lois de cette providence,
C'est le prendre à partie, et blâmer sa prudence,
L'attaquer en rebelle, et s'exposer aux coups
Des plus âpres malheurs qui suivent son courroux.

GÉRONTE.

Insolente! est-ce ainsi que l'on se justifie [2]?
Quel maître vous apprend cette philosophie?
Vous en savez beaucoup; mais tout votre savoir
Ne m'empêchera pas d'user de mon pouvoir.
Si le ciel pour mon choix vous donne tant de haine,
Vous a-t-il mise en feu pour ce grand capitaine?
Ce guerrier valeureux vous tient-il dans ses fers?
Et vous a-t-il domptée avec tout l'univers?

---

[1] Var. De certains mouvements que le ciel nous inspire
Nous font, aux yeux d'autrui, souvent choisir le pire;
C'est lui qui, d'un regard, fait naître en notre cœur
L'estime ou le mépris, l'amour ou la rigueur.
. . . .
Les ames que son choix a là-haut assorties. (1639-54.)

[2] Var. Impudente! est-ce ainsi que l'on se justifie? (1639-54.)

ACTE III, SCÈNE II.

Ce fanfaron doit-il relever ma famille?
ISABELLE.
Eh! de grace, monsieur, traitez mieux votre fille!
GÉRONTE.
Quel sujet donc vous porte à me désobéir?
ISABELLE.
Mon heur et mon repos, que je ne puis trahir.
Ce que vous appelez un heureux hyménée
N'est pour moi qu'un enfer, si j'y suis condamnée.
GÉRONTE.
Ah! qu'il en est encor de mieux faites que vous
Qui se voudroient bien voir dans un enfer si doux!
Après tout, je le veux; cédez à ma puissance.
ISABELLE.
Faites un autre essai de mon obéissance.
GÉRONTE.
Ne me répliquez plus quand j'ai dit : *Je le veux.*
Rentrez; c'est désormais trop contesté nous deux.

SCÈNE II.

GÉRONTE.

Qu'à présent la jeunesse a d'étranges manies!
Les règles du devoir lui sont des tyrannies;
Et les droits les plus saints deviennent impuissants
Contre cette fierté qui l'attache à son sens [1].
Telle est l'humeur du sexe; il aime à contredire,

---

[1] VAR. A l'empêcher de courre après son propre sens.
   Mais c'est l'amour * du sexe; il aime à contredire,
   Pour secouer, s'il peut, le joug de notre empire. (1639.)

  * VAR. Mais c'est l'humeur. (1648-54.)

Rejette obstinément le joug de notre empire,
Ne suit que son caprice en ses affections,
Et n'est jamais d'accord de nos élections.
N'espère pas pourtant, aveugle et sans cervelle,
Que ma prudence cède à ton esprit rebelle.
Mais ce fou viendra-t-il toujours m'embarrasser ?
Par force ou par adresse il me le faut chasser.

SCÈNE III.

GÉRONTE, MATAMORE, CLINDOR.

MATAMORE, à Clindor.

Ne doit-on pas avoir pitié de ma fortune [1] ?
Le grand-vizir encor de nouveau m'importune ;
Le Tartare, d'ailleurs, m'appelle à son secours ;
Narsingue et Calicut m'en pressent tous les jours ;
Si je ne les refuse, il me faut mettre en quatre.

CLINDOR.

Pour moi, je suis d'avis que vous les laissiez battre.
Vous emploieriez trop mal vos invincibles coups
Si, pour en servir un, vous faisiez trois jaloux.

MATAMORE.

Tu dis bien, c'est assez de telles courtoisies ;
Je ne veux qu'en amour donner des jalousies.
 Ah ! monsieur, excusez si, faute de vous voir,
Bien que si près de vous, je manquois au devoir.
Mais quelle émotion paroît sur ce visage ?
Où sont vos ennemis, que j'en fasse carnage [2] ?

---

[1] Var. N'auras-tu point enfin pitié de ma fortune ? (1639-54.)
[2] Var. Où sont vos ennemis, que j'en fasse un carnage? (1639-54.)

ACTE III, SCÈNE III.

GÉRONTE.
Monsieur, graces aux dieux, je n'ai point d'ennemis.
MATAMORE.
Mais graces à ce bras qui vous les a soumis.
GÉRONTE.
C'est une grace encor que j'avois ignorée.
MATAMORE.
Depuis que ma faveur pour vous s'est déclarée,
Ils sont tous morts de peur, ou n'ont osé branler.
GÉRONTE.
C'est ailleurs, maintenant, qu'il vous faut signaler :
Il fait beau voir ce bras, plus craint que le tonnerre,
Demeurer si paisible en un temps plein de guerre ;
Et c'est pour acquérir un nom bien relevé,
D'être dans une ville à battre le pavé !
Chacun croit votre gloire à faux titre usurpée,
Et vous ne passez plus que pour traîneur d'épée.
MATAMORE.
Ah, ventre ! il est tout vrai que vous avez raison ;
Mais le moyen d'aller, si je suis en prison ?
Isabelle m'arrête, et ses yeux pleins de charmes
Ont captivé mon cœur, et suspendu mes armes.
GÉRONTE.
Si rien que son sujet ne vous tient arrêté,
Faites votre équipage en toute liberté ;
Elle n'est pas pour vous, n'en soyez point en peine.
MATAMORE.
Ventre ! que dites-vous ? je la veux faire reine.
GÉRONTE.
Je ne suis pas d'humeur à rire tant de fois
Du grotesque récit de vos rares exploits.
La sottise ne plaît qu'alors qu'elle est nouvelle :

En un mot, faites reine une autre qu'Isabelle.
Si, pour l'entretenir, vous venez plus ici....
MATAMORE.
Il a perdu le sens, de me parler ainsi.
Pauvre homme, sais-tu bien que mon nom effroyable
Met le Grand Turc en fuite, et fait trembler le diable;
Que pour t'anéantir je ne veux qu'un moment?
GÉRONTE.
J'ai chez moi des valets à mon commandement,
Qui, n'ayant pas l'esprit de faire des bravades [1],
Répondroient de la main à vos rodomontades.
MATAMORE, à Clindor.
Dis-lui ce que j'ai fait en mille et mille lieux.
GÉRONTE.
Adieu. Modérez-vous, il vous en prendra mieux.
Bien que je ne sois pas de ceux qui vous haïssent,
J'ai le sang un peu chaud, et mes gens m'obéissent.

SCÈNE IV.

MATAMORE, CLINDOR.

MATAMORE.
Respect de ma maîtresse, incommode vertu,
Tyran de ma vaillance, à quoi me réduis-tu?
Que n'ai-je eu cent rivaux en la place d'un père,
Sur qui, sans t'offenser, laisser choir ma colère!
Ah! visible démon, vieux spectre décharné,
Vrai suppôt de Satan, médaille de damné,
Tu m'oses donc bannir, et même avec menaces,

---

[1] Var. Qui, se connoissant mal à faire des bravades. (1639-54.)

ACTE III, SCÈNE IV.

Moi, de qui tous les rois briguent les bonnes graces?

CLINDOR.

Tandis qu'il est dehors, allez, dès aujourd'hui,
Causer de vos amours, et vous moquer de lui.

MATAMORE.

Cadédiou, ses valets feroient quelque insolence.

CLINDOR.

Ce fer a trop de quoi dompter leur violence.

MATAMORE.

Oui, mais les feux qu'il jette en sortant de prison
Auroient en un moment embrasé la maison,
Dévoré tout-à-l'heure ardoises et gouttières,
Faites, lattes, chevrons, montants, courbes, filières,
Entre-toises, sommiers, colonnes, soliveaux,
Parnes, soles, appuis, jambages, traveteaux,
Portes, grilles, verroux, serrures, tuiles, pierres,
Plomb, fer, plâtre, ciment, peinture, marbre, verres,
Caves, puits, cours, perrons, salles, chambres, greniers,
Offices, cabinets, terrasses, escaliers.
Juge un peu quel désordre aux yeux de ma charmeuse;
Ces feux étoufferoient son ardeur amoureuse.
Va lui parler pour moi, toi qui n'es pas vaillant;
Tu puniras à moins un valet insolent.

CLINDOR.

C'est m'exposer...

MATAMORE.

    Adieu : je vois ouvrir la porte,
Et crains que sans respect cette canaille sorte.

SCÈNE V.

CLINDOR, LYSE.

CLINDOR, seul.
Le souverain poltron, à qui, pour faire peur,
Il ne faut qu'une feuille, une ombre, une vapeur !
Un vieillard le maltraite, il fuit pour une fille,
Et tremble à tous moments de crainte qu'on l'étrille.
 Lyse, que ton abord doit être dangereux !
Il donne l'épouvante à ce cœur généreux,
Cet unique vaillant, la fleur des capitaines,
Qui dompte autant de rois qu'il captive de reines !
LYSE.
Mon visage est ainsi malheureux en attraits;
D'autres charment de loin, le mien fait peur de près.
CLINDOR.
S'il fait peur à des fous, il charme les plus sages.
Il n'est pas quantité de semblables visages.
Si l'on brûle pour toi, ce n'est pas sans sujet !
Je ne connus jamais un si gentil objet;
L'esprit beau, prompt, accort, l'humeur un peu railleuse,
L'embonpoint ravissant, la taille avantageuse,
Les yeux doux, le teint vif, et les traits délicats :
Qui seroit le brutal qui ne t'aimeroit pas?
LYSE.
De grace, et depuis quand me trouvez-vous si belle?
Voyez bien, je suis Lyse, et non pas Isabelle.
CLINDOR.
Vous partagez vous deux mes inclinations :
J'adore sa fortune, et tes perfections.

ACTE III, SCÈNE V.

LYSE.

Vous en embrassez trop, c'est assez pour vous d'une,
Et mes perfections cèdent à sa fortune.

CLINDOR.

Quelque effort que je fasse à lui donner ma foi [1],
Penses-tu qu'en effet je l'aime plus que toi?
L'amour et l'hyménée ont diverse méthode ;
L'un court au plus aimable, et l'autre au plus commode.
Je suis dans la misère, et tu n'as point de bien ;
Un rien s'ajuste mal avec un autre rien [2] ;
Et, malgré les douceurs que l'amour y déploie,
Deux malheureux ensemble ont toujours courte joie.
Ainsi j'aspire ailleurs, pour vaincre mon malheur ;
Mais je ne puis te voir sans un peu de douleur,
Sans qu'un soupir échappe à ce cœur qui murmure
De ce qu'à ses desirs ma raison fait d'injure.
A tes moindres coups d'œil je me laisse charmer.

[1] VAR. Bien que pour l'épouser je lui donne ma foi. (1639-54.)
[2] VAR. Un rien s'assemble mal avec un autre rien.
    Mais si tu ménageois ma flamme avec adresse,
    Une femme est sujette, une amante est maîtresse ;
    Les plaisirs sont plus grands à se voir moins souvent :
    La femme les achète, et l'amante les vend.
    Un amour par devoir bien aisément s'altère,
    Les nœuds en sont plus forts quand il est volontaire ;
    Il hait toute contrainte, et son plus doux appas
    Se goûte quand on aime, et qu'on peut n'aimer pas.
    Seconde avec douceur celui que je te porte.
LYSE.
Vous me connoissez trop pour m'aimer de la sorte,
Et vous en parlez moins de votre sentiment,
Qu'à dessein de railler par divertissement.
Je prends tout en riant, comme vous me le dites ;
Allez continuer cependant vos visites.
CLINDOR.
Un peu de tes faveurs me rendroit plus content. (1639-54.)

48   L'ILLUSION.

Ah! que je t'aimerois, s'il ne falloit qu'aimer!
Et que tu me plairois, s'il ne falloit que plaire!

LYSE.

Que vous auriez d'esprit, si vous saviez vous taire,
Ou remettre du moins en quelque autre saison
A montrer tant d'amour avec tant de raison!
Le grand trésor pour moi qu'un amoureux si sage,
Qui, par compassion, n'ose me rendre hommage,
Et porte ses desirs à des partis meilleurs,
De peur de m'accabler sous nos communs malheurs!
Je n'oublierai jamais de si rares mérites.
Allez continuer cependant vos visites.

CLINDOR.

Que j'aurois avec toi l'esprit bien plus content!

LYSE.

Ma maîtresse là-haut est seule, et vous attend.

CLINDOR.

Tu me chasses ainsi!

LYSE.

Non, mais je vous envoie
Aux lieux où vous aurez une plus longue joie[1].

CLINDOR.

Que même tes dédains me semblent gracieux!

LYSE.

Ah, que vous prodiguez un temps si précieux!
Allez.

CLINDOR.

Souviens-toi donc que si j'en aime une autre[2]....

---

[1] Var. Aux lieux où vous trouvez votre heur et votre joie. (1639-54.)

[2] Var.   CLINDOR.
. . Souviens-toi donc....

ACTE III, SCÈNE VI.

LYSE.

C'est de peur d'ajouter ma misère à la vôtre.
Je vous l'ai déja dit, je ne l'oublierai pas.

CLINDOR.

Adieu. Ta raillerie a pour moi tant d'appas,
Que mon cœur à tes yeux de plus en plus s'engage,
Et je t'aimerois trop à tarder davantage.

SCÈNE VI.

LYSE.

L'ingrat! il trouve enfin mon visage charmant,
Et pour se divertir il contrefait l'amant [1]!
Qui néglige mes feux, m'aime par raillerie,
Me prend pour le jouet de sa galanterie [2],

LYSE.
De rien que m'ait pu dire....
CLINDOR.
Un amant....
LYSE.
Un causeur qui prend plaisir à rire.
(La scène finit là.)

[1] VAR. Et pour me suborner il contrefait l'amant!
Qui hait ma sainte ardeur, m'aime dans l'infamie,
Me dédaigne pour femme, et me veut pour amie. (1639-54.)

[2] Corneille a retranché ici les dix vers qui suivent :

Perfide, qu'as-tu vu dedans mes actions
Qui te dût enhardir à ces prétentions?
Qui t'a fait m'estimer digne d'être abusée,
Et juger mon honneur une conquête aisée?
J'ai tout pris en riant; mais c'étoit seulement
Pour ne t'avertir pas de mon ressentiment.
Qu'eût produit son éclat, que de la défiance?
Qui cache sa colère assure sa vengeance;

Et, par un libre aveu de me voler sa foi,
Me jure qu'il m'adore, et ne veut point de moi.
Aime en tous lieux, perfide, et partage ton ame[1],
Choisis qui tu voudras pour maîtresse, ou pour femme,
Donne à tes intérêts à ménager tes vœux;
Mais ne crois plus tromper aucune de nous deux.
Isabelle vaut mieux qu'un amour politique,
Et je vaux mieux qu'un cœur où cet amour s'applique.
J'ai raillé comme toi, mais c'étoit seulement
Pour ne t'avertir pas de mon ressentiment.
Qu'eût produit son éclat que de la défiance?
Qui cache sa colère assure sa vengeance;
Et ma feinte douceur prépare beaucoup mieux
Ce piége où tu vas choir, et bientôt, à mes yeux.
  Toutefois qu'as-tu fait qui te rende coupable?
Pour chercher sa fortune est-on si punissable?
Tu m'aimes, mais le bien te fait être inconstant :
Au siècle où nous vivons, qui n'en feroit autant?
Oublions des mépris où par force il s'excite[2],

      Et ma feinte douceur, te laissant espérer,
      Te jette dans les rets que j'ai su préparer. (1639-54.)

[1] VAR. Va, traître, aime en tous lieux, et partage ton ame;
    Choisis qui tu voudras pour maîtresse et pour femme.
    Donne à l'une ton cœur, donne à l'autre ta foi;
    Mais ne crois plus tromper Isabelle ni moi.
    Ce long calme bientôt va tourner en tempête,
    Et l'orage est tout prêt à fondre sur ta tête;
    Surpris par un rival dans ce cher entretien,
    Il vengera d'un coup son malheur et le mien. (1639-54.)

[2] VAR. Oublions les projets de sa flamme maudite,
    Et laissons-le jouir du bonheur qu'il mérite.
    Que de pensers divers en mon cœur amoureux!
    Et que je sens dans l'ame un combat rigoureux!
    Perdre qui me chérit! épargner qui m'affronte!
    Ruiner ce que j'aime! aimer qui veut ma honte!

ACTE III, SCÈNE VII.

Et laissons-le jouir du bonheur qu'il mérite ;
S'il m'aime, il se punit en m'osant dédaigner,
Et si je l'aime encor, je le dois épargner.
Dieux! à quoi me réduit ma folle inquiétude,
De vouloir faire grace à tant d'ingratitude !
Digne soif de vengeance, à quoi m'exposez-vous,
De laisser affoiblir un si juste courroux?
Il m'aime, et de mes yeux je m'en vois méprisée !
Je l'aime, et ne lui sers que d'objet de risée !
Silence, amour, silence ; il est temps de punir,
J'en ai donné ma foi, laisse-moi la tenir ;
Puisque ton faux espoir ne fait qu'aigrir ma peine,
Fais céder tes douceurs à celles de la haine.
Il est temps qu'en mon cœur elle règne à son tour,
Et l'amour outragé ne doit plus être amour.

SCÈNE VII.

MATAMORE.

Les voilà, sauvons-nous. Non, je ne vois personne.
Avançons hardiment. Tout le corps me frissonne.
Je les entends, fuyons. Le vent faisoit ce bruit.
Marchons sous la faveur des ombres de la nuit [1].
Vieux rêveur, malgré toi, j'attends ici ma reine.
 Ces diables de valets me mettent bien en peine.

> L'amour produira-t-il un si cruel effet ?
> L'impudent rira-t-il de l'affront qu'il m'a fait ?
> Mon amour me séduit, et ma haine m'emporte ;
> L'une peut tout sur moi, l'autre n'est pas moins forte.
> N'écoutons plus l'amour pour un tel suborneur,
> Et laissons à la haine assurer mon honneur. (1639-54.)

[1] Var. Coulons-nous en faveur des ombres de la nuit. (1639-54.)

De deux mille ans et plus, je ne tremblai si fort.
C'est trop me hasarder; s'ils sortent, je suis mort;
Car j'aime mieux mourir que leur donner bataille,
Et profaner mon bras contre cette canaille.
Que le courage expose à d'étranges dangers!
Toutefois, en tous cas, je suis des plus légers;
S'il ne faut que courir, leur attente est dupée :
J'ai le pied pour le moins aussi bon que l'épée.
Tout de bon, je les vois; c'est fait, il faut mourir :
J'ai le corps si glacé, que je ne puis courir [1].
Destin, qu'à ma valeur tu te montres contraire!....
C'est ma reine elle-même, avec mon secrétaire!
Tout mon corps se déglace : écoutons leurs discours,
Et voyons son adresse à traiter mes amours.

SCÈNE VIII.

CLINDOR, ISABELLE, MATAMORE.

ISABELLE.
(Matamore écoute caché.)

Tout se prépare mal du côté de mon père;
Je ne le vis jamais d'une humeur si sévère :
Il ne souffrira plus votre maître, ni vous;
Votre rival, d'ailleurs, est devenu jaloux [2] :
C'est par cette raison que je vous fais descendre;
Dedans mon cabinet ils pourroient nous surprendre;

---

[1] Var. J'ai le corps tout glacé; je ne saurois courir. (1639-54.)

[2] Var. Notre baron d'ailleurs est devenu jaloux,
Et c'est aussi pourquoi je vous ai fait descendre;
Dedans mon cabinet ils nous pourroient surprendre :
Ici, nous causerons en plus de sûreté. (1639-54.)

ACTE III, SCÈNE VIII.

Ici nous parlerons en plus de sûreté :
Vous pourrez vous couler d'un et d'autre côté ;
Et, si quelqu'un survient, ma retraite est ouverte.

CLINDOR.

C'est trop prendre de soin pour empêcher ma perte.

ISABELLE.

Je n'en puis prendre trop pour m'assurer un bien [1]
Sans qui tous autres biens à mes yeux ne sont rien,
Un bien qui vaut pour moi la terre tout entière,
Et pour qui seul enfin j'aime à voir la lumière.
Un rival par mon père attaque en vain ma foi,
Votre amour seul a droit de triompher de moi :
Des discours de tous deux je suis persécutée ;
Mais pour vous je me plais à me voir maltraitée,
Et des plus grands malheurs je bénirois les coups [2],
Si ma fidélité les enduroit pour vous.

CLINDOR.

Vous me rendez confus, et mon ame ravie
Ne vous peut, en revanche, offrir rien que ma vie ;
Mon sang est le seul bien qui me reste en ces lieux,
Trop heureux de le perdre en servant vos beaux yeux !
Mais si mon astre un jour, changeant son influence,
Me donne un accès libre aux lieux de ma naissance,
Vous verrez que ce choix n'est pas fort inégal [3],

---

[1] VAR. Je n'en puis prendre trop pour conserver un bien
Sans qui tout l'univers ensemble ne m'est rien.
Oui, je fais plus d'état d'avoir gagné votre ame,
Que si tout l'univers me connoissoit pour dame. (1639-54.)

[2] VAR. Il n'est point de tourments qui ne me semblent doux,
Si ma fidélité les endure pour vous. (1639-54.)

[3] VAR. Vous verrez que ce choix n'est pas tant inégal,
Et que, tout balancé, je vaux bien un * rival.
Cependant, mon souci, permettez-moi de craindre. (1639-54.)

* VAR. Mon rival. (1648-54.)

Et que, tout balancé, je vaux bien mon rival.
Mais, avec ces douceurs, permettez-moi de craindre
Qu'un père et ce rival ne veuillent vous contraindre.

ISABELLE.

N'en ayez point d'alarme, et croyez qu'en ce cas [1],
L'un aura moins d'effet que l'autre n'a d'appas.
Je ne vous dirai point où je suis résolue;
Il suffit que sur moi je me rends absolue.
Ainsi tous leurs projets sont des projets en l'air [2];
Ainsi...

MATAMORE.

Je n'en puis plus : il est temps de parler.

ISABELLE.

Dieux! on nous écoutoit.

CLINDOR.

C'est notre capitaine :
Je vais bien l'apaiser, n'en soyez pas en peine.

SCÈNE IX.

MATAMORE, CLINDOR.

MATAMORE.

Ah, traître !

CLINDOR.

Parlez bas, ces valets...

MATAMORE.

Eh bien, quoi?

---

[1] Var. J'en sais bien le remède, et croyez qu'en ce cas. (1639-54.)

[2] Var. Que leurs plus grands efforts sont des efforts en l'air,
Et que....
MATAMORE.
C'est trop souffrir; il est temps de parler. (1639-54.)

ACTE III, SCÈNE IX.

CLINDOR.

Ils fondront tout-à-l'heure et sur vous, et sur moi.

MATAMORE le tire à un coin du théâtre.

Viens çà. Tu sais ton crime, et qu'à l'objet que j'aime,
Loin de parler pour moi, tu parlois pour toi-même?

CLINDOR.

Oui, pour me rendre heureux j'ai fait quelques efforts[1].

MATAMORE.

Je te donne le choix de trois ou quatre morts ;
Je vais, d'un coup de poing, te briser comme verre,
Ou t'enfoncer tout vif au centre de la terre,
Ou te fendre en dix parts d'un seul coup de revers,
Ou te jeter si haut au-dessus des éclairs,
Que tu sois dévoré des feux élémentaires.
Choisis donc promptement, et pense à tes affaires[2].

CLINDOR.

Vous-même choisissez.

MATAMORE.

Quel choix proposes-tu?

CLINDOR.

De fuir en diligence, ou d'être bien battu.

MATAMORE.

Me menacer encore! ah, ventre! quelle audace!
Au lieu d'être à genoux, et d'implorer ma grace!....
Il a donné le mot, ces valets vont sortir....
Je m'en vais commander aux mers de t'engloutir.

CLINDOR.

Sans vous chercher si loin un si grand cimetière,
Je vous vais, de ce pas, jeter dans la rivière.

---

[1] Var. Oui, j'ai pris votre place, et vous ai mis dehors. (1639-54.)

[2] Var. Choisis donc promptement, et songe à tes affaires. (1639-54.)

MATAMORE.
Ils sont d'intelligence. Ah, tête!
CLINDOR.
Point de bruit :
J'ai déja massacré dix hommes cette nuit;
Et, si vous me fâchez, vous en croîtrez le nombre.
MATAMORE.
Cadédiou, ce coquin a marché dans mon ombre;
Il s'est fait tout vaillant d'avoir suivi mes pas[1] :
S'il avoit du respect, j'en voudrois faire cas.
　　Écoute : je suis bon, et ce seroit dommage
De priver l'univers d'un homme de courage.
Demande-moi pardon, et cesse par tes feux[2]
De profaner l'objet digne seul de mes vœux;
Tu connois ma valeur, éprouve ma clémence.
CLINDOR.
Plutôt, si votre amour a tant de véhémence,
Faisons deux coups d'épée au nom de sa beauté.
MATAMORE.
Parbieu, tu me ravis de générosité.
Va, pour la conquérir n'use plus d'artifices;
Je te la veux donner pour prix de tes services :
Plains-toi dorénavant d'avoir un maître ingrat.
CLINDOR.
A ce rare présent, d'aise le cœur me bat.
　　Protecteur des grands rois, guerrier trop magnanime,
Puisse tout l'univers bruire de votre estime!

---

[1] Var. Il s'est fait très vaillant d'avoir suivi mes pas. (1639.)

[2] Var. Demande-moi pardon, et quitte cet objet
　　　Dont les perfections m'ont rendu son sujet. (1639-54.)

SCÈNE X.

ISABELLE, MATAMORE, CLINDOR.

ISABELLE.
Je rends graces au ciel de ce qu'il a permis
Qu'à la fin, sans combat, je vous vois bons amis.
MATAMORE.
Ne pensez plus, ma reine, à l'honneur que ma flamme
Vous devoit faire un jour de vous prendre pour femme ;
Pour quelque occasion j'ai changé de dessein :
Mais je vous veux donner un homme de ma main ;
Faites-en de l'état, il est vaillant lui-même ;
Il commandoit sous moi.
ISABELLE.
　　　　　　Pour vous plaire, je l'aime.
CLINDOR.
Mais il faut du silence à notre affection.
MATAMORE.
Je vous promets silence, et ma protection.
Avouez-vous de moi par tous les coins du monde.
Je suis craint à l'égal sur la terre et sur l'onde ;
Allez, vivez contents sous une même loi.
ISABELLE.
Pour vous mieux obéir je lui donne ma foi.
CLINDOR.
Commandez que sa foi de quelque effet suivie[1]....

---

[1] Var. Commandez que sa foi soit d'un baiser suivie.
　　　　　　MATAMORE.
　Je le veux.
　　　　　ADRASTE (sc. xi).
　　Ce baiser te va coûter la vie. (1639-54.)

SCÈNE XI.

GÉRONTE, ADRASTE, MATAMORE, CLINDOR, ISABELLE, LYSE; TROUPE DE DOMESTIQUES.

ADRASTE.
Cet insolent discours te coûtera la vie,
Suborneur.

MATAMORE.
Ils ont pris mon courage en défaut.
Cette porte est ouverte, allons gagner le haut.
(Il entre chez Isabelle après qu'elle et Lyse y sont entrées.)

CLINDOR.
Traître, qui te fais fort d'une troupe brigande,
Je te choisirai bien au milieu de la bande.

GÉRONTE.
Dieux! Adraste est blessé, courez au médecin.
Vous autres, cependant, arrêtez l'assassin.

CLINDOR.
Ah, ciel! je cède au nombre. Adieu, chère Isabelle [1],
Je tombe au précipice où mon destin m'appelle.

GÉRONTE.
C'en est fait, emportez ce corps à la maison;
Et vous, conduisez tôt ce traître à la prison.

---

[1] Var. Hélas! je cède au nombre. Adieu, chère Isabelle. (1639-54.)

SCÈNE XII.

ALCANDRE, PRIDAMANT.

PRIDAMANT.
Hélas! mon fils est mort.
ALCANDRE.
Que vous avez d'alarmes!
PRIDAMANT.
Ne lui refusez point le secours de vos charmes.
ALCANDRE.
Un peu de patience, et, sans un tel secours,
Vous le verrez bientôt heureux en ses amours.

FIN DU TROISIÈME ACTE.

ACTE QUATRIÈME.

SCÈNE I.

ISABELLE.

Enfin le terme approche; un jugement inique
Doit abuser demain d'un pouvoir tyrannique[1],
A son propre assassin immoler mon amant,
Et faire une vengeance au lieu d'un châtiment.
Par un décret injuste autant comme sévère,
Demain doit triompher la haine de mon père,
La faveur du pays, la qualité du mort[2],
Le malheur d'Isabelle, et la rigueur du sort.
Hélas! que d'ennemis, et de quelle puissance,
Contre le foible appui que donne l'innocence,
Contre un pauvre inconnu de qui tout le forfait
Est de m'avoir aimée, et d'être trop parfait[3]!
Oui, Clindor, tes vertus et ton feu légitime,
T'ayant acquis mon cœur, ont fait aussi ton crime[4].

[1] Var. Doit faire agir demain un pouvoir tyrannique. (1639-54.)

[2] Var. La faveur du pays, l'autorité du mort. (1639-54.)

[3] Var. C'est de m'avoir aimée, et d'être trop parfait. (1639.)

[4] Dans les éditions de 1639 à 1654, on lit ici ces seize vers, que Corneille a supprimés :

> Contre elles un jaloux fit son traître dessein,
> Et reçut le trépas qu'il portoit dans ton sein.
> Qu'il eût valu bien mieux à sa valeur trompée
> Offrir ton estomac ouvert à son épée,

ACTE IV, SCÈNE I.

Mais en vain après toi l'on me laisse le jour[1] ;
Je veux perdre la vie en perdant mon amour :
Prononçant ton arrêt, c'est de moi qu'on dispose ;
Je veux suivre ta mort, puisque j'en suis la cause,
Et le même moment verra par deux trépas
Nos esprits amoureux se rejoindre là-bas.
　Ainsi, père inhumain, ta cruauté déçue
De nos saintes ardeurs verra l'heureuse issue ;
Et, si ma perte alors fait naître tes douleurs,
Auprès de mon amant je rirai de tes pleurs.
Ce qu'un remords cuisant te coûtera de larmes
D'un si doux entretien augmentera les charmes ;
Ou, s'il n'a pas assez de quoi te tourmenter,
Mon ombre chaque jour viendra t'épouvanter,
S'attacher à tes pas dans l'horreur des ténèbres,
Présenter à tes yeux mille images funèbres,
Jeter dans ton esprit un éternel effroi,
Te reprocher ma mort, t'appeler après moi,
Accabler de malheurs ta languissante vie,
Et te réduire au point de me porter envie.
Enfin....

　　　　Puisque, loin de punir ceux qui t'ont attaqué,
　　　　Ces lois vont achever le coup qu'ils ont manqué !
　　　　Tu fusses mort alors, mais sans ignominie ;
　　　　Ta mort n'eût point laissé ta mémoire ternie.
　　　　On n'eût point vu le foible opprimé du puissant,
　　　　Ni mon pays souillé du sang d'un innocent,
　　　　Ni Thémis endurer d'indigne violence
　　　　Qui, pour l'assassiner, emprunte sa balance.
　　　　Hélas ! et de quoi sert à mon cœur enflammé
　　　　D'avoir fait un beau choix et d'avoir bien aimé,
　　　　Si mon amour fatal te conduit au supplice,
　　　　Et m'apprête à moi-même un mortel précipice !

[1] Var. Car en vain, après toi, l'on me laisse le jour. (1639-54.)

SCÈNE II.

ISABELLE, LYSE.

LYSE.

Quoi ! chacun dort, et vous êtes ici?
Je vous jure, monsieur en est en grand souci.

ISABELLE.

Quand on n'a plus d'espoir, Lyse, on n'a plus de crainte.
Je trouve des douceurs à faire ici ma plainte.
Ici je vis Clindor pour la dernière fois ;
Ce lieu me redit mieux les accents de sa voix,
Et remet plus avant en mon ame éperdue [1]
L'aimable souvenir d'une si chère vue.

LYSE.

Que vous prenez de peine à grossir vos ennuis !

ISABELLE.

Que veux-tu que je fasse en l'état où je suis?

LYSE.

De deux amants parfaits dont vous étiez servie,
L'un doit mourir demain, l'autre est déja sans vie [2] :
Sans perdre plus de temps à soupirer pour eux,
Il en faut trouver un qui les vaille tous deux.

ISABELLE.

De quel front oses-tu me tenir ces paroles [3] ?

LYSE.

Quel fruit espérez-vous de vos douleurs frivoles?

---

[1] VAR. Et remet plus avant dans ma triste pensée
　　L'aimable souvenir de mon amour passée. (1639-54.)

[2] VAR. L'un est mort, et demain l'autre perdra la vie. (1639-54.)

[3] VAR. Impudente, oses-tu me tenir ces paroles ? (1639-54.)

ACTE IV, SCÈNE II.

Pensez-vous pour pleurer, et ternir vos appas,
Rappeler votre amant des portes du trépas?
Songez plutôt à faire une illustre conquête!
Je sais pour vos liens une ame toute prête,
Un homme incomparable.

ISABELLE.

Ote-toi de mes yeux.

LYSE.

Le meilleur jugement ne choisiroit pas mieux.

ISABELLE.

Pour croître mes douleurs faut-il que je te voie?

LYSE.

Et faut-il qu'à vos yeux je déguise ma joie?

ISABELLE.

D'où te vient cette joie ainsi hors de saison?

LYSE.

Quand je vous l'aurai dit, jugez si j'ai raison.

ISABELLE.

Ah! ne me conte rien.

LYSE.

Mais l'affaire vous touche.

ISABELLE.

Parle-moi de Clindor, ou n'ouvre point la bouche.

LYSE.

Ma belle humeur, qui rit au milieu des malheurs,
Fait plus en un moment qu'un siècle de vos pleurs;
Elle a sauvé Clindor.

ISABELLE.

Sauvé Clindor?

LYSE.

Lui-même :

Jugez après cela comme quoi je vous aime¹.
ISABELLE.
Eh! de grace, où faut-il que je l'aille trouver?
LYSE.
Je n'ai que commencé, c'est à vous d'achever.
ISABELLE.
Ah, Lyse!
LYSE.
Tout de bon, seriez-vous pour le suivre?
ISABELLE.
Si je suivrois celui sans qui je ne puis vivre?
Lyse, si ton esprit ne le tire des fers,
Je l'accompagnerai jusque dans les enfers.
Va, ne demande plus si je suivrois sa fuite².
LYSE.
Puisqu'à ce beau dessein l'amour vous a réduite,
Écoutez où j'en suis, et secondez mes coups;
Si votre amant n'échappe, il ne tiendra qu'à vous.
La prison est tout proche³.
ISABELLE.
Eh bien?
LYSE.
Ce voisinage
Au frère du concierge a fait voir mon visage;
Et, comme c'est tout un que me voir et m'aimer,
Le pauvre malheureux s'en est laissé charmer.
ISABELLE.
Je n'en avois rien su!

¹ Var. Et puis, après cela, jugez si je vous aime. (1639-54.)
² Var. Va, ne t'informe plus si je suivrois sa fuite. (1639-54.)
³ Var. La prison est fort proche. (1639-54.)

ACTE IV, SCÈNE II.

LYSE.
J'en avois tant de honte,
Que je mourois de peur qu'on vous en fît le conte,
Mais depuis quatre jours votre amant arrêté
A fait que l'allant voir je l'ai mieux écouté.
Des yeux et du discours flattant son espérance,
D'un mutuel amour j'ai formé l'apparence.
Quand on aime une fois, et qu'on se croit aimé,
On fait tout pour l'objet dont on est enflammé.
Par-là j'ai sur son ame assuré mon empire,
Et l'ai mis en état de ne m'oser dédire.
Quand il n'a plus douté de mon affection,
J'ai fondé mes refus sur sa condition ;
Et lui, pour m'obliger, juroit de s'y déplaire [1],
Mais que malaisément il s'en pouvoit défaire ;
Que les clefs des prisons qu'il gardoit aujourd'hui
Étoient le plus grand bien de son frère et de lui.
Moi de dire soudain que sa bonne fortune [2]
Ne lui pouvoit offrir d'heure plus opportune ;
Que, pour se faire riche, et pour me posséder,
Il n'avoit seulement qu'à s'en accommoder ;
Qu'il tenoit dans les fers un seigneur de Bretagne
Déguisé sous le nom du sieur de La Montagne ;
Qu'il falloit le sauver, et le suivre chez lui ;
Qu'il nous feroit du bien, et seroit notre appui.
Il demeure étonné ; je le presse, il s'excuse ;
Il me parle d'amour, et moi je le refuse ;
Je le quitte en colère ; il me suit tout confus,
Me fait nouvelle excuse, et moi nouveau refus.

---

[1] Var. Et lui, pour m'obliger, juroit de se déplaire. (1639.)

[2] Var. Moi de prendre mon temps, que sa bonne fortune. (1639-54.)

ISABELLE.

Mais enfin?

LYSE.

J'y retourne, et le trouve fort triste;
Je le juge ébranlé; je l'attaque, il résiste.
Ce matin, «En un mot, le péril est pressant,»
Ai-je dit; «tu peux tout, et ton frère est absent [1].»
«Mais il faut de l'argent pour un si long voyage,»
M'a-t-il dit, «il en faut pour faire l'équipage;
«Ce cavalier en manque.»

ISABELLE.

Ah, Lyse! tu devois
Lui faire offre aussitôt de tout ce que j'avois.
Perles, bagues, habits.

LYSE.

J'ai bien fait davantage [2].
J'ai dit qu'à vos beautés ce captif rend hommage,
Que vous l'aimez de même, et fuirez avec nous.
Ce mot me l'a rendu si traitable et si doux,
Que j'ai bien reconnu qu'un peu de jalousie
Touchant votre Clindor brouilloit sa fantaisie,
Et que tous ces détours provenoient seulement [3]
D'une vaine frayeur qu'il ne fût mon amant.
Il est parti soudain après votre amour sue,
A trouvé tout aisé, m'en a promis l'issue,
Et vous mande par moi qu'environ à minuit [4]

---

[1] Var. C'ai-je dit, tu peux tout, et ton frère est absent. (1639-54.)

[2] Var. . . . . . . J'ai bien fait encor pire.
  J'ai dit que c'est pour vous que ce captif soupire;
  Que vous l'aimiez de même, et fuiriez avec nous. (1639-54.)

[3] Var. Et que tous ces délais provenoient seulement. (1639-54.)

[4] Var. Qu'il alloit y pourvoir, et que, vers la minuit,
  Vous fussiez toute prête à déloger sans bruit. (1639-54.)

Vous soyez toute prête à déloger sans bruit.
ISABELLE.
Que tu me rends heureuse!
LYSE.
Ajoutez-y, de grace,
Qu'accepter un mari pour qui je suis de glace,
C'est me sacrifier à vos contentements.
ISABELLE.
Aussi....
LYSE.
Je ne veux point de vos remerciements :
Allez ployer bagage; et, pour grossir la somme [1],
Joignez à vos bijoux les écus du bon-homme.
Je vous vends ses trésors, mais à fort bon marché;
J'ai dérobé ses clefs depuis qu'il est couché,
Je vous les livre.
ISABELLE.
Allons y travailler ensemble [2].
LYSE.
Passez-vous de mon aide.
ISABELLE.
Eh quoi! le cœur te tremble?
LYSE.
Non, mais c'est un secret tout propre à l'éveiller;
Nous ne nous garderions jamais de babiller.
ISABELLE.
Folle, tu ris toujours.
LYSE.
De peur d'une surprise

---

[1] Var. Allez ployer bagage, et n'épargnez en somme
   Ni votre cabinet, ni celui du bon-homme. (1639-54.)

[2] Var. . . . . . Allons faire le coup ensemble. (1639-54.)

L'ILLUSION.

Je dois attendre ici le chef de l'entreprise;
S'il tardoit à la rue, il seroit reconnu;
Nous vous irons trouver dès qu'il sera venu.
C'est là sans raillerie....

ISABELLE.

Adieu donc. Je te laisse,
Et consens que tu sois aujourd'hui la maîtresse.

LYSE.

C'est du moins....

ISABELLE.

Fais bon guet.

LYSE.

Vous, faites bon butin.

SCÈNE III.

LYSE.

Ainsi, Clindor, je fais moi seule ton destin;
Des fers où je t'ai mis c'est moi qui te délivre,
Et te puis, à mon choix, faire mourir, ou vivre
On me vengeoit de toi par-delà mes désirs;
Je n'avois de dessein que contre tes plaisirs.
Ton sort trop rigoureux m'a fait changer d'envie;
Je te veux assurer tes plaisirs et ta vie;
Et mon amour éteint, te voyant en danger,
Renaît pour m'avertir que c'est trop me venger.
J'espère aussi, Clindor, que, pour reconnoissance,
De ton ingrat amour étouffant la licence [1]....

[1] VAR. Tu réduiras pour moi tes vœux dans l'innocence. (1639-54.)
Ici, Corneille a supprimé ces quatre vers :
    Qu'un mari me tenant en sa possession,

SCÈNE IV.

MATAMORE, ISABELLE, LYSE.

ISABELLE.
Quoi! chez nous, et de nuit!
MATAMORE.
L'autre jour....
ISABELLE.
Qu'est ceci,
L'autre jour? est-il temps que je vous trouve ici?
LYSE.
C'est ce grand capitaine. Où s'est-il laissé prendre?
ISABELLE.
En montant l'escalier je l'en ai vu descendre.
MATAMORE.
L'autre jour, au défaut de mon affection,
J'assurai vos appas de ma protection.
ISABELLE.
Après?

MATAMORE.
On vint ici faire une brouillerie;
Vous rentrâtes voyant cette forfanterie,
Et, pour vous protéger, je vous suivis soudain.
ISABELLE.
Votre valeur prit lors un généreux dessein.
Depuis?

MATAMORE.
Pour conserver une dame si belle,

Sa présence vaincra ta folle passion,
Ou que, si cette ardeur encore te possède,
Ma maîtresse avertie y mettra bon remède. (1639-48.)

Au plus haut du logis j'ai fait la sentinelle.
ISABELLE.
Sans sortir?
MATAMORE.
Sans sortir.
LYSE.
C'est-à-dire, en deux mots,
Que la peur l'enfermoit dans la chambre aux fagots [1].
MATAMORE.
La peur?
LYSE.
Oui, vous tremblez; la vôtre est sans égale.
MATAMORE.
Parcequ'elle a bon pas, j'en fais mon Bucéphale;
Lorsque je la domptai, je lui fis cette loi;
Et depuis, quand je marche, elle tremble sous moi.
LYSE.
Votre caprice est rare à choisir des montures.
MATAMORE.
C'est pour aller plus vite aux grandes aventures.
ISABELLE.
Vous en exploitez bien : mais changeons de discours.
Vous avez demeuré là-dedans quatre jours?
MATAMORE.
Quatre jours.
ISABELLE.
Et vécu?
MATAMORE.
De nectar, d'ambrosie [2].

---

[1] Var. Qu'il s'est caché, de peur, dans la chambre aux fagots.
MATAMORE.
De peur? (1639-54.)

[2] L'orthographe de ce mot n'était pas encore fixée. Dans la

ACTE IV, SCÈNE IV. 71

LYSE.

Je crois que cette viande aisément rassasie?

MATAMORE.

Aucunement.

ISABELLE.

Enfin vous étiez descendu....

MATAMORE.

Pour faire qu'un amant en vos bras fût rendu,
Pour rompre sa prison, en fracasser les portes,
Et briser en morceaux ses chaînes les plus fortes.

LYSE.

Avouez franchement que, pressé de la faim,
Vous veniez bien plutôt faire la guerre au pain.

MATAMORE.

L'un et l'autre, parbieu. Cette ambrosie est fade,
J'en eus au bout d'un jour l'estomac tout malade.
C'est un mets délicat, et de peu de soutien;
A moins que d'être un dieu l'on n'en vivroit pas bien;
Il cause mille maux; et, dès l'heure qu'il entre,
Il allonge les dents, et rétrécit le ventre.

LYSE.

Enfin c'est un ragoût qui ne vous plaisoit pas?

MATAMORE.

Quitte pour chaque nuit faire deux tours en bas,
Et là, m'accommodant des reliefs de cuisine,
Mêler la viande humaine avecque la divine.

ISABELLE.

Vous aviez, après tout, dessein de nous voler.

première édition, Corneille avait écrit *ambroisie*, et dans la dernière il l'a corrigé tel qu'il est ici : peut-être a-t-il voulu se rapprocher de l'étymologie. Quoi qu'il en soit, *ambroisie* a prévalu. (PAR.)

MATAMORE.

Vous-mêmes, après tout, m'osez-vous quereller ?
Si je laisse une fois échapper ma colère....

ISABELLE.

Lyse, fais-moi sortir les valets de mon père.

MATAMORE.

Un sot les attendroit.

SCÈNE V.

ISABELLE, LYSE.

LYSE.
Vous ne le tenez pas.
ISABELLE.
Il nous avoit bien dit que la peur a bon pas.
LYSE.
Vous n'avez cependant rien fait, ou peu de chose ?
ISABELLE.
Rien du tout. Que veux-tu ? sa rencontre en est cause.
LYSE.
Mais vous n'aviez alors qu'à le laisser aller.
ISABELLE.
Mais il m'a reconnue, et m'est venu parler.
Moi qui, seule et de nuit, craignois son insolence,
Et beaucoup plus encor de troubler le silence,
J'ai cru, pour m'en défaire, et m'ôter de souci,
Que le meilleur étoit de l'amener ici.
Vois quand j'ai ton secours que je me tiens vaillante,
Puisque j'ose affronter cette humeur violente.
LYSE.
J'en ai ri comme vous, mais non sans murmurer :

C'est bien du temps perdu.
ISABELLE.
Je vais le réparer.
LYSE.
Voici le conducteur de notre intelligence;
Sachez auparavant toute sa diligence.

SCÈNE VI.

ISABELLE, LYSE, LE GEOLIER.

ISABELLE.
Eh bien, mon grand ami, braverons-nous le sort?
Et viens-tu m'apporter ou la vie ou la mort?
Ce n'est plus qu'en toi seul que mon espoir se fonde.
LE GEOLIER.
Bannissez vos frayeurs, tout va le mieux du monde[1];
Il ne faut que partir, j'ai des chevaux tout prêts,
Et vous pourrez bientôt vous moquer des arrêts.
ISABELLE.
Je te dois regarder comme un dieu tutélaire[2],
Et ne sais point pour toi d'assez digne salaire.
LE GEOLIER.
Voici le prix unique où tout mon cœur prétend.
ISABELLE.
Lyse, il faut te résoudre à le rendre content.

[1] Var. Madame, grace aux dieux, tout va le mieux du monde. (1639-54.)

[2] Var. Ah! que tu me ravis, et quel digne salaire
Pourrai-je présenter à mon dieu tutélaire?
LE GEOLIER.
Voici la récompense où mon desir prétend.
ISABELLE.
Lyse, il faut se résoudre à le rendre content. (1639-54.)

LYSE.

Oui, mais tout son apprêt nous est fort inutile;
Comment ouvrirons-nous les portes de la ville?

LE GEOLIER.

On nous tient des chevaux en main sûre aux faubourgs;
Et je sais un vieux mur qui tombe tous les jours :
Nous pourrons aisément sortir par ses ruines.

ISABELLE.

Ah! que je me trouvois sur d'étranges épines!

LE GEOLIER.

Mais il faut se hâter.

ISABELLE.

Nous partirons soudain.
Viens nous aider là-haut à faire notre main.

SCÈNE VII.

CLINDOR, en prison.

Aimables souvenirs de mes chères délices,
Qu'on va bientôt changer en d'infames supplices,
Que, malgré les horreurs de ce mortel effroi,
Vos charmants entretiens ont de douceurs pour moi[1]!
Ne m'abandonnez point, soyez-moi plus fidèles
Que les rigueurs du sort ne se montrent cruelles;
Et, lorsque du trépas les plus noires couleurs
Viendront à mon esprit figurer mes malheurs,
Figurez aussitôt à mon ame interdite
Combien je fus heureux par-delà mon mérite.
Lorsque je me plaindrai de leur sévérité,

---

[1] VAR. Vous avez de douceurs et de charmes pour moi! (1639-54.)

ACTE IV, SCÈNE VII.

Redites-moi l'excès de ma témérité ;
Que d'un si haut dessein ma fortune incapable
Rendoit ma flamme injuste, et mon espoir coupable ;
Que je fus criminel quand je devins amant,
Et que ma mort en est le juste châtiment.
  Quel bonheur m'accompagne à la fin de ma vie !
Isabelle, je meurs pour vous avoir servie ;
Et, de quelque tranchant que je souffre les coups,
Je meurs trop glorieux, puisque je meurs pour vous.
Hélas ! que je me flatte, et que j'ai d'artifice
A me dissimuler la honte d'un supplice [1] !
En est-il de plus grand que de quitter ces yeux
Dont le fatal amour me rend si glorieux ?
L'ombre d'un meurtrier creuse ici ma ruine ;
Il succomba vivant ; et mort, il m'assassine ;
Son nom fait contre moi ce que n'a pu son bras ;
Mille assassins nouveaux naissent de son trépas ;
Et je vois de son sang, fécond en perfidies,
S'élever contre moi des ames plus hardies,
De qui les passions, s'armant d'autorité,
Font un meurtre public avec impunité.
Demain de mon courage on doit faire un grand crime [2],
Donner au déloyal ma tête pour victime ;
Et tous pour le pays prennent tant d'intérêt,
Qu'il ne m'est pas permis de douter de l'arrêt.
Ainsi de tous côtés ma perte étoit certaine.
J'ai repoussé la mort, je la reçois pour peine.

---

[1] VAR. Pour déguiser la honte et l'horreur d'un supplice,
Il faut mourir enfin, et quitter ces beaux yeux.
. . . .
L'ombre d'un meurtrier cause encor ma ruine. (1639-54.)

[2] VAR. Demain de mon courage ils doivent faire un crime. (1639-54.)

D'un péril évité je tombe en un nouveau,
Et des mains d'un rival en celles d'un bourreau.
Je frémis à penser à ma triste aventure [1] ;
Dans le sein du repos je suis à la torture ;
Au milieu de la nuit, et du temps du sommeil,
Je vois de mon trépas le honteux appareil ;
J'en ai devant les yeux les funestes ministres ;
On me lit du sénat les mandements sinistres ;
Je sors les fers aux pieds ; j'entends déja le bruit
De l'amas insolent d'un peuple qui me suit ;
Je vois le lieu fatal où ma mort se prépare :
Là mon esprit se trouble, et ma raison s'égare ;
Je ne découvre rien qui m'ose secourir [2],
Et la peur de la mort me fait déja mourir.
   Isabelle, toi seule, en réveillant ma flamme,
Dissipes ces terreurs, et rassures mon ame ;
Et sitôt que je pense à tes divins attraits [3],
Je vois évanouir ces infames portraits.
Quelques rudes assauts que le malheur me livre,
Garde mon souvenir, et je croirai revivre.
Mais d'où vient que de nuit on ouvre ma prison ?
Ami, que viens-tu faire ici hors de saison ?

---

[1] Var. Je frémis au penser de ma triste aventure. (1639-54.)

[2] Var. Je ne découvre rien propre à me secourir. (1639-54.)

[3] Var. Aussitôt que je pense à tes divins attraits. (1639-54.)

SCÈNE VIII.

CLINDOR, LE GEOLIER.

LE GEOLIER, cependant qu'Isabelle et Lyse
paroissent à quartier.

Les juges assemblés pour punir votre audace,
Mus de compassion, enfin vous ont fait grace.

CLINDOR.

M'ont fait grace, bons dieux!

LE GEOLIER.

Oui, vous mourrez de nuit.

CLINDOR.

De leur compassion est-ce là tout le fruit?

LE GEOLIER.

Que de cette faveur vous tenez peu de compte!
D'un supplice public c'est vous sauver la honte.

CLINDOR.

Quels encens puis-je offrir aux maîtres de mon sort,
Dont l'arrêt me fait grace, et m'envoie à la mort?

LE GEOLIER.

Il la faut recevoir avec meilleur visage.

CLINDOR.

Fais ton office, ami, sans causer davantage.

LE GEOLIER.

Une troupe d'archers là dehors vous attend;
Peut-être en les voyant serez-vous plus content.

SCÈNE IX.

CLINDOR, ISABELLE, LYSE, LE GEOLIER.

ISABELLE dit ces mots à Lyse, cependant que le geolier ouvre la prison à Clindor.

Lyse, nous l'allons voir.

LYSE.

Que vous êtes ravie !

ISABELLE.

Ne le serois-je point de recevoir la vie ?
Son destin et le mien prennent un même cours,
Et je mourrois du coup qui trancheroit ses jours.

LE GEOLIER.

Monsieur, connoissez-vous beaucoup d'archers semblables?

CLINDOR.

Ah ! madame, est-ce vous ? Surprises adorables [1] !
Trompeur trop obligeant ! tu disois bien vraiment
Que je mourrois de nuit, mais de contentement.

ISABELLE.

Clindor [2] !

LE GEOLIER.

Ne perdons point le temps à ces caresses,
Nous aurons tout loisir de flatter nos maîtresses.

CLINDOR.

Quoi ! Lyse est donc la sienne ?

---

[1] Var. Ma chère ame, est-ce vous ? Surprises adorables ! (1639-54.)
[2] Var. Mon heur !

LE GEOLIER.
Ne perdons point le temps à ces caresses ;
Nous aurons tout loisir de baiser nos maîtresses. (1639-54.)

ACTE IV, SCÈNE X.

ISABELLE.
                Écoutez le discours
De votre liberté qu'ont produit leurs amours.

LE GEOLIER.
En lieu de sûreté le babil est de mise,
Mais ici ne songeons qu'à nous ôter de prise.

ISABELLE.
Sauvons-nous : mais avant, promettez-nous tous deux
Jusqu'au jour d'un hymen de modérer vos feux ;
Autrement, nous rentrons.

CLINDOR.
                Que cela ne vous tienne,
Je vous donne ma foi.

LE GEOLIER.
                Lyse, reçois la mienne.

ISABELLE.
Sur un gage si beau j'ose tout hasarder [1].

LE GEOLIER.
Nous nous amusons trop, il est temps d'évader [2].

SCÈNE X.

ALCANDRE, PRIDAMANT.

ALCANDRE.
Ne craignez plus pour eux ni périls, ni disgraces ;
Beaucoup les poursuivront, mais sans trouver leurs traces.

PRIDAMANT.
A la fin, je respire.

---

[1] Var. Sur un gage si bon j'ose tout hasarder. (1639-54.)
[2] Var. Nous nous amusons trop ; hâtons-nous d'évader. (1639-54.)

ALCANDRE.
Après un tel bonheur,
Deux ans les ont montés en haut degré d'honneur.
Je ne vous dirai point le cours de leurs voyages,
S'ils ont trouvé le calme, ou vaincu les orages,
Ni par quel art non plus ils se sont élevés;
Il suffit d'avoir vu comme ils se sont sauvés,
Et que, sans vous en faire une histoire importune,
Je vous les vais montrer en leur haute fortune.
Mais, puisqu'il faut passer à des effets plus beaux,
Rentrons pour évoquer des fantômes nouveaux :
Ceux que vous avez vus représenter de suite
A vos yeux étonnés leur amour et leur fuite,
N'étant pas destinés aux hautes fonctions,
N'ont point assez d'éclat pour leurs conditions.

FIN DU QUATRIÈME ACTE.

ACTE CINQUIÈME.

SCÈNE I.

ALCANDRE, PRIDAMANT.

PRIDAMANT.
Qu'Isabelle est changée, et qu'elle est éclatante !
ALCANDRE.
Lyse marche après elle, et lui sert de suivante ;
Mais derechef sur-tout n'ayez aucun effroi,
Et de ce lieu fatal ne sortez qu'après moi ;
Je vous le dis encore, il y va de la vie.
PRIDAMANT.
Cette condition m'en ôte assez l'envie[1].

SCÈNE II.

ISABELLE représentant Hippolyte ; LYSE, représentant Clarine.

LYSE.
Ce divertissement n'aura-t-il point de fin ?
Et voulez-vous passer la nuit dans ce jardin ?
ISABELLE.
Je ne puis plus cacher le sujet qui m'amène ;
C'est grossir mes douleurs que de taire ma peine.
Le prince Florilame....

---

[1] Var. Cette condition m'en ôtera l'envie. (1639-54.)

LYSE.
Eh bien, il est absent.
ISABELLE.
C'est la source des maux que mon ame ressent ;
Nous sommes ses voisins, et l'amour qu'il nous porte
Dedans son grand jardin nous permet cette porte.
La princesse Rosine, et mon perfide époux,
Durant qu'il est absent en font leur rendez-vous :
Je l'attends au passage, et lui ferai connoître
Que je ne suis pas femme à rien souffrir d'un traître.
LYSE.
Madame, croyez-moi, loin de le quereller,
Vous ferez beaucoup mieux de tout dissimuler.
Il nous vient peu de fruit de telles jalousies [1] ;
Un homme en court plus tôt après ses fantaisies ;
Il est toujours le maître, et tout notre discours [2],
Par un contraire effet, l'obstine en ses amours.
ISABELLE.
Je dissimulerai son adultère flamme !
Une autre aura son cœur, et moi le nom de femme !
Sans crime, d'un hymen peut-il rompre la loi ?
Et ne rougit-il point d'avoir si peu de foi ?
LYSE.
Cela fut bon jadis ; mais, au temps où nous sommes,
Ni l'hymen, ni la foi, n'obligent plus les hommes :
Leur gloire a son brillant et ses règles à part ;
Où la nôtre se perd, la leur est sans hasard [3] ;

---

[1] Var. Ce n'est pas bien à nous d'avoir des jalousies. (1639-54.)

[2] Var. Il est toujours le maître, et tout votre discours. (1639.)

[3] Var. Madame, leur honneur a des règles à part :
　　Où le vôtre se perd, le leur est sans hasard. (1639-54.)

Vers supprimés par Corneille :

　　Et la même action, entre eux et vous commune,

ACTE V, SCÈNE III.

Elle croit aux dépens de nos lâches foiblesses ;
L'honneur d'un galant homme est d'avoir des maîtresses [1].

ISABELLE.

Ote-moi cet honneur et cette vanité,
De se mettre en crédit par l'infidélité.
Si, pour haïr le change et vivre sans amie,
Un homme tel que lui tombe dans l'infamie,
Je le tiens glorieux d'être infame à ce prix ;
S'il en est méprisé, j'estime ce mépris.
Le blâme qu'on reçoit d'aimer trop une femme
Aux maris vertueux est un illustre blâme.

LYSE.

Madame, il vient d'entrer ; la porte a fait du bruit.

ISABELLE.

Retirons-nous, qu'il passe.

LYSE.

Il vous voit et vous suit.

SCÈNE III.

CLINDOR, représentant Théagène ; **ISABELLE**, représentant Hippolyte ; **LYSE**, représentant Clarine.

CLINDOR.

Vous fuyez, ma princesse, et cherchez des remises :
Sont-ce là les douceurs que vous m'aviez promises [2] ?

Est pour nous déshonneur, pour eux bonne fortune.
La chasteté n'est plus la vertu d'un mari ;
La princesse du vôtre a fait son favori. (1639-54.)

[1] Var. Sa réputation croîtra par ses caresses. (1639-54.)

[2] Var. Sont-ce là les faveurs que vous m'aviez promises ? (1639-54.)
Vers supprimés :

Où sont tant de baisers dont votre affection

Est-ce ainsi que l'amour ménage un entretien ?
Ne fuyez plus, madame, et n'appréhendez rien,
Florilame est absent; ma jalouse endormie.

ISABELLE.

En êtes-vous bien sûr?

CLINDOR.

Ah! fortune ennemie!

ISABELLE.

Je veille, déloyal : ne crois plus m'aveugler ;
Au milieu de la nuit je ne vois que trop clair ;
Je vois tous mes soupçons passer en certitudes,
Et ne puis plus douter de tes ingratitudes !
Toi-même, par ta bouche, as trahi ton secret.
O l'esprit avisé pour un amant discret !
Et que c'est en amour une haute prudence,
D'en faire avec sa femme entière confidence !
Où sont tant de serments de n'aimer rien que moi?
Qu'as-tu fait de ton cœur? qu'as-tu fait de ta foi ?
Lorsque je la reçus, ingrat, qu'il te souvienne
De combien différoient ta fortune et la mienne,
De combien de rivaux je dédaignai les vœux,
Ce qu'un simple soldat pouvoit être auprès d'eux;
Quelle tendre amitié je recevois d'un père !

> Devoit être prodigue à ma réception ?
> Voici l'heure et le lieu; l'occasion est belle :
> Je suis seul, vous n'avez que cette demoiselle
> Dont la dextérité ménagea nos amours.
> Le temps est précieux, et vous fuyez toujours !
> Vous voulez, je m'assure, avec ces artifices,
> Que les difficultés augmentent nos délices.
> A la fin je vous tiens. Quoi! vous me repoussez !
> Que craignez-vous encor? Mauvaise! c'est assez.
> Florilame est absent. (1639-54.)

ACTE V, SCÈNE III.

Je le quittai pourtant pour suivre ta misère [1] ;
Et je tendis les bras à mon enlèvement,
Pour soustraire ma main à son commandement [2].
En quelle extrémité depuis ne m'ont réduite
Les hasards dont le sort a traversé ta fuite?
Et que n'ai-je souffert avant que le bonheur
Élevât ta bassesse à ce haut rang d'honneur!
Si pour te voir heureux ta foi s'est relâchée....
Remets-moi dans le sein dont tu m'as arrachée [3].
L'amour que j'ai pour toi m'a fait tout hasarder,
Non pas pour des grandeurs, mais pour te posséder.

CLINDOR.

Ne me reproche plus ta fuite ni ta flamme.
Que ne fait point l'amour quand il possède une ame?
Son pouvoir à ma vue attachoit tes plaisirs,
Et tu me suivois moins que tes propres desirs.
J'étois lors peu de chose, oui, mais qu'il te souvienne
Que ta fuite égala ta fortune à la mienne,
Et que pour t'enlever c'étoit un foible appas
Que l'éclat de tes biens qui ne te suivoient pas.
Je n'eus, de mon côté, que l'épée en partage,
Et ta flamme, du tien, fut mon seul avantage :
Celle-là m'a fait grand en ces bords étrangers,
L'autre exposa ma tête à cent et cent dangers.
    Regrette maintenant ton père et ses richesses;
Fâche-toi de marcher à côté des princesses;

---

[1] Var. Je l'ai quitté pourtant pour suivre ta misère. (1639.)
[2] Var. Ne pouvant être à toi de son consentement. (1639-54.)
[3] Var. Rends-moi dedans le sein dont tu m'as arrachée;
    Je t'aime, et mon amour m'a fait tout hasarder,
    Non pas pour tes grandeurs, mais pour te posséder. (1639-54.)

Retourne en ton pays chercher avec tes biens [1]
L'honneur d'un rang pareil à celui que tu tiens.
De quel manque, après tout, as-tu lieu de te plaindre?
En quelle occasion m'as-tu vu te contraindre?
As-tu reçu de moi ni froideurs, ni mépris?
Les femmes, à vrai dire, ont d'étranges esprits!
Qu'un mari les adore, et qu'un amour extrême
A leur bizarre humeur le soumette lui-même,
Qu'il les comble d'honneurs et de bons traitements,
Qu'il ne refuse rien à leurs contentements :
S'il fait la moindre brèche à la foi conjugale [2],
Il n'est point à leur gré de crime qui l'égale;
C'est vol, c'est perfidie, assassinat, poison,
C'est massacrer son père, et brûler sa maison;
Et jadis des Titans l'effroyable supplice
Tomba sur Encelade avec moins de justice.

ISABELLE.

Je te l'ai déja dit, que toute ta grandeur
Ne fut jamais l'objet de ma sincère ardeur.
Je ne suivois que toi, quand je quittai mon père;
Mais puisque ces grandeurs t'ont fait l'ame légère,
Laisse mon intérêt; songe à qui tu les dois.

Florilame lui seul t'a mis où tu te vois;
A peine il te connut qu'il te tira de peine;
De soldat vagabond il te fit capitaine :
Et le rare bonheur qui suivit cet emploi
Joignit à ses faveurs les faveurs de son roi.
Quelle forte amitié n'a-t-il point fait paroître

[1] Var. Retourne en ton pays, avecque tous tes biens,
Chercher un rang pareil à celui que tu tiens.
Qui te manque, après tout? de quoi peux-tu te plaindre? (1639-54.)

[2] Var. Fait-il la moindre brèche à la foi conjugale. (1639-54.)

ACTE V, SCÈNE III.

A cultiver depuis ce qu'il avoit fait naître?
Par ses soins redoublés n'es-tu pas aujourd'hui
Un peu moindre de rang, mais plus puissant que lui?
Il eût gagné par-là l'esprit le plus farouche;
Et pour remerciement tu veux souiller sa couche [1]!
Dans ta brutalité trouve quelques raisons,
Et contre ses faveurs défends tes trahisons.
Il t'a comblé de biens, tu lui voles son ame!
Il t'a fait grand seigneur, et tu le rends infame!
Ingrat, c'est donc ainsi que tu rends les bienfaits?
Et ta reconnoissance a produit ces effets?

CLINDOR.

Mon ame (car encor ce beau nom te demeure,
Et te demeurera jusqu'à tant que je meure),
Crois-tu qu'aucun respect ou crainte du trépas
Puisse obtenir sur moi ce que tu n'obtiens pas?
Dis que je suis ingrat, appelle-moi parjure;
Mais à nos feux sacrés ne fais plus tant d'injure :
Ils conservent encor leur première vigueur;
Et si le fol amour qui m'a surpris le cœur [2]
Avoit pu s'étouffer au point de sa naissance,
Celui que je te porte eût eu cette puissance.
Mais en vain mon devoir tâche à lui résister [3];
Toi-même as éprouvé qu'on ne le peut dompter.
Ce dieu qui te força d'abandonner ton père,
Ton pays et tes biens, pour suivre ma misère,

---

[1] Var. Et pour remerciement tu vas souiller sa couche!
  Dans ta brutalité trouve quelque raison,
  Et contre ses faveurs défends ta trahison. (1639-54.)

[2] Var. Je t'aime, et si l'amour qui m'a surpris le cœur. (1639-54.)

[3] Var. Mais en vain contre lui l'on tâche à résister. (1639-54.)

88 L'ILLUSION.

Ce dieu même aujourd'hui force tous mes desirs [1]
A te faire un larcin de deux ou trois soupirs.
A mon égarement souffre cette échappée,
Sans craindre que ta place en demeure usurpée.
L'amour dont la vertu n'est point le fondement
Se détruit de soi-même, et passe en un moment;
Mais celui qui nous joint est un amour solide,
Où l'honneur a son lustre, où la vertu préside;
Sa durée a toujours quelques nouveaux appas,
Et ses fermes liens durent jusqu'au trépas.
Mon ame, derechef pardonne à la surprise
Que ce tyran des cœurs a faite à ma franchise;
Souffre une folle ardeur qui ne vivra qu'un jour,
Et qui n'affoiblit point le conjugal amour [2].

ISABELLE.

Hélas! que j'aide bien à m'abuser moi-même!
Je vois qu'on me trahit, et veux croire qu'on m'aime [3];
Je me laisse charmer à ce discours flatteur,
Et j'excuse un forfait dont j'adore l'auteur.
 Pardonne, cher époux, au peu de retenue
Où d'un premier transport la chaleur est venue :
C'est en ces accidents manquer d'affection

[1] Var. Ce dieu même à présent, malgré moi, m'a réduit
 A te faire un larcin des plaisirs d'une nuit.
 A mes sens déréglés souffre cette licence :
 Une pareille amour meurt dans la jouissance.
 Celle dont la vertu n'est point le fondement
 . . . .
 Mais celle qui nous joint est une amour solide,
 . . . .
 Dont les fermes liens durent jusqu'au trépas,
 Et dont la jouissance a de nouveaux appas. (1639-54.)

[2] Var. Et n'affoiblit en rien un conjugal amour. (1639-54.)

[3] Var. Je vois qu'on me trahit, et je crois que l'on m'aime. (1639-54.)

ACTE V, SCÈNE III.

Que de les voir sans trouble et sans émotion.
Puisque mon teint se fane et ma beauté se passe,
Il est bien juste aussi que ton amour se lasse ;
Et même je croirai que ce feu passager
En l'amour conjugal ne pourra rien changer.
Songe un peu toutefois à qui ce feu s'adresse,
En quel péril te jette une telle maîtresse.
 Dissimule, déguise, et sois amant discret.
Les grands en leur amour n'ont jamais de secret ;
Ce grand train qu'à leurs pas leur grandeur propre attache
N'est qu'un grand corps tout d'yeux à qui rien ne se cache,
Et dont il n'est pas un qui nè fît son effort
A se mettre en faveur par un mauvais rapport.
Tôt ou tard Florilame apprendra tes pratiques,
Ou de sa défiance, ou de ses domestiques ;
Et lors (à ce penser je frissonne d'horreur)
A quelle extrémité n'ira point sa fureur ?
Puisqu'à ces passe-temps ton humeur te convie,
Cours après tes plaisirs, mais assure ta vie.
Sans aucun sentiment je te verrai changer,
Lorsque tu changeras sans te mettre en danger[1].

CLINDOR.

Encore une fois donc tu veux que je te die
Qu'auprès de mon amour je méprise ma vie ?
Mon ame est trop atteinte, et mon cœur trop blessé,
Pour craindre les périls dont je suis menacé.
Ma passion m'aveugle, et pour cette conquête
Croit hasarder trop peu de hasarder ma tête.
C'est un feu que le temps pourra seul modérer ;
C'est un torrent qui passe, et ne sauroit durer.

---

[1] Var. Pourvu qu'à tout le moins tu changes sans danger. (1639-54.)

ISABELLE.

Eh bien, cours au trépas, puisqu'il a tant de charmes,
Et néglige ta vie aussi bien que mes larmes.
Penses-tu que ce prince, après un tel forfait,
Par ta punition se tienne satisfait?
Qui sera mon appui lorsque ta mort infame
A sa juste vengeance exposera ta femme,
Et que sur la moitié d'un perfide étranger
Une seconde fois il croira se venger?
Non, je n'attendrai pas que ta perte certaine
Puisse attirer sur moi les restes de ta peine [1],
Et que de mon honneur, gardé si chèrement,
Il fasse un sacrifice à son ressentiment.
Je préviendrai la honte où ton malheur me livre,
Et saurai bien mourir, si tu ne veux pas vivre.
Ce corps, dont mon amour t'a fait le possesseur,
Ne craindra plus bientôt l'effort d'un ravisseur.
J'ai vécu pour t'aimer, mais non pour l'infamie
De servir au mari de ton illustre amie.
Adieu; je vais du moins, en mourant avant toi [2],
Diminuer ton crime, et dégager ta foi.

CLINDOR.

Ne meurs pas, chère épouse, et dans un second change
Vois l'effet merveilleux où ta vertu me range.
 M'aimer malgré mon crime, et vouloir par ta mort
Éviter le hasard de quelque indigne effort!
Je ne sais qui je dois admirer davantage,
Ou de ce grand amour, ou de ce grand courage;
Tous les deux m'ont vaincu : je reviens sous tes lois,

---

[1] Var. Attire encor sur moi les restes de ta peine. (1639-54.)
[2] Var. Adieu; je vais du moins, en mourant devant toi. (1639-54.)

ACTE V, SCÈNE III.

Et ma brutale ardeur va rendre les abois ;
C'en est fait, elle expire, et mon ame plus saine
Vient de rompre les nœuds de sa honteuse chaîne.
Mon cœur, quand il fut pris, s'étoit mal défendu ;
Perds-en le souvenir.

ISABELLE.
Je l'ai déja perdu.

CLINDOR.
Que les plus beaux objets qui soient dessus la terre
Conspirent désormais à me faire la guerre [1] ;
Ce cœur, inexpugnable aux assauts de leurs yeux,
N'aura plus que les tiens pour maîtres et pour dieux [2].

LYSE.
Madame, quelqu'un vient.

---

[1] Var. Conspirent désormais à lui faire la guerre. (1639.)

[2] Dans les éditions de 1639, 1648, 1654, la scène se termine ainsi :

Que leurs attraits unis....

LYSE.
La princesse s'avance, Madame.

CLINDOR.
Cachez-vous, et nous faites silence.
Écoute-nous, mon ame, et, par notre entretien,
Juge si son objet m'est plus cher que le tien.

Ici arrive une princesse d'Angleterre, nommée Rosine, mariée au prince Florilame, et qui se plaint amèrement des froideurs de Clindor. Les domestiques du prince surviennent, et, croyant en péril l'honneur de leur maître, tuent Clindor et Rosine. Corneille a supprimé ces deux scènes, qu'on retrouvera à la suite de la pièce : la dernière peut être regardée comme une variante à la scène IV. (Par.)

SCÈNE IV.

CLINDOR, représentant Théagène; ISABELLE, représentant Hippolyte; LYSE, représentant Clarine; ÉRASTE; TROUPE DE DOMESTIQUES DE FLORILAME.

ÉRASTE, poignardant Clindor.

Reçois, traître, avec joie
Les faveurs que par nous ta maîtresse t'envoie.

PRIDAMANT, à Alcandre.

On l'assassine, ô dieux! daignez le secourir.

ÉRASTE.

Puissent les suborneurs ainsi toujours périr!

ISABELLE.

Qu'avez-vous fait, bourreaux?

ÉRASTE.

Un juste et grand exemple,
Qu'il faut qu'avec effroi tout l'avenir contemple,
Pour apprendre aux ingrats, aux dépens de son sang,
A n'attaquer jamais l'honneur d'un si haut rang.
Notre main a vengé le prince Florilame,
La princesse outragée, et vous-même, madame,
Immolant à tous trois un déloyal époux,
Qui ne méritoit pas la gloire d'être à vous.
D'un si lâche attentat souffrez le prompt supplice,
Et ne vous plaignez point quand on vous rend justice.
Adieu.

ISABELLE.

Vous ne l'avez massacré qu'à demi,
Il vit encore en moi; soûlez son ennemi :
Achevez, assassins, de m'arracher la vie.

ACTE V, SCENE V.

Cher époux, en mes bras on te l'a donc ravie!
Et de mon cœur jaloux les secrets mouvements
N'ont pu rompre ce coup par leurs pressentiments!
O clarté trop fidèle, hélas! et trop tardive,
Qui ne fait voir le mal qu'au moment qu'il arrive!
Falloit-il....? Mais j'étouffe, et, dans un tel malheur,
Mes forces et ma voix cèdent à ma douleur;
Son vif excès me tue ensemble et me console,
Et puisqu'il nous rejoint....

LYSE.

Elle perd la parole.
Madame.... elle se meurt; épargnons les discours,
Et courons au logis appeler du secours.

(Ici on rabaisse une toile qui couvre le jardin et les corps de Clindor et d'Isabelle; et le magicien et le père sortent de la grotte.)

SCÈNE V.

ALCANDRE, PRIDAMANT.

ALCANDRE.

Ainsi de notre espoir la fortune se joue :
Tout s'élève ou s'abaisse au branle de sa roue [1];
Et son ordre inégal, qui régit l'univers,
Au milieu du bonheur a ses plus grands revers.

---

[1] Ces deux vers de Corneille se retrouvent dans ceux-ci de Boileau :

Ainsi de la vertu la fortune se joue.
SAT. I.
Qu'à son gré désormais la fortune me joue;
On me verra dormir au branle de sa roue.
ÉPIT. V.

PRIDAMANT.

Cette réflexion, mal propre pour un père,
Consoleroit peut-être une douleur légère;
Mais, après avoir vu mon fils assassiné,
Mes plaisirs foudroyés, mon espoir ruiné,
J'aurois d'un si grand coup l'ame bien peu blessée,
Si de pareils discours m'entroient dans la pensée.
Hélas! dans sa misère, il ne pouvoit périr;
Et son bonheur fatal lui seul l'a fait mourir!

N'attendez pas de moi des plaintes davantage :
La douleur qui se plaint cherche qu'on la soulage ;
La mienne court après son déplorable sort.
Adieu : je vais mourir, puisque mon fils est mort.

ALCANDRE.

D'un juste désespoir l'effort est légitime,
Et de le détourner je croirois faire un crime.
Oui, suivez ce cher fils sans attendre à demain :
Mais épargnez du moins ce coup à votre main;
Laissez faire aux douleurs qui rongent vos entrailles,
Et, pour les redoubler, voyez ses funérailles.

(Ici on relève la toile, et tous les comédiens paroissent avec leur portier, qui comptent de l'argent sur une table, et en prennent chacun leur part.)

PRIDAMANT.

Que vois-je! chez les morts compte-t-on de l'argent?

ALCANDRE.

Voyez si pas un d'eux s'y montre négligent.

PRIDAMANT.

Je vois Clindor! ah dieux! quelle étrange surprise[1]!
Je vois ses assassins, je vois sa femme et Lyse!
Quel charme en un moment étouffe leurs discords,

---

[1] VAR. Je vois Clindor, Rosine. Ah, dieux! quelle surprise!
Je vois leur assassin, je vois sa femme et Lyse! (1639-54.)

ACTE V, SCÈNE V.

Pour assembler ainsi les vivants et les morts?

ALCANDRE.

Ainsi, tous les acteurs d'une troupe comique,
Leur poëme récité, partagent leur pratique.
L'un tue, et l'autre meurt, l'autre vous fait pitié ;
Mais la scène préside à leur inimitié.
Leurs vers font leurs combats, leur mort suit leurs paroles ;
Et, sans prendre intérêt en pas un de leurs rôles,
Le traître et le trahi, le mort et le vivant,
Se trouvent à la fin amis comme devant.
  Votre fils et son train ont bien su, par leur fuite,
D'un père et d'un prevôt éviter la poursuite ;
Mais, tombant dans les mains de la nécessité,
Ils ont pris le théâtre en cette extrémité.

PRIDAMANT.

Mon fils comédien !

ALCANDRE.

    D'un art si difficile
Tous les quatre, au besoin, ont fait un doux asile[1] ;
Et, depuis sa prison, ce que vous avez vu,
Son adultère amour, son trépas imprévu[2],
N'est que la triste fin d'une pièce tragique
Qu'il expose aujourd'hui sur la scène publique,
Par où ses compagnons en ce noble métier[3]
Ravissent à Paris un peuple tout entier.
Le gain leur en demeure, et ce grand équipage,
Dont je vous ai fait voir le superbe étalage,
Est bien à votre fils, mais non pour s'en parer
Qu'alors que sur la scène il se fait admirer.

---

[1] VAR. Tous les quatre, au besoin, en ont fait leur asile. (1639-54.)

[2] VAR. Son adultère amour, son trépas impourvu. (1639.)

[3] VAR. Par où ses compagnons et lui, dans leur métier. (1639-54.)

96   L'ILLUSION.

PRIDAMANT.

J'ai pris sa mort pour vraie, et ce n'étoit que feinte ;
Mais je trouve par-tout mêmes sujets de plainte.
Est-ce là cette gloire, et ce haut rang d'honneur
Où le devoit monter l'excès de son bonheur?

ALCANDRE.

Cessez de vous en plaindre. A présent le théâtre [1]
Est en un point si haut que chacun l'idolâtre ;
Et ce que votre temps voyoit avec mépris
Est aujourd'hui l'amour de tous les bons esprits,
L'entretien de Paris, le souhait des provinces,
Le divertissement le plus doux de nos princes,
Les délices du peuple, et le plaisir des grands ;
Il tient le premier rang parmi leurs passe-temps [2] :
Et ceux dont nous voyons la sagesse profonde
Par ses illustres soins conserver tout le monde,
Trouvent dans les douceurs d'un spectacle si beau
De quoi se délasser d'un si pesant fardeau.
Même notre grand roi, ce foudre de la guerre,
Dont le nom se fait craindre aux deux bouts de la terre,
Le front ceint de lauriers, daigne bien quelquefois
Prêter l'œil et l'oreille au Théâtre François :
C'est là que le Parnasse étale ses merveilles ;

[1] Ces vers de Corneille, en faveur du théâtre, et même des comédiens, durent être fort applaudis, et ne sont pas assez connus. Ils prouvent la révolution qui commençait à se faire dans les esprits, et purent même y contribuer. Il était digne de Corneille de prendre le parti d'un art dans lequel il acquit tant de gloire, et de s'élever contre le préjugé qui, sur-tout alors, avilissait beaucoup trop l'état de comédien. C'est peut-être à l'effet que produisirent ces vers, que la scène française fut redevable, dans la suite, de ses meilleurs acteurs. (P.)

[2] VAR. Parmi leurs passe-temps il tient les premiers rangs. (1639-54.)

ACTE V, SCÈNE V.

Les plus rares esprits lui consacrent leurs veilles ;
Et tous ceux qu'Apollon voit d'un meilleur regard
De leurs doctes travaux lui donnent quelque part.
D'ailleurs, si par les biens on prise les personnes [1],
Le théâtre est un fief dont les rentes sont bonnes ;
Et votre fils rencontre en un métier si doux
Plus d'accommodement qu'il n'eût trouvé chez vous.
Défaites-vous enfin de cette erreur commune,
Et ne vous plaignez plus de sa bonne fortune.

PRIDAMANT.

Je n'ose plus m'en plaindre, et vois trop de combien
Le métier qu'il a pris est meilleur que le mien [2].
Il est vrai que d'abord mon ame s'est émue :
J'ai cru la comédie au point où je l'ai vue ;
J'en ignorois l'éclat, l'utilité, l'appas,
Et la blâmois ainsi, ne la connoissant pas ;
Mais, depuis vos discours, mon cœur plein d'allégresse
A banni cette erreur avecque sa tristesse [3].
Clindor a trop bien fait.

ALCANDRE.
   N'en croyez que vos yeux.

PRIDAMANT.

Demain, pour ce sujet, j'abandonne ces lieux ;
Je vole vers Paris. Cependant, grand Alcandre,
Quelles graces ici ne vous dois-je point rendre ?

ALCANDRE.

Servir les gens d'honneur est mon plus grand desir.

---

[1] Var. S'il faut par la richesse estimer les personnes. (1639-54.)

[2] Le père de Mondory était procureur fiscal de Thiers en Auvergne. Voyez la première note du premier acte. (A.-M.)

[3] Var. A banni cette erreur avecque la tristesse. (1639-54.)

J'ai pris ma récompense en vous faisant plaisir.
Adieu. Je suis content, puisque je vous vois l'être.
PRIDAMANT.
Un si rare bienfait ne se peut reconnoître :
Mais, grand mage, du moins croyez qu'à l'avenir
Mon ame en gardera l'éternel souvenir.

FIN.

L'ILLUSION.

SCÈNES SUPPRIMÉES.

ACTE V, SCÈNE IV (ÉDITIONS DE 1639 à 1654).

CLINDOR, ROSINE.

ROSINE.

Débarrassée enfin d'une importune suite,
Je remets à l'amour le soin de ma conduite,
Et, pour trouver l'auteur de ma félicité,
Je prends un guide aveugle en cette obscurité ;
Mais que son épaisseur me dérobe la vue !
Le moyen de le voir ou d'en être aperçue ?
Voici la grande allée ; il devroit être ici ;
Et j'entrevois quelqu'un. Est-ce toi, mon souci ?

CLINDOR.

Madame, ôtez ce mot, dont la feinte se joue,
Et que votre vertu, dans l'ame, désavoue.
C'est assez déguiser ; ne dissimulez plus
L'horreur que vous avez de mes feux dissolus.
Vous avez voulu voir jusqu'à quelle insolence
D'une amour déréglée iroit la violence :
Vous l'avez vu, madame, et c'est pour la punir
Que vos ressentiments vous font ici venir.
Faites sortir vos gens, destinés à ma perte ;
N'épargnez point ma tête, elle vous est offerte.
Je veux bien, par ma mort, apaiser vos beaux yeux,
Et ce n'est pas l'espoir qui m'amène en ces lieux.

ROSINE.

Donc, au lieu d'un amour rempli d'impatience,
Je ne rencontre en toi que de la défiance !
As-tu l'esprit troublé de quelque illusion ?
Est-ce ainsi qu'un guerrier tremble à l'occasion ?
Je suis seule, et toi seul ; d'où te vient cet ombrage ?
Te faut-il de ma flamme un plus grand témoignage ?
Crois que je suis, sans feinte, à toi jusqu'à la mort.

CLINDOR.

Je me garderai bien de vous faire ce tort :
Une grande princesse a la vertu plus chère.

ROSINE.

Si tu m'aimes, mon cœur, quitte cette chimère.

CLINDOR.

Ce n'en est point, madame, et je crois voir en vous
Plus de fidélité pour un si digne époux.

ROSINE.

Je la quitte pour toi ; mais, dieux ! que je m'abuse
De ne voir pas encor qu'un ingrat me refuse !
Son cœur n'est plus que glace, et mon aveugle ardeur
Impute à défiance un excès de froideur.
Va, traître, va, parjure ; après m'avoir séduite,
Ce sont là des discours d'une mauvaise suite.
Alors que je me rends, de quoi me parles-tu ?
Et qui t'amène ici me prêcher la vertu ?

CLINDOR.

Mon respect, mon devoir, et ma reconnoissance,
Dessus mes passions ont eu cette puissance.
Je vous aime, madame, et mon fidèle amour,
Depuis qu'on l'a vu naître, a crû de jour en jour.
Mais que ne dois-je point au prince Florilame ?
C'est lui dont le respect triomphe de ma flamme,
Après que sa faveur m'a fait ce que je suis.

ROSINE.

Tu t'en veux souvenir pour me combler d'ennuis.
Quoi ! son respect peut plus que l'ardeur qui te brûle !
L'incomparable ami ! mais l'amant ridicule,
D'adorer une femme, et s'en voir si chéri,
Et craindre au rendez-vous d'offenser un mari !
Traître ! il n'en est plus temps ; quand tu me fis paroître
Cette excessive amour qui commençoit à naître,
Et que le doux appas d'un discours suborneur
Avec un faux mérite attaqua mon honneur,
C'est lors qu'il te falloit, à ta flamme infidèle,
Opposer le respect d'une amitié si belle ;
Et tu ne devois pas attendre à l'écouter
Quand mon esprit charmé ne le pourroit goûter.
Tes raisons vers tous deux sont de foibles défenses ;
Tu l'offensas alors, aujourd'hui tu m'offenses ;
Tu m'aimois plus que lui, tu l'aimes plus que moi.
Crois-tu donc à mon cœur donner ainsi la loi,

SCÈNES SUPPRIMÉES.

Que ma flamme, à ton gré, s'éteigne ou s'entretienne,
Et que ma passion suive toujours la tienne ?
Non, non, usant si mal de ce qui t'est permis,
Loin d'en éviter un, tu fais deux ennemis.
Je sais trop les moyens d'une vengeance aisée :
Phèdre contre Hippolyte aveugla bien Thésée,
Et ma plainte armera plus de sévérité
Avec moins d'injustice et plus de vérité.

CLINDOR.

Je sais bien que j'ai tort, et qu'après mon audace,
Je vous fais un discours de fort mauvaise grace ;
Qu'il sied mal à ma bouche, et que ce grand respect
Agit un peu bien tard pour n'être point suspect.
Mais, pour souffrir plus tôt la raison dans mon ame,
Vous aviez trop d'appas, et mon cœur trop de flamme ;
Elle n'a triomphé qu'après un long combat.

ROSINE.

Tu crois donc triompher, lorsque ton cœur s'abat ?
Si tu nommes victoire un manque de courage,
Appelle encor service un si cruel outrage ;
Et, puisque me trahir c'est suivre la raison,
Dis-moi que tu ne sers pas cette trahison.

CLINDOR.

Madame, est-ce vous rendre un si mauvais service
De sauver votre honneur d'un mortel précipice ?
Cet honneur qu'une dame a plus cher que les yeux....

ROSINE.

Cesse de m'étourdir de ces noms odieux.
N'as-tu jamais appris que ces vaines chimères
Qui naissent aux cerveaux des maris et des mères ?
Ces vieux contes d'honneur n'ont point d'impressions
Qui puissent arrêter les fortes passions.
Perfide, est-ce de moi que tu le dois apprendre ?
Dieux ! jusques où l'amour ne me fait point descendre !
Je lui tiens des discours qu'il me devroit tenir,
Et toute mon ardeur ne peut rien obtenir.

CLINDOR.

Par l'effort que je fais à mon amour extrême,
Madame, il faut apprendre à vous vaincre vous-même,
A faire violence à vos plus chers desirs,
Et préférer l'honneur à d'injustes plaisirs,
Dont, au moindre soupçon, au moindre vent contraire,
La honte et les malheurs sont la suite ordinaire.

ROSINE.

De tous ces accidents rien ne peut m'alarmer ;
Je consens de périr à force de t'aimer.
Bien que notre commerce aux yeux de tous se cache,
Qu'il vienne en évidence, et qu'un mari le sache,
Que je demeure en butte à ses ressentiments,
Que sa fureur me livre à de nouveaux tourments,
J'en souffrirai plutôt l'infamie éternelle
Que de me repentir d'une flamme si belle.

SCÈNE V.

CLINDOR, ROSINE, ISABELLE, LYSE, ÉRASTE,
TROUPE DE DOMESTIQUES.

ÉRASTE.
Donnons, ils sont ensemble.
ISABELLE.
O dieux ! qu'ai-je entendu ?
LYSE.
Madame, sauvons-nous.
PRIDAMANT.
Hélas ! il est perdu.
CLINDOR.
Madame, je suis mort, et votre amour fatale,
Par un indigne coup, aux enfers me dévale.
ROSINE.
Je meurs ; mais je me trouve heureuse en mon trépas,
Que du moins, en mourant, je vais suivre tes pas.
ÉRASTE.
Florilame est absent ; mais, durant son absence,
C'est là comme les siens punissent qui l'offense.
C'est lui qui, par nos mains, vous envoie à tous deux
Le juste châtiment de vos lubriques feux.
ISABELLE.
Réponds-moi, cher époux, au moins une parole.
C'en est fait, il expire, et son âme s'envole.
Bourreaux, vous ne l'avez massacré qu'à demi ;
Il vit encore en moi, soûlez son ennemi ;
Achevez, assassins, de m'arracher la vie :
Sa haine, sans ma mort, n'est pas bien assouvie.
ÉRASTE.
Madame, c'est donc vous ?

ISABELLE.
                    Oui, qui cours au trépas.
            ÉRASTE.
Votre heureuse rencontre épargne bien nos pas.
Après avoir défait le prince Florilame
D'un ami déloyal et d'une ingrate femme,
Nous avions ordre exprès de vous aller chercher.
            ISABELLE.
Que voulez-vous de moi, traîtres ?
            ÉRASTE.
                        Il faut marcher.
Le prince, dès longtemps amoureux de vos charmes,
Dans un de ses châteaux veut essuyer vos larmes.
            ISABELLE.
Sacrifiez plutôt ma vie à son courroux.
            ÉRASTE.
C'est perdre temps, madame; il veut parler à vous.

FIN.

EXAMEN DE L'ILLUSION.

Je dirai peu de chose de cette pièce : c'est une galanterie extravagante qui a tant d'irrégularités, qu'elle ne vaut pas la peine de la considérer, bien que la nouveauté de ce caprice en ait rendu le succès assez favorable pour ne me repentir pas d'y avoir perdu quelque temps. Le premier acte ne semble qu'un prologue; les trois suivants forment une pièce, que je ne sais comment nommer : le succès en est tragique; Adraste y est tué, et Clindor en péril de mort; mais le style et les personnages sont entièrement de la comédie. Il y en a même un qui n'a d'être que dans l'imagination, inventé exprès pour faire rire, et dont il ne se trouve point d'original parmi les hommes : c'est un capitan qui soutient assez son caractère de fanfaron pour me permettre de croire qu'on en trouvera peu, dans quelque langue que ce soit, qui s'en acquittent mieux. L'action n'y est pas complète, puisqu'on ne sait à la fin du quatrième acte qui la termine ce que deviennent les principaux acteurs, et qu'ils se dérobent plutôt au péril qu'ils n'en triomphent. Le lieu y est assez régulier, mais l'unité de jour n'y est pas observée. Le cinquième est une tragédie assez courte pour n'avoir pas la juste grandeur que demande Aristote, et que j'ai tâché d'expliquer. Clindor et Isabelle, étant devenus comédiens sans qu'on le sache, y représentent une histoire qui a du rapport avec la leur, et semble en être la suite. Quelques uns ont attribué cette conformité à un manque d'invention; mais c'est un trait d'art pour mieux abuser par une fausse mort le père de Clindor qui les regarde, et rendre son retour de la douleur à la joie plus surprenant et plus agréable.

Tout cela cousu ensemble fait une comédie dont l'action n'a pour durée que celle de sa représentation, mais sur quoi il ne seroit pas sûr de prendre exemple. Les caprices de cette nature ne se hasardent qu'une fois; et quand l'original auroit passé pour merveilleux, la copie n'en peut jamais rien valoir. Le style semble assez proportionné aux matières, si ce n'est que Lyse, en la septième scène du troisième acte, semble s'élever un peu trop au-dessus du caractère de servante. Ces deux vers d'Horace lui serviront d'excuse, aussi bien qu'au père du Menteur, quand il se met en colère contre son fils au cinquième acte :

> Interdum tamen et vocem comœdia tollit,
> Iratusque Chremes tumido delitigat ore.

Je ne m'étendrai pas davantage sur ce poëme : tout irrégulier qu'il est, il faut qu'il ait quelque mérite, puisqu'il a surmonté l'injure des temps, et qu'il paroît encore sur nos théâtres, bien qu'il y ait plus de trente années qu'il est au monde, et qu'une si longue révolution en ait enseveli beaucoup sous la poussière, qui sembloient avoir plus de droit que lui de prétendre à une si heureuse durée.

LE CID,

TRAGÉDIE.

1636.

LE CID.

RODRIGUE.

Ne diffère donc plus ce que l'honneur t'ordonne;
Il demande ma tête, et je te l'abandonne:

Acte 3 Sc. 4.

Publié par Furne, à Paris

PRÉFACE HISTORIQUE

DE VOLTAIRE

SUR LE CID.

Lorsque Corneille donna *le Cid*, les Espagnols avaient, sur tous les théâtres de l'Europe, la même influence que dans les affaires publiques; leur goût dominait ainsi que leur politique : et même en Italie, leurs comédies ou leurs tragi-comédies obtenaient la préférence chez une nation qui avait l'*Aminte* et le *Pastor fido*, et qui, étant la première qui eût cultivé les arts, semblait plutôt faite pour donner des lois à la littérature que pour en recevoir.

Il est vrai que, dans presque toutes ces tragédies espagnoles, il y avait toujours quelques scènes de bouffonneries. Cet usage infecta l'Angleterre. Il n'y a guère de tragédies de Shakespear où l'on ne trouve des plaisanteries d'hommes grossiers à côté du sublime des héros. A quoi attribuer une mode si extravagante et si honteuse pour l'esprit humain, qu'à la coutume des princes mêmes qui entretenaient toujours des bouffons auprès d'eux? coutume digne de barbares qui sentaient le besoin des plaisirs de l'esprit, et qui étaient incapables d'en avoir; coutume même qui a duré jusqu'à nos temps, lorsqu'on en reconnaissait la turpitude. Jamais ce vice n'avilit la scène française; il se glissa seulement dans nos premiers opéra, qui, n'étant pas des ouvrages réguliers, semblaient permettre cette indécence; mais bientôt l'élégant Quinault purgea l'opéra de cette bassesse.

Quoi qu'il en soit, on se piquait alors de savoir l'espagnol, comme on se fait honneur aujourd'hui de parler français. C'était la langue des cours de Vienne, de Bavière, de Bruxelles, de Naples et de Milan : la Ligue l'avait introduite en France; et le mariage de Louis XIII avec la fille de Philippe III avait tellement mis l'espagnol à la mode, qu'il était alors presque honteux aux gens de lettres de l'ignorer. La plupart de nos comédies étaient imitées du théâtre de Madrid.

Un secrétaire de la reine Marie de Médicis, nommé *Chalons*, retiré à Rouen dans sa vieillesse, conseilla à Corneille d'apprendre l'espagnol, et lui proposa d'abord le sujet du *Cid*. L'Espagne avait deux tragédies du *Cid :* l'une de Diamante, intitulée, *El honrador de su padre*, qui était la plus ancienne; l'autre, *el Cid*, de Guillem de Castro, qui était la plus en vogue; on voyait dans toutes les deux une infante amoureuse du Cid, et un bouffon appelé *le valet gracieux*, personnages également ridicules : mais tous les sentiments généreux et tendres dont Corneille a fait un si bel usage sont dans ces deux originaux.

Je n'avais pu encore déterrer *le Cid* de Diamante quand je donnai la première édition des commentaires de Corneille; je marquerai dans celle-ci les principaux endroits qu'il traduisit de cet auteur espagnol.

C'est une chose, à mon avis, très remarquable, que, depuis la renaissance des lettres en Europe, depuis que le théâtre était cultivé, on n'eût encore rien produit de véritablement intéressant sur la scène, et qui fît verser des larmes, si on en excepte quelques scènes attendrissantes du *Pastor fido* et du *Cid* espagnol. Les pièces italiennes du seizième siècle étaient de belles déclamations, imitées du grec; mais les déclamations ne touchent point le cœur. Les pièces espagnoles étaient des tissus d'aventures incroyables : les Anglais avaient encore pris ce goût. On n'avait point su encore parler au cœur chez aucune nation. Cinq ou six endroits très touchants, mais noyés dans la foule des irrégularités de Guillem de Castro, furent sentis par Corneille, comme on découvre un sentier couvert de ronces et d'épines.

Il sut faire du *Cid* espagnol une pièce moins irrégulière et non moins touchante. Le sujet du *Cid* est le mariage de Rodrigue avec Chimène. Ce mariage est un point d'histoire presque aussi célèbre en Espagne que celui d'Andromaque avec Pyrrhus chez les Grecs; et c'était en cela même que consistait une grande partie de l'intérêt de la pièce. L'authenticité de l'histoire rendait tolérable aux spectateurs un dénouement qu'il n'aurait pas été peut-être permis de feindre; et l'amour de Chimène, qui eût été odieux, s'il n'avait commencé qu'après la mort de son père, devenait aussi touchant qu'excusable, puisqu'elle aimait déjà Rodrigue avant cette mort, et par l'ordre de son père même.

On ne connaissait point encore, avant *le Cid* de Corneille, ce combat des passions qui déchire le cœur, et devant lequel toutes les autres beautés de l'art ne sont que des beautés inanimées. On sait quel succès eut *le Cid*, et quel enthousiasme il produisit dans la nation [1] :

---

[1] A ce que dit Voltaire de l'enthousiasme que produisit cette pièce, nous ajouterons quelques lignes curieuses tirées d'une

on sait aussi les contradictions et les dégoûts qu'essuya Corneille.

Il était, comme on sait, un des cinq auteurs qui travaillaient aux pièces du cardinal de Richelieu. Ces cinq auteurs étaient Rotrou, l'Étoile, Colletet, Boisrobert, et Corneille, admis le dernier dans cette société. Il n'avait trouvé d'amitié et d'estime que dans Rotrou, qui sentait son mérite : les autres n'en avaient pas assez pour lui rendre justice. Scudéry écrivait contre lui avec le fiel de la jalousie humiliée et avec le ton de la supériorité. Un Claveret, qui avait fait une comédie intitulée *la Place royale*, sur le même sujet que Corneille, se répandit en invectives grossières. Mairet lui-même s'avilit jusqu'à écrire contre Corneille avec la même amertume. Mais ce qui l'affligea, et ce qui pouvait priver la France des chefs-d'œuvre dont il l'enrichit depuis, ce fut de

lettre du célèbre acteur Mondory à Balzac, lettre publiée pour la première fois en 1838, et dont l'original se trouva à la bibliothèque de l'Arsenal. On sait que Mondory joua d'original le rôle du *Cid*. Il était donc bien placé pour recueillir journellement les témoignages de l'admiration publique pendant la représentation de la pièce. « Le *Cid* charme tout Paris, écrivait-il ; il est
« si beau qu'il a donné de l'amour aux dames les plus conti-
« nentes, dont la passion a même éclaté plusieurs fois au théâtre
« public. On a vu seoir en corps, aux bancs de ses loges, ceux
« qu'on ne voit d'ordinaire que dans la chambre dorée et sur le
« siége des fleurs de lis. La foule a été si grande à nos portes,
« et notre lieu s'est trouvé si petit, que les recoins du théâtre,
« qui servoient les autres fois comme de niche aux pages, ont été
« des places de faveur pour les cordons bleus ; et la scène y a été
« d'ordinaire parée de croix de chevaliers de l'ordre *. » (A.-M.)

* Cette lettre curieuse fut découverte, en 1838, par M. Auguste Soulier, conservateur de la bibliothèque de l'Arsenal : il s'empressa de la publier la même année, avec une notice sur Mondory. (A.-M.)

voir le cardinal, son protecteur, se mettre avec chaleur
à la tête de tous ses ennemis.

Le cardinal, à la fin de 1635, un an avant les représentations du *Cid*, avait donné dans le Palais-Cardi-
nal, aujourd'hui le Palais-Royal, la comédie des *Tuile-
ries*, dont il avait arrangé lui-même toutes les scènes.
Corneille, plus docile à son génie que souple aux volontés d'un premier ministre, crut devoir changer quelque
chose dans le troisième acte qui lui fut confié. Cette liberté estimable fut envenimée par deux de ses con-
frères, et déplut beaucoup au cardinal, qui lui dit
qu'il fallait avoir un esprit de suite. Il entendait par esprit de suite la soumission qui suit aveuglément les
ordres d'un supérieur. Cette anecdote était fort connue chez les derniers princes de la maison de Vendôme,
petits-fils de César de Vendôme, qui avait assisté à la
représentation de cette pièce du cardinal.

Le premier ministre vit donc les défauts du *Cid* avec
les yeux d'un homme mécontent de l'auteur, et ses yeux
se fermèrent trop sur les beautés. Il était si entier dans
son sentiment, que, quand on lui apporta les premières
esquisses du travail de l'Académie sur *le Cid*, et quand
il vit que l'Académie, avec un ménagement aussi poli
qu'encourageant pour les arts et pour le grand Corneille, comparait les contestations présentes à celles que
la *Jérusalem délivrée* et le *Pastor fido* avaient fait naître,
il mit en marge, de sa main : « L'applaudissement et le
« blâme du *Cid* n'est qu'entre les doctes et les igno-
« rants, au lieu que les contestations sur les deux au-
« tres pièces ont été entre les gens d'esprit. »

Qu'il me soit permis de hasarder une réflexion. Je
crois que le cardinal de Richelieu avait raison, en ne

considérant que les irrégularités de la pièce, l'inutilité et l'inconvenance du rôle de l'infante, le rôle faible du roi, le rôle encore plus faible de don Sanche, et quelques autres défauts. Son grand sens lui faisait voir clairement toutes ces fautes; et c'est en quoi il me paraît plus qu'excusable.

Je ne sais s'il était possible qu'un homme occupé des intérêts de l'Europe, des factions de la France, et des intrigues plus épineuses de la cour, un cœur ulcéré par les ingratitudes et endurci par les vengeances, sentît le charme des scènes de Rodrigue et de Chimène; il voyait que Rodrigue avait très grand tort d'aller chez sa maîtresse après avoir tué son père; et quand on est trop fortement choqué de voir ensemble deux personnes qu'on croit ne devoir pas se chercher, on peut n'être pas ému de ce qu'elles disent.

Je suis donc persuadé que le cardinal de Richelieu était de bonne foi. Remarquons encore que cette âme altière, qui voulait absolument que l'Académie condamnât *le Cid*, continua sa faveur à l'auteur, et que même Corneille eut le malheureux avantage de travailler deux ans après à *l'Aveugle de Smyrne*, tragi-comédie des cinq auteurs, dont le canevas était encore du premier ministre.

Il y a une scène de baisers dans cette pièce; et l'auteur du canevas avait reproché à Chimène un amour toujours combattu par son devoir. Il est à croire que le cardinal de Richelieu n'avait pas ordonné cette scène, et qu'il fut plus indulgent envers Colletet, qui la fit, qu'il ne l'avait été envers Corneille.

Quant au jugement que l'Académie fut obligée de prononcer entre Corneille et Scudéry, et qu'elle intitula modestement *Sentiments de l'Académie sur le Cid*, j'ose dire que jamais on ne s'est conduit avec plus de noblesse, de politesse et de prudence, et que jamais on n'a jugé avec plus de goût. Rien n'était plus noble que de rendre justice aux beautés du *Cid*, malgré la volonté décidée du maître du royaume.

La politesse avec laquelle elle reprend les défauts est égale à celle du style; et il y eut une très grande prudence à se conduire de façon que ni le cardinal de Richelieu, ni Corneille, ni même Scudéry, n'eurent au fond sujet de se plaindre.

Je prendrai la liberté de faire quelques notes sur le jugement de l'Académie comme sur la pièce; mais je crois devoir les prévenir ici par une seule: c'est sur ces paroles de l'Académie, *encore que le sujet du Cid ne soit pas bon*. Je crois que l'Académie entendait que le mariage, ou du moins la promesse de mariage entre le meurtrier et la fille du mort, n'est pas un bon sujet pour une pièce morale, que nos bienséances en sont blessées. Cet aveu de ce corps éclairé satisfaisait à-la-fois la raison et le cardinal de Richelieu, qui croyait le sujet défectueux. Mais l'Académie n'a pas prétendu que le sujet ne fût pas très intéressant et très tragique; et quand on songe que ce mariage est un point d'histoire célèbre, on ne peut que louer Corneille d'avoir réduit ce mariage à une simple promesse d'épouser Chimène: c'est en quoi il me semble que Corneille a observé les bienséances beaucoup plus que ne le pensaient ceux qui n'étaient pas instruits de l'histoire.

La conduite de l'Académie, composée de gens de lettres, est d'autant plus remarquable, que le déchaînement de presque tous les auteurs était plus violent;

s.

c'est une chose curieuse que de voir comme il est traité dans la lettre sous le nom d'Ariste :

« Pauvre esprit qui, voulant paroître admirable à « chacun, se rend ridicule à tout le monde, et qui, le « plus ingrat des hommes, n'a jamais reconnu les obli-« gations qu'il a à Sénèque et à Guillem de Castro, à « l'un desquels il est redevable de son *Cid*, et à l'autre « de sa *Médée !* Il reste maintenant à parler de ses autres « pièces, qui peuvent passer pour farces, et dont les « titres seuls faisoient rire autrefois les plus sages et les « plus sérieux : il a fait voir une *Mélite*, *la Galerie du* « *Palais*, et *la Place Royale;* ce qui nous faisoit espé-« rer que Mondory annonceroit bientôt *le Cimetière* « *Saint-Jean*, *la Samaritaine*, et *la Place aux Veaux*. « L'humeur vile de cet auteur et la bassesse de son « ame, etc. »

On voit, par cet échantillon de plus de cent brochures faites contre Corneille, qu'il y avait, comme aujourd'hui, un certain nombre d'hommes que le mérite d'autrui rend si furieux, qu'ils ne connaissent plus ni raison ni bienséance : c'est une espèce de rage qui attaque les petits auteurs, et sur-tout ceux qui n'ont point eu d'éducation. Dans une pièce de vers contre lui, on fit parler ainsi Guillem de Castro :

> Donc, fier de mon plumage, en Corneille d'Horace,
> Ne prétends plus voler plus haut que le Parnasse.
> Ingrat, rends-moi mon *Cid* jusques au dernier mot :
> Après tu connoîtras, Corneille déplumée,
> Que l'esprit le plus vain est souvent le plus sot,
> Et qu'enfin tu me dois toute ta renommée.

Mairet l'auteur de la *Sophonisbe*, qui avait au moins la gloire d'avoir fait la première pièce régulière que nous eussions en France, sembla perdre cette gloire en écrivant contre Corneille des personnalités odieuses. Il faut avouer que Corneille répondit très aigrement à tous ses ennemis. La querelle même alla si loin entre lui et Mairet, que le cardinal de Richelieu interposa entre eux son autorité. Voici ce qu'il fit écrire à Mairet par l'abbé de Boisrobert :

« À Charonne, 5 octobre 1637.

« Vous lirez le reste de ma lettre comme un ordre
« que je vous envoie par le commandement de son
« Éminence. Je ne vous celerai pas qu'elle s'est fait lire,
« avec un plaisir extrême, tout ce qui s'est fait sur le su-
« jet du *Cid*; et particulièrement une lettre qu'elle a vue
« de vous lui a plu jusqu'à un tel point, qu'elle lui a fait
« naître l'envie de voir tout le reste. Tant qu'elle n'a connu
« dans les écrits des uns et des autres que des contes-
« tations d'esprit agréables et des railleries innocentes,
« je vous avoue qu'elle a pris bonne part au divertisse-
« ment; mais quand elle a reconnu que dans ces con-
« testations naissoient enfin des injures, des outrages
« et des menaces, elle a pris aussitôt la résolution d'en
« arrêter le cours. Pour cet effet, quoiqu'elle n'ait point
« vu le libelle que vous attribuez à M. Corneille, pré-
« supposant, par votre réponse que je lui lus hier au
« soir, qu'il devoit être l'agresseur, elle m'a commandé
« de lui remontrer le tort qu'il se faisoit, et de lui dé-
« fendre de sa part de ne plus faire de réponse, s'il ne
« vouloit lui déplaire; mais, d'ailleurs, craignant que
« des tacites menaces que vous lui faites, vous ou quel-
« qu'un de vos amis n'en viennent aux effets, qui tire-
« roient des suites ruineuses à l'un et à l'autre, elle
« m'a commandé de vous écrire que, si vous voulez

« avoir la continuation de ses bonnes graces, vous met-
« tiez toutes vos injures sous le pied, et ne vous sou-
« veniez plus que de votre ancienne amitié, que j'ai
« charge de renouveler sur la table de ma chambre, à
« Paris, quand vous serez tous rassemblés. Jusqu'ici
« j'ai parlé par la bouche de son Éminence; mais, pour
« vous dire ingénument ce que je pense de toutes vos
« procédures, j'estime que vous avez suffisamment puni
« le pauvre M. Corneille de ses vanités, et que ses foi-
« bles défenses ne demandoient pas des armes si fortes
« et si pénétrantes que les vôtres : vous verrez un de
« ces jours son *Cid* assez mal mené par les *Sentiments*
« *de l'Académie*. »

L'Académie trompa les espérances de Boisrobert. On voit évidemment, par cette lettre, que le cardinal de Richelieu voulait humilier Corneille, mais qu'en qualité de premier ministre, il ne voulait pas qu'une dispute littéraire dégénérât en querelle personnelle.

Pour laver la France du reproche que les étrangers pourraient lui faire, que *le Cid* n'attira à son auteur que des injures et des dégoûts, je joindrai ici une partie de la lettre que le célèbre Balzac écrivait à Scudéry, en réponse à la critique du *Cid* que Scudériy lui avait envoyée :

.... « Considérez néanmoins, monsieur, que toute la
« France entre en cause avec lui, et que peut-être il n'y
« a pas un des juges dont vous êtes convenus ensemble
« qui n'ait loué ce que vous desirez qu'il condamne :
« de sorte que, quand vos arguments seroient invin-
« cibles, et que votre adversaire y acquiesceroit, il au-
« roit toujours de quoi se consoler glorieusement de la

« perte de son procès, et vous dire que c'est quelque
« chose de plus d'avoir satisfait tout un royaume que
« d'avoir fait une pièce régulière. Il n'y a point d'ar-
« chitecte d'Italie qui ne trouve des défauts à la struc-
« ture de Fontainebleau, et qui ne l'appelle un monstre
« de pierre : ce monstre néanmoins est la belle demeure
« des rois, et la cour y loge commodément. Il y a des
« beautés parfaites qui sont effacées par d'autres beau-
« tés qui ont plus d'agrément et moins de perfection;
« et parceque l'acquis n'est pas si noble que le naturel,
« ni le travail des hommes que les dons du ciel, on
« vous pourroit encore dire que savoir l'art de plaire
« ne vaut pas tant que savoir plaire sans art. Aristote
« blâme la *Fleur d'Agathon*, quoiqu'il dise qu'elle fut
« agréable; et l'*OEdipe* peut-être n'agréoit pas, quoique
« Aristote l'approuve. Or, s'il est vrai que la satisfac-
« tion des spectateurs soit la fin que se proposent les
« spectacles, et que les maîtres même du métier aient
« quelquefois appelé de *César* au peuple, *le Cid* du
« poëte françois ayant plu aussi bien que la *Fleur* du
« poëte grec, ne seroit-il point vrai qu'il a obtenu la
« fin de la représentation, et qu'il est arrivé à son but,
« encore que ce ne soit pas par le chemin d'Aristote,
« ni par les adresses de sa *Poétique*? Mais vous dites,
« monsieur, qu'il a ébloui les yeux du monde, et vous
« l'accusez de charme et d'enchantement : je connois
« beaucoup de gens qui feroient vanité d'une telle ac-
« cusation; et vous me confesserez vous-même que, si
« la magie étoit une chose permise, ce seroit une chose
« excellente : ce seroit, à vrai dire, une belle chose de
« pouvoir faire des prodiges innocemment, de faire voir

« le soleil quand il est nuit, d'apprêter des festins sans
« viandes ni officiers, de changer en pistoles les feuilles
« de chêne, et le verre en diamants; c'est ce que vous
« reprochez à l'auteur du *Cid*, qui, vous avouant qu'il
« a violé les règles de l'art, vous oblige de lui avouer
« qu'il a un secret, qu'il a mieux réussi que l'art même;
« et ne vous niant pas qu'il a trompé toute la cour et
« tout le peuple, ne vous laisse conclure de là, sinon
« qu'il est plus fin que toute la cour et tout le peuple,
« et que la tromperie qui s'étend à un si grand nombre
« de personnes est moins une fraude qu'une conquête.
« Cela étant, monsieur, je ne doute point que mes-
« sieurs de l'Académie ne se trouvent bien empêchés
« dans le jugement de votre procès, et que, d'un côté,
« vos raisons ne les ébranlent, et de l'autre, l'approba-
« tion publique ne les retienne. Je serois en la même
« peine, si j'étois en la même délibération, et si de
« bonne fortune je ne venois de trouver votre arrêt dans
« les registres de l'antiquité. Il a été prononcé, il y a
« plus de quinze cents ans, par un philosophe de la fa-
« mille stoïque, mais un philosophe dont la dureté
« n'étoit pas impénétrable à la joie, de qui il nous reste
« des jeux et des tragédies, qui vivoit sous le règne
« d'un empereur poëte et comédien, au siècle des vers
« et de la musique. Voici les termes de cet authentique
« arrêt, et je vous les laisse interpréter à vos dames,
« pour lesquelles vous avez bien entrepris une plus
« longue et plus difficile traduction : *Illud multum est*
« *primo aspectu oculos occupasse, etiamsi contemplatio*
« *diligens inventura est quod arguat. Si me interrogas,*
« *major ille est qui judicium abstulit quam qui meruit.*

« Votre adversaire y trouve son compte par ce favo-
« rable mot de *major est;* et vous avez aussi ce que vous
« pouvez desirer, ne desirant rien, à mon avis, que de
« prouver que *judicium abstulit.* Ainsi vous l'emportez
« dans le cabinet, et il a gagné au théâtre. Si le Cid
« est coupable, c'est d'un crime qui a eu récompense;
« s'il est puni, ce sera après avoir triomphé; s'il faut
« que Platon le bannisse de sa république, il faut qu'il
« le couronne de fleurs en le bannissant, et ne le traite
« point plus mal qu'il a traité autrefois Homère. Si Aris-
« tote trouve quelque chose à desirer en sa conduite,
« il doit le laisser jouir de sa bonne fortune, et ne pas
« condamner un dessein que le succès a justifié. Vous
« êtes trop bon pour en vouloir davantage : vous savez
« qu'on apporte souvent du tempérament aux lois, et
« que l'équité conserve ce que la justice pourroit rui-
« ner. N'insistez point sur cette exacte et rigoureuse
« justice. Ne vous attachez point avec tant de scrupule
« à la souveraine raison : qui voudroit la contenter et
« satisfaire à sa régularité, seroit obligé de lui bâtir un
« plus beau monde que celui-ci; il faudroit lui faire une
« nouvelle nature des choses, et lui aller chercher des
« idées au-dessus du ciel. Je parle, monsieur, pour
« mon intérêt; si vous la croyez, vous ne trouverez rien
« qui mérite d'être aimé, et par conséquent je suis en
« hasard de perdre vos bonnes graces, bien qu'elles me
« soient extrêmement chères, et que je sois passionné-
« ment, monsieur, votre, etc. »

C'est ainsi que Balzac, retiré du monde, et plus im-
partial qu'un autre, écrivait à Scudéry son ami, et
osait lui dire la vérité. Balzac, tout ampoulé qu'il était

dans ses lettres, avait beaucoup d'érudition et de goût, connaissait l'éloquence des vers, et avait introduit en France celle de la prose. Il rendit justice aux beautés du *Cid;* et ce témoignage fait honneur à Balzac et à Corneille.

A MADAME LA DUCHESSE
D'AIGUILLON[1].

Madame,

Ce portrait vivant que je vous offre représente un héros assez reconnoissable aux lauriers dont il est couvert. Sa vie a été une suite continuelle de victoires; son corps, porté dans son armée, a gagné des batailles après sa mort; et son nom, au bout de six cents ans, vient encore triompher en France. Il y a trouvé une réception

---

[1] Marie-Magdeleine de Vignerot, fille de la sœur du cardinal et de René de Vignerot, seigneur de Pont-Courley. Elle épousa le marquis du Roure de Combalet, et fut dame d'atours de la reine; elle fut duchesse d'Aiguillon, de son chef, sur la fin de 1637.

Cette épitre dédicatoire lui fut adressée au commencement de 1637; elle y est nommée madame de Combalet; et, dans l'édition de 1638 [*], on voit le nom de madame la duchesse d'Aiguillon. (V.)

[*] Dans les deux éditions de 1639 et de 1644, elle est cependant encore nommée madame de Combalet. Nous n'avons pu nous procurer l'édition de 1638. (Lef....)

trop favorable pour se repentir d'être sorti de son pays, et d'avoir appris à parler une autre langue que la sienne. Ce succès a passé mes plus ambitieuses espérances, et m'a surpris d'abord ; mais il a cessé de m'étonner depuis que j'ai vu la satisfaction que vous avez témoignée quand il a paru devant vous. Alors j'ai osé me promettre de lui tout ce qui en est arrivé, et j'ai cru qu'après les éloges dont vous l'avez honoré, cet applaudissement universel ne lui pouvoit manquer. Et véritablement, Madame, on ne peut douter avec raison de ce que vaut une chose qui a le bonheur de vous plaire ; le jugement que vous en faites est la marque assurée de son prix : et comme vous donnez toujours libéralement aux véritables beautés l'estime qu'elles méritent, les fausses n'ont jamais le pouvoir de vous éblouir. Mais votre générosité ne s'arrête pas à des louanges stériles pour les ouvrages qui vous agréent ; elle prend plaisir à s'étendre utilement sur ceux qui les produisent, et ne dédaigne point d'employer en leur faveur ce grand crédit[1] que votre qualité et vos vertus vous ont acquis. J'en ai ressenti des effets qui me sont trop avantageux

---

[1] La duchesse d'Aiguillon avait un très grand crédit, en effet, sur son oncle le cardinal ; et, sans elle, Corneille aurait été entièrement disgracié : il le fait assez entendre par ces paroles. Ses ennemis acharnés l'avaient peint comme un esprit altier qui bravait le premier ministre, et qui confondait dans un mépris général leurs ouvrages et le goût de celui qui les protégeait. La duchesse d'Aiguillon rendit dans cette affaire un aussi grand service à son oncle qu'à Corneille : elle lui sauva dans la postérité la honte de passer pour l'approbateur de Colletet et l'ennemi du *Cid* et de *Cinna*. (V.)

pour m'en taire, et je ne vous dois pas moins de remerciements pour moi que pour LE CID. C'est une reconnoissance qui m'est glorieuse, puisqu'il m'est impossible
de publier que je vous ai de grandes obligations, sans
publier en même temps que vous m'avez assez estimé
pour vouloir que je vous en eusse. Aussi, MADAME, si
je souhaite quelque durée pour cet heureux effort de
ma plume, ce n'est point pour apprendre mon nom à la
postérité, mais seulement pour laisser des marques éternelles de ce que je vous dois, et faire lire à ceux qui
naîtront dans les autres siècles la protestation que je
fais d'être toute ma vie,

MADAME,

Votre très humble, très obéissant,
et très obligé serviteur,
CORNEILLE.

AVERTISSEMENT.

Fragment de l'historien Mariana, Historia de España. l. IVe, c. 50.

« Avia pocos dias antes hecho campo con D. Gomez conde
« de Gormaz. Vencióle, y dióle la muerte. Lo que resultó de
« este caso, fue que casó con doña Ximena, hija y heredera
« del mismo conde. Ella misma[1] requirió al rey que se le
« diesse por marido (ya estaba muy prendada de sus partes),
« ó le castigasse conforme á las leyes, por la muerte que
« dió á su padre. Hizóse el casamiento, que á todos estaba á
« cuento, con el qual por el gran dote de su esposa, que se
« allegó al estado que él tenia de su padre, se aumentó en
« poder y riquezas. »

Voilà ce qu'a prêté l'histoire à D. Guillem de Castro, qui a mis ce fameux événement sur le théâtre avant moi. Ceux qui entendent l'espagnol y remarqueront deux circonstances : l'une, que Chimène, ne pouvant s'empêcher de reconnoître et d'aimer les belles qualités qu'elle voyoit en D. Rodrigue, quoiqu'il eût tué son père (*estaba prendada de sus partes*), alla proposer elle-même au roi cette généreuse alternative, ou qu'il le lui donnât pour mari, ou qu'il le fît punir suivant les lois; l'autre, que ce mariage se fit au gré de tout le monde (*á todos estaba á cuento*). Deux

---

[1] Ces paroles de Mariana suffisent pour justifier Corneille : « Chimène demanda au roi qu'il fît punir le Cid selon les lois, ou « qu'il le lui donnât pour époux. » On voit combien la vérité historique est adoucie dans la tragédie. (V.)

chroniques du Cid ajoutent qu'il fut célébré par l'archevêque de Séville, en présence du roi et de toute sa cour ; mais je me suis contenté du texte de l'historien, parceque toutes les deux ont quelque chose qui sent le roman, et peuvent ne persuader pas davantage que celles que nos François ont faites de Charlemagne et de Roland. Ce que j'ai rapporté de Mariana suffit pour faire voir l'état qu'on fit de Chimène et de son mariage dans son siècle même, où elle vécut en un tel éclat, que les rois d'Aragon et de Navarre tinrent à honneur d'être ses gendres, en épousant ses deux filles. Quelques unes ne l'ont pas si bien traitée dans le nôtre : et sans parler de ce qu'on a dit de la Chimène du théâtre, celui qui a composé l'histoire d'Espagne en françois l'a notée, dans son livre, de s'être tôt et aisément consolée de la mort de son père, et a voulu taxer de légèreté une action qui fut imputée à grandeur de courage par ceux qui en furent les témoins. Deux romances espagnoles que je vous donnerai ensuite de cet avertissement, parlent encore plus en sa faveur. Ces sortes de petits poëmes sont comme des originaux décousus de leurs anciennes histoires ; et je serois ingrat envers la mémoire de cette héroïne, si, après l'avoir fait connoître en France, et m'y être fait connoître par elle, je ne tâchois de la tirer de la honte qu'on lui a voulu faire, parcequ'elle a passé par mes mains. Je vous donne donc ces pièces justificatives de la réputation où elle a vécu, sans dessein de justifier la façon dont je l'ai fait parler françois. Le temps l'a fait pour moi, et les traductions qu'on en a faites en toutes les langues qui servent aujourd'hui à la scène, et chez tous les peuples où l'on voit des théâtres, je veux dire en italien, flamand, et anglois, sont d'assez glorieuses apologies contre tout ce qu'on en a dit. Je n'y ajouterai pour toute chose qu'environ une douzaine de vers espagnols qui semblent faits exprès pour la défendre. Ils sont du même auteur qui l'a traitée avant moi, D. Guillem de Castro, qui.

dans une autre comédie qu'il intitule *Engañarse engañando*, fait dire à une princesse de Béarn :

> A mirar
> Bien el mondo, que el tener
> Apetitos que vencer,
> Y ocasiones que dexar.
> Examinan el valor
> En la muger, yo dixera
> Lo que siento, porque fuera
> Luzimiento de mi honor.
> Pero malicias fundadas
> En honras mal entendidas
> De tentaciones vencidas
> Hazen culpas declaradas :
> Y assi, la que el dessear
> Con el resistir apunta,
> Vence dos vezes, si junta
> Con el resistir el callar.

C'est, si je ne me trompe, comme agit Chimène dans mon ouvrage, en présence du roi et de l'infante. Je dis en présence du roi et de l'infante, parceque, quand elle est seule, ou avec sa confidente, ou avec son amant, c'est une autre chose. Ses mœurs sont inégalement égales, pour parler en termes de notre Aristote, et changent suivant les circonstances des lieux, des personnes, des temps, et des occasions, en conservant toujours le même principe.

Au reste, je me sens obligé de désabuser le public de deux erreurs qui s'y sont glissées touchant cette tragédie, et qui semblent avoir été autorisées par mon silence. La première est que j'aie convenu de juges touchant son mérite, et m'en sois rapporté au sentiment de ceux qu'on a priés d'en juger. Je m'en tairois encore, si ce faux bruit n'avoit été jusque chez M. de Balzac dans sa province, ou, pour me servir de ses paroles mêmes, dans son désert, et si je n'en avois vu depuis peu les marques dans cette admirable lettre qu'il a écrite sur ce sujet; et qui ne fait pas la moindre richesse des deux derniers trésors qu'il nous a donnés. Or, comme tout ce qui part de sa plume regarde toute la postérité, maintenant que mon nom est assuré de passer jusqu'à elle dans cette lettre incomparable, il me seroit honteux qu'il y passât avec cette tache, et qu'on pût à jamais me reprocher d'avoir compromis de ma réputation. C'est une chose qui jusqu'à présent est sans exemple; et de tous ceux qui ont été attaqués comme moi, aucun que je sache n'a eu assez de foiblesse pour convenir d'arbitres avec ses censeurs; et s'ils ont laissé tout le monde dans la liberté publique d'en juger, ainsi que j'ai fait, c'a été sans s'obliger, non plus que moi, à en croire personne. Outre que, dans la conjoncture où étoient lors les affaires du *Cid*, il ne falloit pas être grand devin pour prévoir ce que nous en avons vu arriver. A moins que d'être tout-à-fait stupide, on ne pouvoit pas ignorer que, comme les questions de cette nature ne concernent ni la religion, ni l'état, on en peut décider par les règles de la prudence humaine, aussi bien que par celles du théâtre, et tourner sans scrupule le sens du bon Aristote du côté de la politique. Ce n'est pas que je sache si ceux qui ont jugé du *Cid* en ont jugé suivant leur sentiment ou non, ni même que je veuille dire qu'ils en aient bien ou mal jugé, mais seulement que ce n'a jamais été de mon consentement qu'ils en ont jugé, et que peut-être je l'aurois justifié sans beaucoup de peine, si la même raison qui les a fait parler ne m'avoit obligé à me taire. Aristote ne s'est pas expliqué si clairement dans sa Poétique, que nous n'en puissions faire ainsi que les philosophes, qui le tirent chacun à leur parti dans leurs opinions contraires; et comme c'est un pays inconnu pour beaucoup de monde, les plus zélés partisans du *Cid* en ont cru ses censeurs sur leur parole, et se sont imaginé avoir pleinement satisfait à toutes leurs objections, quand ils ont soutenu qu'il importoit peu qu'il fût selon les règles d'Aristote, et qu'Aristote en avoit fait pour son siècle et pour des Grecs, et non pas pour le nôtre et pour des François.

AVERTISSEMENT.

Cette seconde erreur, que mon silence a affermie, n'est pas moins injurieuse à Aristote qu'à moi. Ce grand homme a traité la poétique avec tant d'adresse et de jugement, que les préceptes qu'il nous en a laissés sont de tous les temps et de tous les peuples; et bien loin de s'amuser au détail des bienséances et des agréments, qui peuvent être divers, selon que ces deux circonstances sont diverses, il a été droit aux mouvements de l'ame, dont la nature ne change point. Il a montré quelles passions la tragédie doit exciter dans celle de ses auditeurs; il a cherché quelles conditions sont nécessaires, et aux personnes qu'on introduit, et aux événements qu'on représente, pour les y faire naître; il en a laissé des moyens qui auroient produit leur effet par-tout dès la création du monde, et qui seront capables de le produire encore par-tout, tant qu'il y aura des théâtres et des acteurs; et pour le reste, que les lieux et les temps peuvent changer, il l'a négligé, et n'a pas même prescrit le nombre des actes, qui n'a été réglé que par Horace beaucoup après lui.

Et certes, je serois le premier qui condamnerois *le Cid*, s'il péchoit contre ces grandes et souveraines maximes que nous tenons de ce philosophe; mais, bien loin d'en demeurer d'accord, j'ose dire que cet heureux poëme n'a si extraordinairement réussi que parcequ'on y voit les deux maîtresses conditions (permettez-moi cette épithète) que demande ce grand maître aux excellentes tragédies, et qui se trouvent si rarement assemblées dans un même ouvrage, qu'un des plus doctes commentateurs de ce divin traité qu'il en a fait, soutient que toute l'antiquité ne les a vues se rencontrer que dans le seul *OEdipe*. La première est que celui qui souffre et est persécuté ne soit ni tout méchant ni tout vertueux, mais un homme plus vertueux que méchant, qui, par quelque trait de foiblesse humaine qui ne soit pas un crime, tombe dans un malheur qu'il ne mérite pas : l'autre, que la persécution et le péril ne viennent point d'un ennemi, ni d'un indifférent, mais d'une personne qui doive aimer celui qui souffre et en être aimée. Et voilà, pour en parler pleinement, la véritable et seule cause de tout le succès du *Cid*, en qui l'on ne peut méconnoître ces deux conditions, sans s'aveugler soi-même pour lui faire injustice. J'achève donc en m'acquittant de ma parole; et après vous avoir dit en passant ces deux mots pour le Cid du théâtre, je vous donne, en faveur de la Chimène de l'histoire, les deux romances que je vous ai promises.

ROMANCE PRIMERO.

Delante el rey de Leon
Doña Ximena una tarde
Se pone á pedir justicia
Por la muerte de su padre.
Para contra el Cid la pide,
Don Rodrigo de Bivare,
Que huerfana la dexó,
Niña, y de muy poca edade.
Si tengo razon, o non,
Bien, rey, lo alcanzas y sabes,
Que los negocios de honra
No pueden disimularse.
Cada dia que amanece
Veo al lobo de mi sangre
Caballero en un caballo
Por darme mayor pesare.
Mandale, buen rey, pues puedes,
Que no me ronde mi calle,
Que no se venga en mugeres
El hombre que mucho vale.
Si mi padre afrentó al suyo,
Bien ha vengado á su padre,

ROMANCE.

Que si honras pagaron muertes,
Para su disculpa basten.
Encomendada me tienes,
No consientas que me agravien,
Que el que á mi se fiziere,
A tu corona se faze.
Calledes, doña Ximena,
Que me dades pena grande,
Que yo dare buen remedio
Para todos vuestros males.
Al Cid no le he de ofender,
Que es hombre que mucho vale,
Y me defiende mis reynos,
Y quiero que me los guarde.
Pero yo faré un partido
Con él, que no os este male,
De tomalle la palabra
Para que con vos se case.
Contenta quedó Ximena,
Con la merced que le faze,
Que quien huerfana la fizó
Aquesse mismo la ampare.

ROMANCE SEGUNDO.

A Ximena y á Rodrigo
Prendió el rey palabra, y mano,
De juntarlos para en uno
En presencia de Layn Calvo.
Las enemistades viejas
Con amor se conformaron,
Que donde preside el amor
Se olvidan muchos agravios.
. . . .

Llegaron juntos los novios,
Y al dar la mano, y abraco,
El Cid mirando á la novia,
Le dixó todo turbado :
Maté á tu padre, Ximena,
Pero no á desaguisado,
Matéle de hombre á hombre,
Para vengar cierto agravio.
Maté hombre, y hombre doy,
Aquí estoy á tu mandado,
Y en lugar del muerto padre
Cobraste un marido honrado.
A todos pareció bien,
Su discrecion alabaron,
Y assí se hizieron las bodas
De Rodrigo el Castellano.

ACTEURS.

D. FERNAND, premier roi de Castille.
DONA URRAQUE, infante de Castille.
D. DIÈGUE, père de don Rodrigue [1].
D. GOMÈS, comte de Gormas, père de Chimène.
D. RODRIGUE, amant de Chimène [2].
D. SANCHE, amoureux de Chimène.
D. ARIAS, }
D. ALONSE, } gentilshommes castillans.
CHIMÈNE, fille de don Gomès [3].
LÉONOR, gouvernante de l'Infante.
ELVIRE, gouvernante de Chimène.
Un Page de l'Infante.

La scène est à Séville [4].

Noms des acteurs qui ont joué d'original dans le Cid :

[1] D'Orgemont. — [2] Mondory. — [3] Mlle de Villiers.

[4] Remarquez que la scène est tantôt au palais du roi, tantôt dans la maison du comte de Gormas, tantôt dans la ville; mais, comme je le dis ailleurs, l'unité de lieu serait observée aux yeux des spectateurs, si on avait eu des théâtres dignes de Corneille, semblables à celui de Vicence, qui représente une ville, un palais, des rues, une place, etc.; car cette unité ne consiste pas à représenter toute l'action dans un cabinet, dans une chambre, mais dans plusieurs endroits contigus que l'œil puisse apercevoir sans peine. (V.)

LE CID.

ACTE PREMIER.

SCÈNE I[1].

CHIMÈNE, ELVIRE.

CHIMÈNE.
Elvire, m'as-tu fait un rapport bien sincère?
Ne déguises-tu rien de ce qu'a dit mon père?

---

[1] Dans l'origine, *le Cid* portait le titre de tragi-comédie, et s'ouvrait par une scène entre le comte de Gormas et Elvire, dans laquelle Corneille mettait en dialogue ce que Chimène apprend par le récit de sa suivante; en changeant la forme de son exposition, l'auteur donna plus de rapidité à son action. Quoi qu'il en soit, voici cette scène, que Corneille n'a pas conservée :

SCÈNE I.

LE COMTE, ELVIRE.

ELVIRE.
Entre tous ces amants dont la jeune ferveur [*]
Adore votre fille, et brigue ma faveur,

---

[*] Scudéry dit que c'est parler français en allemand, de donner de la jeunesse à la *ferveur*. L'Académie réprouve le mot de *ferveur*, qui n'est admis que dans le langage de la dévotion ; mais elle approuve l'épithète *jeune*.

S'il est permis d'ajouter quelque chose à la décision de l'Académie, je dirai que le mot *jeune* convient très bien aux passions de la jeunesse. On dira bien *leurs jeunes amours*, mais non pas *leur jeune colère*, *ma jeune haine*; pourquoi? parceque la colère, la haine, appartiennent autant à l'âge mûr, et que l'amour est plus le partage de la jeunesse. (V.)

ELVIRE.

Tous mes sens à moi-même en sont encor charmés :
Il estime Rodrigue autant que vous l'aimez ;

>Don Rodrigue et don Sanche à l'envi font parestre
>Le beau feu qu'en leurs cœurs ses beautés ont fait naître.
>Ce n'est pas que Chimène écoute leurs soupirs,
>Ou d'un regard propice anime leurs desirs :
>Au contraire, pour tous dedans l'indifférence *,
>Elle n'ôte à pas un, ni donne d'espérance ;
>Et, sans les voir d'un œil trop sévère ou trop doux,
>C'est de votre seul choix qu'elle attend un époux.

>>LE COMTE.
>>Elle est dans le devoir. . . . .
>>. . . . .
>>Et ma fille, en un mot, peut l'aimer et me plaire.
>>Va l'en entretenir, mais, dans cet entretien,
>>Cache mon sentiment, et découvre le sien.
>>Je veux qu'à mon retour nous en parlions ensemble ;
>>L'heure à présent m'appelle au conseil qui s'assemble.
>>Le roi doit à son fils choisir un gouverneur,
>>Ou plutôt m'élever à ce haut rang d'honneur :
>>Ce que pour lui mon bras chaque jour exécute
>>Me défend de penser qu'aucun me le dispute **.

SCÈNE II.

CHIMÈNE, ELVIRE.

>ELVIRE, seule.
>Quelle douce nouvelle à ces jeunes amants !
>Et que tout se dispose à leurs contentements !

>CHIMÈNE.
>Eh bien, Elvire, enfin que faut-il que j'espère ?
>Que dois-je devenir ? et que t'a dit mon père *** ?

---

* *Dedans* n'est ni censuré par Scudéry, ni remarqué par l'Académie ; la langue n'était pas alors entièrement épurée. On n'avait pas songé que *dedans* est un adverbe : *il est dans la chambre, il est hors de la chambre. Êtes-vous dedans? êtes-vous dehors ?* (V.)

** Vous voyez que ces deux derniers vers sont le fondement de la querelle qui doit suivre, et qu'ainsi on fait très mal de commencer aujourd'hui la pièce par la querelle imprévue du comte et de don Diègue. (V.)

*** Corneille, fatigué de toutes les critiques qu'on faisait du *Cid*, et ne sachant plus à qui entendre, changea tout ce commencement en 1654.

Il me semble que, dans les deux premières scènes, la pièce est beaucoup mieux annoncée, l'amour

ACTE I, SCÈNE I.

Et si je ne m'abuse à lire dans son ame,
Il vous commandera de répondre à sa flamme.

CHIMÈNE.

Dis-moi donc, je te prie, une seconde fois
Ce qui te fait juger qu'il approuve mon choix ;
Apprends-moi de nouveau quel espoir j'en dois prendre ;
Un si charmant discours ne se peut trop entendre ;
Tu ne peux trop promettre aux feux de notre amour
La douce liberté de se montrer au jour.
Que t'a-t-il répondu sur la secrète brigue
Que font auprès de toi don Sanche et don Rodrigue?
N'as-tu point trop fait voir quelle inégalité
Entre ces deux amants me penche d'un côté[1] ?

ELVIRE.

Non, j'ai peint votre cœur dans une indifférence
Qui n'enfle d'aucun d'eux, ni détruit l'espérance,

ELVIRE.

Deux mots dont tous vos sens doivent être charmés :
Il estime Rodrigue autant que vous l'aimez.

CHIMÈNE.

L'excès de ce bonheur me met en défiance.
Puis-je à de tels discours donner quelque croyance ?

ELVIRE.

Il passe bien plus outre ; il approuve vos feux,
Et vous doit commander de répondre à ses vœux.
Jugez, après cela, puisque tantôt son père,
Au sortir du conseil, doit proposer l'affaire,
S'il pouvoit avoir lieu de mieux prendre son temps. (1639-48.)

[1] Une *inégalité qui me penche,* sans doute l'inégalité de mérite ;
il faudrait aujourd'hui *qui me fait pencher.* Il y a dans ces deux
vers un sentiment de pudeur délicate qui annonce bien le caractère de Chimène. (A.-M.)

de Chimène plus développé, le caractère du comte de Gormas déjà annoncé ; et qu'enfin, malgré tous les défauts qu'on reprochait à Corneille, il eût encore mieux valu laisser la tragédie comme elle était que d'y faire ces faibles changements : c'était l'amour de l'Infante qu'il devait retrancher ; c'étaient les fautes dans le détail qu'il eût fallu corriger. (V.)

Et sans les voir d'un œil trop sévère ou trop doux,
Attend l'ordre d'un père à choisir un époux.
Ce respect l'a ravi, sa bouche et son visage
M'en ont donné sur l'heure un digne témoignage ;
Et puisqu'il vous en faut encor faire un récit,
Voici d'eux et de vous ce qu'en hâte il m'a dit :
« Elle est dans le devoir, tous deux sont dignes d'elle,
« Tous deux formés d'un sang noble, vaillant, fidèle,
« Jeunes, mais qui font lire aisément dans leurs yeux
« L'éclatante vertu de leurs braves aïeux.
« Don Rodrigue sur-tout n'a trait en son visage
« Qui d'un homme de cœur ne soit la haute image,
« Et sort d'une maison si féconde en guerriers [1],
« Qu'ils y prennent naissance au milieu des lauriers.
« La valeur de son père en son temps sans pareille,
« Tant qu'a duré sa force, a passé pour merveille [2] ;
« Ses rides sur son front ont gravé ses exploits [3],
« Et nous disent encor ce qu'il fut autrefois.
« Je me promets du fils ce que j'ai vu du père ;
« Et ma fille, en un mot, peut l'aimer et me plaire. »

---

[1] *Don Rodrigue n'a trait en son visage...... et sort d'une maison.* Aujourd'hui on dirait : IL *sort d'une maison* ; la règle ayant établi qu'il faut répéter le pronom, quand de deux verbes qui se suivent, le premier seul est négatif. (A.-M.)

[2] *A passé pour merveille* a été excusé par l'Académie : aujourd'hui cette expression ne passerait point. Les premiers qui écrivirent purement, Racine et Boileau, ont proscrit tous ces termes de *merveille, sans pareille, sans seconde, miracle de nos jours, soleil,* etc. ; et plus la poésie est devenue difficile, plus elle est belle. (V.)

[3] Racine se permit de parodier ce vers dans la comédie des *Plaideurs,* et l'on sait que cette plaisanterie déplut à Corneille. (A.-M.)

ACTE I, SCÈNE I.

Il alloit au conseil, dont l'heure qui pressoit
A tranché ce discours qu'à peine il commençoit;
Mais à ce peu de mots je crois que sa pensée
Entre vos deux amants n'est pas fort balancée [1].
Le roi doit à son fils élire un gouverneur,
Et c'est lui que regarde un tel degré d'honneur;
Ce choix n'est pas douteux, et sa rare vaillance
Ne peut souffrir qu'on craigne aucune concurrence.
Comme ses hauts exploits le rendent sans égal,
Dans un espoir si juste il sera sans rival :
Et puisque don Rodrigue a résolu son père
Au sortir du conseil à proposer l'affaire [2],
Je vous laisse à juger s'il prendra bien son temps,
Et si tous vos desirs seront bientôt contents [3].

CHIMÈNE.

Il semble toutefois que mon ame troublée
Refuse cette joie, et s'en trouve accablée.
Un moment donne au sort des visages divers [4],

---

[1] Il faudrait : *ne balance pas*, ou *balance peu*. Ce verbe, dans le sens d'*hésiter*, est neutre, et ne peut se mettre au passif. (A.-M.)

[2] *Proposer l'affaire* est encore du style comique; mais observons que *le Cid* fut donné d'abord sous le titre de tragi-comédie. (V.)

[3] On ne dirait point aujourd'hui des *desirs contents* pour des *desirs satisfaits*. On *satisfait* des desirs, on *contente* une personne. (A.-M.)

[4] Ces pressentiments réussissent presque toujours. On craint avec le personnage auquel on commence à s'intéresser. Mais il faudrait peut-être une autre cause à ce pressentiment que le lieu commun des changements du sort, et une autre expression que les *visages divers*. Ce morceau est traduit de Diamante :

> El alma indecisa
> Teme llegar á anegarse
> En ese profundo abismo

Et dans ce grand bonheur je crains un grand revers.

ELVIRE.

Vous verrez cette crainte heureusement déçue [1].

CHIMÈNE.

Allons, quoi qu'il en soit, en attendre l'issue.

SCÈNE II.

L'INFANTE, LÉONOR, PAGE [2].

L'INFANTE.

Page, allez avertir Chimène de ma part [3]

> De gloria, y felicidades.
> Que en un dia, en un momento,
> Muda el hado de semblante,
> Y despues de una fortuna,
> Suele llegar un desastre. (V.)

[1] VAR. Vous verrez votre crainte heureusement déçue. (1634-54.)

[2] C'est ici un défaut intolérable pour nous. La scène reste vide, les scènes ne sont point liées, l'action est interrompue. Pourquoi les acteurs précédents s'en vont-ils? pourquoi ces nouveaux acteurs viennent-ils? comment l'un peut-il s'en aller et l'autre arriver sans se voir? comment Chimène peut-elle voir l'Infante sans la saluer? Ce grand défaut était commun à toute l'Europe, et les Français seuls s'en sont corrigés. Plus il est difficile de lier toutes les scènes, plus cette difficulté vaincue a de mérite; mais il ne faut pas la surmonter aux dépens de la vraisemblance et de l'intérêt. C'est un des secrets de ce grand art de la tragédie, inconnu encore à la plupart de ceux qui l'exercent. Non seulement on a retranché cette scène de l'Infante, mais on a supprimé tout son rôle; et Corneille ne s'était permis cette faute insupportable que pour remplir l'étendue malheureusement prescrite à une tragédie. Il vaut mieux la faire beaucoup trop courte : un rôle superflu la rend toujours trop longue. (V.) — Comment, dit Voltaire,

[3] VAR. Va-t'en trouver Chimène, et lui dis de ma part. (1637-54.)

ACTE I, SCÈNE II.

Qu'aujourd'hui pour me voir elle attend un peu tard,
Et que mon amitié se plaint de sa paresse.
(Le page rentre.)

LÉONOR.

Madame, chaque jour même desir vous presse;
Et dans son entretien je vous vois chaque jour [1]
Demander en quel point se trouve son amour.

L'INFANTE.

Ce n'est pas sans sujet; je l'ai presque forcée
A recevoir les traits dont son ame est blessée :
Elle aime don Rodrigue, et le tient de ma main,
Et par moi don Rodrigue a vaincu son dédain;
Ainsi de ces amants ayant formé les chaînes,
Je dois prendre intérêt à voir finir leurs peines [2].

LÉONOR.

Madame, toutefois parmi leurs bons succès
Vous montrez un chagrin qui va jusqu'à l'excès [3].
Cet amour, qui tous deux les comble d'allégresse,

Chimène peut-elle voir l'Infante sans la saluer? Parceque, comme le remarque Corneille dans son *Examen*, le lieu où se passe l'action change *de scène en scène*, quoique toujours dans Séville. Ainsi, la première scène se passe chez don Gomès, et la seconde au palais du roi. Chimène ne peut donc pas saluer l'Infante, et les critiques sur la liaison des scènes n'ont plus d'objet raisonnable. (A.-M.)

[1] Var. Et je vous vois, pensive et triste chaque jour,
L'informer avec soin comme va son amour [*].
L'INFANTE.
J'en dois bien avoir soin; je l'ai presque forcée
A recevoir les coups dont son ame est blessée. (1637-54.)

[2] Var. Je dois prendre intérêt à la fin de leurs peines. (1637-54.)

[3] Var. On vous voit un chagrin qui va jusqu'à l'excès. (1637-54.)

[*] Voilà une nouvelle excuse du titre de tragi-comédie : *comme va son amour!* Qu'auraient dit les Grecs, du temps de Sophocle, à une telle demande? Nous ne ferons point de remarques sur les défauts de ce rôle, qu'on a retranché entièrement. (V.)

Fait-il de ce grand cœur la profonde tristesse?
Et ce grand intérêt que vous prenez pour eux
Vous rend-il malheureuse alors qu'ils sont heureux?
Mais je vais trop avant et deviens indiscrète.

L'INFANTE.

Ma tristesse redouble à la tenir secrète.
Écoute, écoute enfin comme j'ai combattu,
Écoute quels assauts brave encor ma vertu [1].

L'amour est un tyran qui n'épargne personne.
Ce jeune cavalier, cet amant que je donne [2],
Je l'aime.

LÉONOR.

Vous l'aimez!

L'INFANTE.

Mets la main sur mon cœur,
Et vois comme il se trouble au nom de son vainqueur,
Comme il le reconnoît.

LÉONOR.

Pardonnez-moi, madame,
Si je sors du respect pour blâmer cette flamme.
Une grande princesse à ce point s'oublier
Que d'admettre en son cœur un simple cavalier [3]!
Et que diroit le roi? que diroit la Castille?

---

[1] VAR. Et, plaignant ma foiblesse, admire ma vertu. (1637-48.)

[2] VAR. Ce jeune chevalier, cet amant que je donne. (1637-44.)

[3] VAR. Choisir pour votre amant un simple chevalier [*]!
Une grande princesse à ce point s'oublier!
Et que dira le roi? que dira la Castille?
Vous souvenez-vous bien de qui vous êtes fille?

L'INFANTE.

Oui, oui, je m'en souviens, et j'épandrai mon sang
Plutôt que de rien faire indigne de mon rang. (1637-48.)

[*] VAR. Cavalier. (1648.)

Vous souvient-il encor de qui vous êtes fille?
L'INFANTE.
Il m'en souvient si bien, que j'épandrai mon sang [1]
Avant que je m'abaisse à démentir mon rang.
Je te répondrois bien que dans les belles ames
Le seul mérite a droit de produire des flammes;
Et, si ma passion cherchoit à s'excuser,
Mille exemples fameux pourroient l'autoriser :
Mais je n'en veux point suivre où ma gloire s'engage;
La surprise des sens n'abat point mon courage [2],
Et je me dis toujours qu'étant fille de roi,
Tout autre qu'un monarque est indigne de moi.
Quand je vis que mon cœur ne se pouvoit défendre,
Moi-même je donnai ce que je n'osois prendre.
Je mis, au lieu de moi, Chimène en ses liens,
Et j'allumai leurs feux pour éteindre les miens.
Ne t'étonne donc plus si mon ame gênée [3]
Avec impatience attend leur hyménée :
Tu vois que mon repos en dépend aujourd'hui

[1] *Épandre* pour *répandre* était alors fort usité, et Corneille en offre plusieurs exemples. Aujourd'hui, *épandre* ne s'emploie que dans le sens d'*éparpiller*, de *disperser*. (A.-M.)

[2] On voit dans le dictionnaire de Nicot que le mot *courage* se prenait alors dans tous les sens de *animus*, comme aujourd'hui le mot *cœur*, qui signifie également *fierté*, *sensibilité* et *vaillance*. *Courage* s'employait encore ainsi du temps de Racine, et l'on en trouve un exemple dans *Andromaque*, acte IV, scène III. (A.-M.)

Var. Si j'ai beaucoup d'amour, j'ai bien plus de courage;
    Un noble orgueil m'apprend qu'étant fille de roi. (1637-48.)

[3] *Appliquée à la gêne, torturée*. Ce mot a perdu toute sa force en perdant son sens primitif : aujourd'hui le mot *gêne* ne signifie plus qu'*incommoder*, et cependant Racine l'a employé dans le même sens que Corneille. (A.-M.)

144 LE CID.

Si l'amour vit d'espoir, il périt avec lui [1] ;
C'est un feu qui s'éteint faute de nourriture ;
Et, malgré la rigueur de ma triste aventure,
Si Chimène a jamais Rodrigue pour mari,
Mon espérance est morte, et mon esprit guéri.
　Je souffre cependant un tourment incroyable.
Jusques à cet hymen Rodrigue m'est aimable :
Je travaille à le perdre, et le perds à regret ;
Et de là prend son cours mon déplaisir secret.
Je vois avec chagrin que l'amour me contraigne [2]
A pousser des soupirs pour ce que je dédaigne ;
Je sens en deux partis mon esprit divisé.
Si mon courage est haut, mon cœur est embrasé.
Cet hymen m'est fatal, je le crains, et souhaite [3] :
Je n'ose en espérer qu'une joie imparfaite [4].
Ma gloire et mon amour ont pour moi tant d'appas,
Que je meurs s'il s'achève, ou ne s'achève pas.

LÉONOR.

Madame, après cela je n'ai rien à vous dire,
Sinon que de vos maux avec vous je soupire :
Je vous blâmois tantôt, je vous plains à présent ;
Mais, puisque dans un mal si doux et si cuisant

---

[1] Var. Si l'amour vit d'espoir, il meurt avecque lui. (1637-48.)

[2] Var. Je suis au désespoir que l'amour me contraigne. (1637-48.)

Il faut absolument *l'amour me contraint*. L'Académie n'a pas relevé cette faute, et cependant le subjonctif n'est évidemment mis là que pour la rime. (A.-M.)

[3] La répétition des pronoms est d'autant plus nécessaire, que *souhaiter* et *craindre* offrent deux idées non seulement distinctes, mais opposées. *Je le crains, et je le souhaite.* (Académie.)

[4] Var. Je ne m'en promets rien qu'une joie imparfaite.
　　Ma gloire et mon amour ont tous deux tant d'appas,
　　Que je meurs s'il s'achève, et ne s'achève pas. (1637-48.)

ACTE I, SCÈNE II.

Votre vertu combat et son charme et sa force,
En repousse l'assaut, en rejette l'amorce,
Elle rendra le calme à vos esprits flottants.
Espérez donc tout d'elle, et du secours du temps :
Espérez tout du ciel; il a trop de justice
Pour laisser la vertu dans un si long supplice [1].

L'INFANTE.

Ma plus douce espérance est de perdre l'espoir.

LE PAGE.

Par vos commandements Chimène vous vient voir.

L'INFANTE, à Léonor.

Allez l'entretenir en cette galerie.

LÉONOR.

Voulez-vous demeurer dedans la rêverie?

L'INFANTE.

Non, je veux seulement, malgré mon déplaisir,
Remettre mon visage un peu plus à loisir.
Je vous suis. Juste ciel, d'où j'attends mon remède,
Mets enfin quelque borne au mal qui me possède,
Assure mon repos, assure mon honneur!
Dans le bonheur d'autrui je cherche mon bonheur.
Cet hyménée à trois également importe ;
Rends son effet plus prompt, ou mon ame plus forte.
D'un lien conjugal joindre ces deux amants,
C'est briser tous mes fers, et finir mes tourments.
Mais je tarde un peu trop, allons trouver Chimène,
Et, par son entretien, soulager notre peine.

---

[1] VAR. Pour souffrir la vertu si long-temps au supplice. (1637-48.)

SCÈNE III[1].

LE COMTE, D. DIÈGUE.

LE COMTE.

Enfin, vous l'emportez, et la faveur du roi
Vous élève en un rang qui n'étoit dû qu'à moi;
Il vous fait gouverneur du prince de Castille.

D. DIÈGUE.

Cette marque d'honneur qu'il met dans ma famille

---

[1] Aujourd'hui, quand les comédiens représentent cette pièce, ils commencent par cette scène. Il paraît qu'ils ont très grand tort; car peut-on s'intéresser à la querelle du comte et de don Diègue, si on n'est pas instruit des amours de leurs enfants? L'affront que Gormas fait à don Diègue est un coup de théâtre, quand on espère qu'ils vont conclure le mariage de Chimène avec Rodrigue. Ce n'est point jouer le Cid, c'est insulter son auteur que de le tronquer ainsi. On ne devrait pas permettre aux comédiens d'altérer ainsi les ouvrages qu'ils représentent. Dans le Cid de Diamante, le roi donne la place de gouverneur de son fils en présence du comte; et cela est encore plus théâtral. Le théâtre ne reste point vide. Il semble que Corneille aurait dû plutôt imiter Diamante que Castro dans cette intelligence du théâtre. Au reste, dans les deux pièces espagnoles, le comte de Gormas donne un soufflet à don Diègue : ce soufflet était essentiel. Les deux pères disent à-peu-près les mêmes choses dans ces deux scènes et dans les suivantes. Castro, qui vint après Diamante, ne fit point difficulté de prendre plusieurs pensées chez son prédécesseur, dont la pièce était presque oubliée. A plus forte raison, Corneille fut en droit d'imiter les deux poëtes espagnols, et d'enrichir sa langue des beautés d'une langue étrangère. (V.) — C'est J.-B. Rousseau qui supprima la première et la seconde scène, ainsi que le rôle de l'Infante. Voyez l'avertissement placé en tête de son édition du Cid, corrigée pour la scène. (A.-M.)

ACTE I, SCÈNE III.

Montre à tous qu'il est juste, et fait connoître assez
Qu'il sait récompenser les services passés.

LE COMTE.

Pour grands que soient les rois, ils sont ce que nous sommes [1] :
Ils peuvent se tromper comme les autres hommes ;
Et ce choix sert de preuve à tous les courtisans
Qu'ils savent mal payer les services présents.

D. DIÈGUE.

Ne parlons plus d'un choix dont votre esprit s'irrite ;
La faveur l'a pu faire autant que le mérite.
Mais on doit ce respect au pouvoir absolu [2],
De n'examiner rien quand un roi l'a voulu [3].
A l'honneur qu'il m'a fait ajoutez-en un autre ;
Joignons d'un sacré nœud ma maison à la vôtre.
Vous n'avez qu'une fille, et moi je n'ai qu'un fils [4],

---

[1] Cette phrase a vieilli ; elle était fort bonne alors : il est honteux pour l'esprit humain que la même expression soit bonne en un temps et mauvaise en un autre. On dirait aujourd'hui : *Tout grands que sont les rois*, *Quelque grands que soient les rois*. (V.) — Ce bel hémistiche ne pourrait plus se faire aujourd'hui ; il faudrait : *Quelque grands que soient les rois*. Il est à souhaiter que nos bons écrivains fassent revivre la première forme, afin d'éviter ce *quelque*, qui est lourd et sans harmonie. On dit encore : *pour peu que* ; pourquoi ne dirait-on pas *pour grands que* ? (A.-M.)

[2] Var. Vous choisissant, peut-être on eût pu mieux choisir ;
Mais le roi m'a trouvé plus propre à son desir. (1637-48.)

[3] Ce pronom *l'* qui précède *a voulu* ne se rapporte à rien, et semble n'être là que pour empêcher l'hiatus ; le sens demande : *quand un roi a voulu ; quand un roi a prononcé*. (A.-M.)

[4] Var. Rodrigue aime Chimène, et ce digne sujet *
De ses affections est le plus cher objet :
Consentez-y, monsieur, et l'acceptez pour gendre. (1637-48.)
LE COMTE.
A de plus hauts partis Rodrigue doit prétendre. (1637-54.)

* *Ce digne sujet* ne se dirait pas aujourd'hui ; mais alors c'était une expression très reçue. (V.)

148 LE CID.

Leur hymen nous peut rendre à jamais plus qu'amis :
Faites-nous cette grace, et l'acceptez pour gendre.

LE COMTE.

A des partis plus hauts ce beau fils doit prétendre [1] ;
Et le nouvel éclat de votre dignité
Lui doit enfler le cœur d'une autre vanité [2].
Exercez-la, monsieur, et gouvernez le prince ;
Montrez-lui comme il faut régir une province,
Faire trembler par-tout les peuples sous sa loi,
Remplir les bons d'amour, et les méchants d'effroi ;
Joignez à ces vertus celles d'un capitaine :
Montrez-lui comme il faut s'endurcir à la peine,
Dans le métier de Mars se rendre sans égal,
Passer es jours entiers et les nuits à cheval,

[1] Dans l'édition de 1637 il y a :

A de plus hauts partis ce beau fils doit prétendre.

Vous pouvez juger par ce seul trait de l'état où était alors notre langue : un mélange de termes familiers et nobles défigurait tous les ouvrages sérieux. C'est Boileau qui, le premier, enseigna l'art de parler toujours convenablement ; et Racine est le premier qui ait employé cet art sur la scène. (V.)

Cette remarque de Voltaire donne lieu de douter qu'il ait connu l'édition de 1637. C'est là qu'on trouve le vers suivant :

A de plus hauts partis Rodrigue doit prétendre.

L'édition de 1663 est conforme à celle de 1682 que nous reproduisons. *Beau fils* n'est point ici un terme familier, c'est une expression ironique. (PAR.)

[2] VAR. Lui doit bien mettre au cœur une autre vanité. (1637-48.)

Mettre une vanité au cœur serait aujourd'hui une mauvaise façon de parler. *Monsieur* ne se dirait pas non plus dans une tragédie. (V.) — Dans la tragédie de *Clitandre*, acte V, scène IV, Corneille avait déjà employé le mot *monsieur* ; mais plus tard il y substitua le mot *seigneur*. On s'étonne qu'il n'ait pas fait ici la même correction. (A.-M.)

Reposer tout armé, forcer une muraille,
Et ne devoir qu'à soi le gain d'une bataille :
Instruisez-le d'exemple, et rendez-le parfait [1],
Expliquant à ses yeux vos leçons par l'effet.

D. DIÈGUE.

[2] Pour s'instruire d'exemple, en dépit de l'envie,
Il lira seulement l'histoire de ma vie.
Là, dans un long tissu de belles actions,
Il verra comme il faut dompter des nations,
Attaquer une place, ordonner une armée [3],
Et sur de grands exploits bâtir sa renommée.

LE COMTE.

Les exemples vivants sont d'un autre pouvoir [4],
Un prince dans un livre apprend mal son devoir.
Et qu'a fait après tout ce grand nombre d'années,
Que ne puisse égaler une de mes journées ?
Si vous fûtes vaillant, je le suis aujourd'hui ;
Et ce bras du royaume est le plus ferme appui.
Grenade et l'Aragon tremblent quand ce fer brille ;
Mon nom sert de rempart à toute la Castille :

---

[1] Var. Instruisez-le d'exemple, et vous ressouvenez
    Qu'il faut faire à ses yeux ce que vous enseignez. (1637-48.)

[2] Imit. De mis hazañas escritas
        Daré al príncipe un traslado,
        Y aprenderá en lo que hice,
        Sino aprende en lo que hago.

[3] *Ordonner une armée*, ne signifie point mettre une armée en bataille, ni établir dans une armée l'ordre qui y est nécessaire : ce n'est pas bien parler françois. (*Sentiments de l'Académie.*) — Puisqu'on ne peut rendre ce mot que par périphrase, il vaut mieux que la périphrase ; il répond à *ordinare* : il est plus énergique qu'*arranger, disposer.* (V.)

[4] Var. Les exemples vivants ont bien plus de pouvoir. (1637-48.)

Sans moi, vous passeriez bientôt sous d'autres lois,
Et vous auriez bientôt vos ennemis pour rois [1].
Chaque jour, chaque instant, pour rehausser ma gloire,
Met lauriers sur lauriers, victoire sur victoire :
Le prince à mes côtés feroit dans les combats
L'essai de son courage à l'ombre de mon bras ;
Il apprendroit à vaincre en me regardant faire [2] ;
Et, pour répondre en hâte à son grand caractère,
Il verroit....

D. DIÈGUE.
　　　　　Je le sais, vous servez bien le roi.
Je vous ai vu combattre et commander sous moi :
Quand l'âge dans mes nerfs a fait couler sa glace,
Votre rare valeur a bien rempli ma place :
Enfin, pour épargner les discours superflus,
Vous êtes aujourd'hui ce qu'autrefois je fus.
Vous voyez toutefois qu'en cette concurrence
Un monarque entre nous met quelque différence [3].

[1] VAR. Et, si vous ne m'aviez, vous n'auriez plus de rois.
　　　Chaque jour, chaque instant, entassent, pour ma gloire,
　　　Laurier dessus laurier, victoire sur victoire.
　　　Le prince, pour essai de générosité,
　　　Gagneroit des combats, marchant à mon côté.
　　　Loin des froides leçons qu'à mon bras on préfère,
　　　Il apprendroit à vaincre en me regardant faire.
　　　　　　D. DIÈGUE.
　　　Vous me parlez en vain de ce que je connoi*. (1637-48.)

[2] Il faut remarquer que les fanfaronnades de tous les capitans de comédie étaient alors portées à un excès de ridicule si outré, que le comte de Gormas, tout fanfaron qu'il est, paraît modeste en comparaison. (V.) — Voyez le capitan de *l'Illusion comique*.

[3] VAR. Un monarque entre nous met de la différence. (1637-48.)

* On prononçait alors *connoi* comme on l'écrivait, et on le faisait rimer avec *moi*, *toi*. (V.)

ACTE I, SCÈNE III.

LE COMTE.

Ce que je méritois vous l'avez emporté.

D. DIÈGUE.

Qui l'a gagné sur vous l'avoit mieux mérité.

LE COMTE.

Qui peut mieux l'exercer en est bien le plus digne.

D. DIÈGUE.

En être refusé n'en est pas un bon signe.

LE COMTE.

Vous l'avez eu par brigue, étant vieux courtisan.

D. DIÈGUE.

L'éclat de mes hauts faits fut mon seul partisan.

LE COMTE.

Parlons-en mieux, le roi fait honneur à votre âge.

D. DIÈGUE.

Le roi, quand il en fait, le mesure au courage.

LE COMTE.

¹ Et par-là cet honneur n'étoit dû qu'à mon bras.

D. DIÈGUE.

Qui n'a pu l'obtenir ne le méritoit pas.

LE COMTE.

Ne le méritoit pas! Moi?

D. DIÈGUE.

Vous.

LE COMTE.

Ton impudence ²,

---

¹ IMIT.   Yo lo merezco
Tambien como tù, y mejor.

² On ne donnerait pas aujourd'hui un soufflet sur la joue d'un héros. Les acteurs mêmes sont très embarrassés à donner ce soufflet; ils font le semblant. Cela n'est plus même souffert dans la comédie, et c'est le seul exemple qu'on en ait sur le théâtre tra-

Téméraire vieillard, aura sa récompense.
(Il lui donne un soufflet.)

D. DIÈGUE, mettant l'épée à la main[1].

Achève, et prends ma vie après un tel affront,
Le premier dont ma race ait vu rougir son front[2].

LE COMTE.

Et que penses-tu faire avec tant de foiblesse?

D. DIÈGUE.

O Dieu! ma force usée en ce besoin me laisse[3]!

LE COMTE.

Ton épée est à moi; mais tu serois trop vain,
Si ce honteux trophée avoit chargé ma main.
    Adieu. Fais lire au prince, en dépit de l'envie,
Pour son instruction, l'histoire de ta vie;
D'un insolent discours ce juste châtiment
Ne lui servira pas d'un petit ornement[4].

gique. Il est à croire que c'est une des raisons qui firent intituler *le Cid tragi-comédie*. Presque toutes les pièces de Scudéry et de Boisrobert avaient été des tragi-comédies. On avait cru longtemps en France qu'on ne pouvait supporter le tragique continu sans mélange d'aucune familiarité. Le mot de *tragi-comédie* est très ancien; Plaute l'emploie pour désigner son *Amphitryon*, parceque, si l'aventure de Sosie est comique, Amphitryon est très sérieusement affligé. (V.)

[1] Var. Ils mettent l'épée à la main. (1637-48.)

[2] L'Académie, d'accord avec Scudéry, ne veut pas qu'une race ait un front. C'est une ellipse : *dont un homme de ma race ait vu rougir son front*. Si l'examen de l'Académie avait porté sur toutes les œuvres de Corneille, elle y eût trouvé et peut-être condamné bien d'autres hardiesses, qui sont considérées aujourd'hui comme des beautés. (A.-M.)

[3] Var. O Dieu! ma force usée à ce besoin me laisse! (1637-48.)

[4] La scène continuoit ainsi :

D. DIÈGUE.

Épargnes-tu mon sang?

SCÈNE IV.

D. DIÈGUE.

O rage! ô désespoir! ô vieillesse ennemie!
N'ai-je donc tant vécu que pour cette infamie?
Et ne suis-je blanchi dans les travaux guerriers
Que pour voir en un jour flétrir tant de lauriers?
Mon bras qu'avec respect toute l'Espagne admire,
Mon bras qui tant de fois a sauvé cet empire,
Tant de fois affermi le trône de son roi,
Trahit donc ma querelle, et ne fait rien pour moi?
O cruel souvenir de ma gloire passée!
OEuvre de tant de jours en un jour effacée!
Nouvelle dignité, fatale à mon bonheur,
Précipice élevé d'où tombe mon honneur,
Faut-il de votre éclat voir triompher le comte [1],
Et mourir sans vengeance, ou vivre dans la honte?
² Comte, sois de mon prince à présent gouverneur;

LE COMTE.
Mon ame est satisfaite,
Et mes yeux à ma main reprochent ta défaite.
D. DIÈGUE.
Tu dédaignes ma vie!
LE COMTE.
En arrêter le cours
Ne feroit que hâter la Parque de trois jours. (1637-48.)

[1] Phrase aussi claire que naturelle, qui échappe au mouvement d'une profonde douleur, et où l'Académie ne voit que de *belles paroles qui ne signifient rien*. (A.-M.)

[2] IMIT. Llamadle, llamad al conde,
Que venga á exercer el cargo
De ayo de vuestro hijo,

Ce haut rang n'admet point un homme sans honneur ;
Et ton jaloux orgueil, par cet affront insigne,
Malgré le choix du roi, m'en a su rendre indigne.
Et toi, de mes exploits glorieux instrument,
Mais d'un corps tout de glace inutile ornement,
Fer, jadis tant à craindre, et qui, dans cette offense,
M'as servi de parade, et non pas de défense,
Va, quitte désormais le dernier des humains,
Passe, pour me venger, en de meilleures mains [1].

SCÈNE V.

D. DIÈGUE, D. RODRIGUE.

D. DIÈGUE.

Rodrigue, as-tu du cœur ?

D. RODRIGUE.

Tout autre que mon père
L'éprouveroit sur l'heure [2].

> Que podrà mas bien honrarlo,
> Pues que yo sin honra quedo.

[1] Les quatre vers suivants ont été supprimés ici :

> Si Rodrigue est mon fils, il faut que l'amour cède,
> Et qu'une ardeur plus haute à ses flammes succède ;
> Mon honneur est le sien, et le mortel affront
> Qui tombe sur mon chef rejaillit sur son front. (1637-54.)

[2] Quoique cette réponse soit belle, et qu'elle exprime à-la-fois la fierté du héros et son respect filial, peut-être regrettera-t-on la scène de Guiliem de Castro, qui est d'une couleur locale plus forte, et qui peint mieux la barbarie des temps et des mœurs chevaleresques. Voici cette scène. Après son affront, don Diègue fait venir ses enfants. Pour éprouver leur courage, il saisit leurs mains dans ses mains de fer, les presse vigoureusement, et leur arrache des cris de douleur. Rodrigue seul garde un silence fa-

ACTE I, SCÈNE V.

D. DIÈGUE.

¹ Agréable colère,
Digne ressentiment à ma douleur bien doux !
Je reconnois mon sang à ce noble courroux ;
Ma jeunesse revit en cette ardeur si prompte.
Viens, mon fils, viens, mon sang, viens réparer ma honte ;
Viens me venger.

D. RODRIGUE.

De quoi ?

D. DIÈGUE.

² D'un affront si cruel,
Qu'à l'honneur de tous deux il porte un coup mortel ;
D'un soufflet. L'insolent en eût perdu la vie ;
Mais mon âge a trompé ma généreuse envie ;
Et ce fer que mon bras ne peut plus soutenir,
Je le remets au tien pour venger et punir ³.

rouche ; puis enfin, impatienté, il cherche dans son cœur l'injure la plus sanglante qu'il pourrait faire à celui qui, sans raison, le soumet à la torture, et il s'écrie : « Ah ! si vous n'étiez mon père, je vous donnerais un soufflet : *Si no fueros mi padre, dieraos una bofetada.* — Ce ne serait pas le premier ! s'écrie le vieillard. *Y a no fuera la primera !* » Mot déchirant, qui fait frissonner Rodrigue et le frappe de surprise et de stupeur, et qui amène naturellement le récit de toute l'aventure. N'est-il pas malheureux que Corneille n'ait pu prendre cette scène ? Mais la vérité des mœurs était alors sacrifiée à la convenance morale, et l'irrévérence de Rodrigue n'eût pas été supportée sur notre théâtre. (A.-M.)

[1] IMIT. Ese sentimiento adoro,
Esa cólera me agrada....
Esa sangre alborotada....
Es lá que me dió Castilla ;
Y la que te dí heredadà.

[2] IMIT. Esta mancha de mi honor
Al tuyo se estiende.

³ Ces deux vers, tout admirables qu'ils sont, ont essuyé la

Va contre un arrogant éprouver ton courage :
¹ Ce n'est que dans le sang qu'on lave un tel outrage ;
Meurs, ou tue. Au surplus, pour ne te point flatter,
² Je te donne à combattre un homme à redouter :
Je l'ai vu, tout couvert de sang et de poussière ³,
Porter par-tout l'effroi dans une armée entière.
J'ai vu, par sa valeur, cent escadrons rompus ;
Et, pour t'en dire encor quelque chose de plus,
Plus que brave soldat, plus que grand capitaine,
C'est....

D. RODRIGUE.
De grace, achevez.

critique de l'Académie. « *Venger et punir*, dit-elle, est trop vague ; car on ne sait qui doit être vengé ou qui doit être puni. » J'ose croire cette critique mal fondée, et je louerai ces deux vers précisément par ce qu'on y censure. D'abord le sens est clair : qui peut se méprendre sur ce qu'on doit *venger* et sur ce qu'on doit *punir* ? Mais ce qui me paraît digne de louange, c'est cette précision rapide qui est avare des mots, parceque la vengeance est avare du temps. *Venger et punir*, *meurs, ou tue ;* voilà les mots qui se précipitent dans la bouche d'un homme furieux : il voudrait n'en pas dire d'autres. (La H.)

¹ Imit.   Lavala
   Con sangre, que sangre sola
   Quita semejantes manchas.

² Imit. Poderoso es el contrario.

³ Var. Je l'ai vu, tout sanglant au milieu des batailles,
   Se faire un beau rempart de mille funérailles*.

D. RODRIGUE.
Son nom ? C'est perdre temps en propos superflus.

D. DIÈGUE.
Donc, pour te dire encor quelque chose de plus. (1637-48.)

* L'Académie avait condamné *funérailles*. Je ne sais si ce mot, tout impropre qu'il est, n'eût pas mieux valu que le pléonasme languissant *par-tout* et *entière*. (V.)

ACTE 1, SCÈNE VI.

D. DIÈGUE.
Le père de Chimène.

D. RODRIGUE.
Le...?

D. DIÈGUE.
Ne réplique point, je connois ton amour :
Mais qui peut vivre infame est indigne du jour ;
Plus l'offenseur est cher, et plus grande est l'offense [1].
[2] Enfin tu sais l'affront, et tu tiens la vengeance :
Je ne te dis plus rien. Venge-moi, venge-toi.
Montre-toi digne fils d'un père tel que moi.
[3] Accablé des malheurs où le destin me range,
Je vais les déplorer. Va, cours, vole, et nous venge [4].

SCÈNE VI.

D. RODRIGUE.

Percé jusques au fond du cœur [5]

---

[1] Une note critique de Scudéry nous apprend que le mot *offenseur* est de l'invention de Corneille. L'Académie d'alors déclara que ce mot n'était pas français, mais qu'il était à souhaiter qu'il le devînt. L'Académie d'aujourd'hui, accomplissant ce vœu, a placé le mot dans son dictionnaire, mais sans rappeler que nous le devons à Corneille. (A.-M.)

[2] IMIT. Aquí ofensa, y allí espada,
No tengo mas que decirte.

[3] IMIT. Y voy á llorar afreutas,
Miéntras tú tomas venganzas.

[4] VAR. Je m'en vais les pleurer. Va, cours, vole, et nous venge. (1637-48.)

[5] On mettait alors des stances dans la plupart des tragédies, et on en voit dans *Médée* : on les a bannies du théâtre. On a pensé que les personnages qui parlent en vers d'une mesure déter-

D'une atteinte imprévue aussi bien que mortelle,
Misérable vengeur d'une juste querelle,
Et malheureux objet d'une injuste rigueur,
Je demeure immobile, et mon ame abattue
   Cède au coup qui me tue.
 Si près de voir mon feu récompensé,
[1]   O Dieu, l'étrange peine !
 En cet affront mon père est l'offensé,
 Et l'offenseur le père de Chimène !

  Que je sens de rudes combats !
Contre mon propre honneur mon amour s'intéresse :
Il faut venger un père, et perdre une maîtresse.
L'un m'anime le cœur, l'autre retient mon bras [2].

minée ne devaient jamais changer cette mesure, parceque, s'ils s'expliquaient en prose, ils devraient toujours continuer à parler en prose. Or les vers de six pieds étant substitués à la prose, le personnage ne doit pas s'écarter de ce langage convenu. Les stances donnent trop l'idée que c'est le poëte qui parle. Cela n'empêche pas que ces stances du *Cid* ne soient fort belles, et ne soient encore écoutées avec beaucoup de plaisir. (V.) — La beauté de ces stances et l'émotion avec laquelle on les écoute est une réfutation complète de ces objections. Bien plus, nous osons soutenir que, dans une situation si terrible, aucune autre forme ne pourrait suppléer celle-ci. L'ame de Rodrigue est bouleversée; c'est un orage qui éclate. Ces stances inégales le font gronder sur les spectateurs, et un grand artiste qui saurait en saisir le mouvement remplirait le théâtre de sa douleur, et enlèverait le parterre. Voilà un exemple qui prouve qu'au besoin les diverses passions peuvent être exprimées par les mesures diverses de versification. (A.-M.)

  [1] IMIT. Mi padre el ofendido ! extraña pena !
   Y el ofensor el padre de Ximena !

 [2] VAR. L'un échauffe mon cœur, l'autre retient mon bras. (1637-48.)

ACTE I, SCÈNE VI.

Réduit au triste choix ou de trahir ma flamme,
    Ou de vivre en infame,
Des deux côtés mon mal est infini.
    O Dieu, l'étrange peine!
Faut-il laisser un affront impuni?
[1] Faut-il punir le père de Chimène?

Père, maîtresse, honneur, amour,
Noble et dure contrainte, aimable tyrannie [2],
Tous mes plaisirs sont morts, ou ma gloire ternie.
L'un me rend malheureux, l'autre indigne du jour.
Cher et cruel espoir d'une ame généreuse,
    Mais ensemble amoureuse,
Digne ennemi de mon plus grand bonheur [3],
    Fer qui causes ma peine,
M'es-tu donné pour venger mon honneur?
M'es-tu donné pour perdre ma Chimène?

    Il vaut mieux courir au trépas.
Je dois à ma maîtresse aussi bien qu'à mon père;
J'attire en me vengeant sa haine et sa colère [4];
J'attire ses mépris en ne me vengeant pas.

---

[1] Imit. Yo he de matar al padre de Ximena?

[2] Var. Illustre tyrannie, adorable contrainte,
    Par qui de ma raison la lumière est éteinte,
    A mon aveuglement rendez un peu de jour. (1644.)

[3] Var. Noble ennemi de mon plus grand bonheur,
    Qui fais toute ma peine. (1637-48.)

[4] Var. Qui venge cet affront irrite sa colère,
    Et qui peut le souffrir ne la mérite pas.
    Prévenons la douleur d'avoir failli contre elle,
    Qui nous seroit mortelle :
    Tout m'est fatal; rien ne me peut guérir,
    Ni soulager ma peine. (1637-48.)

160 LE CID.
A mon plus doux espoir l'un me rend infidèle,
　　Et l'autre indigne d'elle.
Mon mal augmente à le vouloir guérir;
　　Tout redouble ma peine.
Allons, mon ame; et puisqu'il faut mourir,
Mourons du moins sans offenser Chimène.

　　Mourir sans tirer ma raison ¹!
Rechercher un trépas si mortel à ma gloire!
Endurer que l'Espagne impute à ma mémoire
D'avoir mal soutenu l'honneur de ma maison!
Respecter un amour dont mon ame égarée
　　Voit la perte assurée!
N'écoutons plus ce penser suborneur,
　　Qui ne sert qu'à ma peine.
Allons, mon bras, sauvons du moins l'honneur ²,

¹ *Mourir sans tirer* MA *raison!* Corneille a employé plusieurs fois cette locution, ce qui prouve qu'elle était reçue à cette époque. Il a dit dans *Mélite*, acte II, scène III :

　　Il fut toujours permis de tirer *sa* raison.

Le silence de l'Académie est une seconde preuve de la rectitude de cette phrase. Aujourd'hui on supprime le pronom. *Tirer raison* est une phrase toute faite, consacrée par l'usage, et qu'il est impossible de modifier. (A.-M.)

² L'Académie avait approuvé *allons, mon ame*; et cependant Corneille le changea, et mit, *allons, mon bras*. On ne dirait aujourd'hui ni l'un ni l'autre. Ce n'est point un effet du caprice de la langue; c'est qu'on s'est accoutumé à mettre plus de vérité dans le langage. *Allons* signifie *marchons*; et ni un bras ni une ame ne marchent : d'ailleurs nous ne sommes plus dans un temps où l'on parle à son bras et à son ame. (V.) — Il n'y a rien de répréhensible dans ce vers, pas même l'apostrophe à *mon bras*, qui est assez motivée par le mouvement poétique d'une forte passion. *Allons*, quoi qu'en dise Voltaire, ne veut pas dire *marchons*; c'est

ACTE J, SCÈNE VI.

Puisque après tout il faut perdre Chimène.

    Oui, mon esprit s'étoit déçu.
Je dois tout à mon père avant qu'à ma maîtresse [1].
Que je meure au combat, ou meure de tristesse,
Je rendrai mon sang pur comme je l'ai reçu.
Je m'accuse déja de trop de négligence;
    Courons à la vengeance;
Et, tout honteux d'avoir tant balancé,
    [2] Ne soyons plus en peine
(Puisque aujourd'hui mon père est l'offensé)
Si l'offenseur est père de Chimène.

une exclamation telle que *age! euge!* dont la signification primitive s'est conservée seulement dans quelques phrases vulgaires, telles que celles-ci : *allons, taisez-vous! allons, tenez-vous tranquille!* ce qui ne peut pas signifier : *marchez, et taisez-vous; marchez, et tenez-vous tranquille.* (A.-M.)

    Var. Allons, mon bras, du moins sauvons l'honneur,
        Puisque aussi bien il faut perdre Chimène. (1637-48.)

[1] Var. Dois-je pas à mon père avant qu'à ma maîtresse? (1637-48.)

[2] Imit.   Habiendo sido
    Mi padre el ofendido,
    Poco importa que fuese
    El ofensor el padre de Ximena.

FIN DU PREMIER ACTE.

ACTE SECOND.

SCÈNE I.

D. ARIAS, LE COMTE.

LE COMTE.
¹ Je l'avoue entre nous, mon sang un peu trop chaud²
S'est trop ému d'un mot, et l'a porté trop haut.
Mais, puisque c'en est fait, le coup est sans remède.

D. ARIAS.
Qu'aux volontés du roi ce grand courage cède :
Il y prend grande part; et son cœur irrité
Agira contre vous de pleine autorité.
Aussi vous n'avez point de valable défense.
Le rang de l'offensé, la grandeur de l'offense,
Demandent des devoirs et des soumissions
Qui passent le commun des satisfactions.

LE COMTE.
Le roi peut, à son gré, disposer de ma vie³.

> ¹ IMIT. Confieso que fué locura,
> Mas no la quiero enmendar.
>
> ² VAR. Je l'avoue entre nous, quand je lui fis l'affront*,
> J'eus le sang un peu chaud, et le bras un peu prompt. (1637-48.)
>
> ³ VAR. Qu'il prenne donc ma vie; elle est en sa puissance.

* Corneille aurait dû corriger *je lui fis l'affront*, que l'Académie condamna comme une faute contre la langue. De plus, il fallait dire *cet affront*. Il mit à la place :
Je l'avoue entre nous, mon sang un peu trop chaud
S'est trop ému d'un mot, et l'a porté trop haut.
Un sang trop chaud qui le porte trop haut est bien pis qu'une faute contre la grammaire. (V.)

ACTE II, SCÈNE I.

D. ARIAS.

De trop d'emportement votre faute est suivie.
Le roi vous aime encore; apaisez son courroux :
Il a dit, Je le veux; désobéirez-vous?

LE COMTE.

Monsieur, pour conserver tout ce que j'ai d'estime [1],
Désobéir un peu n'est pas un si grand crime;
Et, quelque grand qu'il soit, mes services présents [2]
Pour le faire abolir sont plus que suffisants [3].

D. ARIAS.

Quoi qu'on fasse d'illustre et de considérable,
Jamais à son sujet un roi n'est redevable.
Vous vous flattez beaucoup, et vous devez savoir
Que qui sert bien son roi ne fait que son devoir.
[4] Vous vous perdrez, monsieur, sur cette confiance.

D. ARIAS.
Un peu moins de transport, et plus d'obéissance.
D'un prince qui vous aime apaisez le courroux. (1637-48.)

[1] Var. Monsieur, pour conserver ma gloire et mon estime. (1637-48.)

Estime est ici pour *bonne renommée*. On l'entendait alors dans ce sens, aussi ne fut-il blâmé par aucun critique du temps. (Voyez la note de *Nicomède*, acte II, scène II.) (A.-M.)

[2] Var. Et, quelque grand qu'il fût, mes services présents. (1637-48.)

[3] C'est ici qu'il y avait :

   Les satisfactions n'apaisent point une ame :
   Qui les reçoit a tort, qui les fait se diffame;
   Et de pareils accords l'effet le plus commun
   Est de déshonorer deux hommes au lieu d'un.

Ces vers parurent trop dangereux dans un temps où l'on punissait les duels qu'on ne pouvait arrêter, et Corneille les supprima. (V.) — On ne les trouve que dans les éditions de 1639 et 1644. (Lef....)

[4] Imit. Y con ella has de querer
         Perderte!

LE COMTE.
Je ne vous en croirai qu'après l'expérience.
D. ARIAS.
Vous devez redouter la puissance d'un roi.
LE COMTE.
¹ Un jour seul ne perd pas un homme tel que moi.
Que toute sa grandeur s'arme pour mon supplice,
² Tout l'état périra, s'il faut que je périsse ³.
D. ARIAS.
Quoi! vous craignez si peu le pouvoir souverain....
LE COMTE.
D'un sceptre qui sans moi tomberoit de sa main.
Il a trop d'intérêt lui-même en ma personne,
Et ma tête en tombant feroit choir sa couronne.
D. ARIAS.
Souffrez que la raison remette vos esprits.
Prenez un bon conseil.
LE COMTE.
　　　　Le conseil en est pris.
D. ARIAS.
Que lui dirai-je enfin? je lui dois rendre compte.
LE COMTE.
Que je ne puis du tout consentir à ma honte.
D. ARIAS.
Mais songez que les rois veulent être absolus.
LE COMTE.
Le sort en est jeté, monsieur; n'en parlons plus.

[1] IMIT.　　　Los hombres como yo
　　　　Tienen mucho que perder.
[2] IMIT. Ha de perderse Castilla
　　　　Antes que yo.
[3] VAR. Tout l'état périra plutôt que je périsse. (1637-48.)

ACTE II, SCÈNE II.

D. ARIAS.
Adieu donc, puisqu'en vain je tâche à vous résoudre.
Avec tous vos lauriers, craignez encor le foudre[1].

LE COMTE.
Je l'attendrai sans peur.

D. ARIAS.
    Mais non pas sans effet.

LE COMTE.
Nous verrons donc par-là don Diègue satisfait.
(Il est seul.)
Qui ne craint point la mort ne craint point les menaces[2].
J'ai le cœur au-dessus des plus fières disgraces ;
Et l'on peut me réduire à vivre sans bonheur,
Mais non pas me résoudre à vivre sans honneur.

SCÈNE II.

LE COMTE, D. RODRIGUE.

D. RODRIGUE.
A moi, comte, deux mots.

LE COMTE.
   Parle.

D. RODRIGUE.
    Ote-moi d'un doute.
[3] Connois-tu bien don Diègue ?

---

[1] Var. Tout couvert de lauriers, craignez encor la foudre. (1637-48.)

[2] Var. Je m'étonne fort peu de menaces pareilles.
 Dans les plus grands périls je fais plus de merveilles ;
 Et, quand l'honneur y va, les plus cruels trépas,
 Présentés à mes yeux, ne m'ébranleroient pas. (1637-48.)

[3] Imit. Aquel viejo que está allí,
  Sabes quién es ?

LE COMTE.
Oui.

D. RODRIGUE.
¹ Parlons bas ; écoute.
² Sais-tu que ce vieillard fut la même vertu⁵,
La vaillance et l'honneur de son temps ? le sais-tu ?

LE COMTE.
⁴ Peut-être.

D. RODRIGUE.
⁵ Cette ardeur que dans les yeux je porte,
Sais-tu que c'est son sang ? le sais-tu ?

LE COMTE.
⁶ Que m'importe?

D. RODRIGUE.
⁷ A quatre pas d'ici je te le fais savoir ⁸.

¹ Imit. Habla baxo ; escucha.

² Imit. No sabes que fué despojos
De honra y valor ?

⁵ *Même*. Ce mot, dans le sens de *ipse*, se mettait indistinctement avant ou après le nom. Observons de plus qu'ici *vertu* est employé pour *vaillance*, comme *virtus* en latin. Certes, voilà des observations bien insignifiantes à propos d'un dialogue si fier, si rapide et si émouvant. (A.-M.)

⁴ Imit. Sí seria.

⁵ Imit. Y que es sangre suya y mia
La que yo tengo en el ojos ?
Sabes?

⁶ Imit. Y el saberlo
Qué ha de importar ?

⁷ Imit. Si vamos á otro lugar,
Sabrás lo mucho que importa.

⁸ Dans Guillem de Castro, Rodrigue au moment d'aborder le comte voit d'un côté son père qui l'excite du geste, et de l'autre Chimène, dont les regards expriment les plus vives

ACTE II, SCÈNE II.

LE COMTE.

Jeune présomptueux.

D. RODRIGUE.

Parle sans t'émouvoir.
Je suis jeune, il est vrai; mais aux ames bien nées
La valeur n'attend point le nombre des années [1].

LE COMTE.

Te mesurer à moi! qui t'a rendu si vain [2],
Toi, qu'on n'a jamais vu les armes à la main?

alarmes. L'honneur l'emporte, il aborde son ennemi. « Qui es-tu? lui dit le comte. — A deux pas d'ici je te le dirai. — Que veux-tu? — Te parler. Ce vieillard qui nous regarde, le connais-tu? — Je le connais; pourquoi le demander? — Pourquoi? Parlons bas; écoute. Sais-tu qu'il fut l'honneur et le courage même? — Il le fut. — Et que le sang qui brille dans mes yeux, que mon sang est le sien; le sais-tu? — Je le sais. » Ce dialogue est beau : Corneille en a emprunté les principaux traits, mais en transportant à la fin le premier de ces traits : *A deux pas d'ici je te le dirai.* Dans l'auteur espagnol, ce mot est dit trop tôt; dans l'auteur français, il a quelque chose d'émouvant; c'est le défi prononcé, et après ce mot il n'y a plus pour les adversaires que le combat. (A.-M.)

[1] Dans la pièce de Diamante, Rodrigue propose au comte de se battre à la campagne ou dans la ville, de nuit ou de jour, au soleil ou à l'ombre, avec plastron ou sans plastron, à pied ou à cheval, à l'épée ou à la lance. Ah, le plaisant bouffon! répond le comte.

RODRIGUE.

En campaña, en poblado,
De noche, de dia, al cielo
Claro, ó á la sombra obscura,
A cavallo, á pie, con peto,
O sin él, á espada, ó lança.

LE COMTE.

Que bueno
Pues me retais! que gracioso mozuelo! (V.)

[2] Var. Mais l'attaquer à moi! qui t'a rendu si vain? (1637-48.)

D. RODRIGUE.

Mes pareils à deux fois ne se font point connestre,
Et pour leurs coups d'essai veulent des coups de maître[1].

LE COMTE.

Sais-tu bien qui je suis?

D. RODRIGUE.

Oui; tout autre que moi
Au seul bruit de ton nom pourroit trembler d'effroi.
Les palmes dont je vois ta tête si couverte[2]
Semblent porter écrit le destin de ma perte.
J'attaque en téméraire un bras toujours vainqueur;
Mais j'aurai trop de force ayant assez de cœur.
A qui venge son père il n'est rien d'impossible[3].
Ton bras est invaincu, mais non pas invincible[4].

[1] *Coups d'essai*, *coups de maître*, termes familiers qu'on ne doit jamais employer dans le tragique; de plus, ce n'est qu'une répétition froide de ce beau vers :

La valeur n'attend pas le nombre des années.

Scudéry censurait des beautés, et ne vit pas ce défaut. (V.) — Ce vers ne répète pas le vers précédent, il en complète l'idée. Dans le premier, le jeune homme est seul avec son courage; dans le second, il se pose en face de son adversaire, il reconnaît que le vaincre serait un coup de maître. Cette expression est familière sans doute, mais de cette familiarité vigoureuse qui convient à la situation; elle ne choque pas le spectateur, à qui elle serait venue comme elle est venue à Rodrigue, et c'est là sans doute le chef-d'œuvre du naturel : les vers les plus élégants auraient dit moins, et surtout moins bien. Ce qui le prouve, c'est que l'émotion est portée ici au plus haut degré. (A.-M.)

[2] Var. Mille et mille lauriers dont ta tête est couverte. (1637-48.)

[3] Var. A qui venge son père il n'est rien impossible. (1637-48.)

[4] Ce mot *invaincu* n'a point été employé par les autres écrivains; je n'en vois aucune raison : il signifie autre chose qu'*indompté*. Un pays est *indompté*; un guerrier est *invaincu*. Corneille

ACTE II, SCÈNE II.

LE COMTE.

Ce grand cœur qui paroît aux discours que tu tiens,
Par tes yeux, chaque jour, se découvroit aux miens ;
Et croyant voir en toi l'honneur de la Castille,
Mon ame avec plaisir te destinoit ma fille.
Je sais ta passion, et suis ravi de voir
Que tous ses mouvements cèdent à ton devoir ;
Qu'ils n'ont point affoibli cette ardeur magnanime ;
Que ta haute vertu répond à mon estime ;
Et que, voulant pour gendre un cavalier parfait [1],
Je ne me trompois point au choix que j'avois fait.
Mais je sens que pour toi ma pitié s'intéresse :
J'admire ton courage, et je plains ta jeunesse.
Ne cherche point à faire un coup d'essai fatal ;
Dispense ma valeur d'un combat inégal ;
Trop peu d'honneur pour moi suivroit cette victoire :
A vaincre sans péril, on triomphe sans gloire [2].

l'a encore employé dans *les Horaces*. Il y a un dictionnaire d'orthographe où il est dit qu'*invaincu* est un barbarisme. Non ; c'est un terme hasardé et nécessaire. Il y a deux sortes de barbarismes, celui des mots et celui des phrases. *Égaliser les fortunes,* pour *égaler les fortunes; au parfait,* au lieu de *parfaitement; éduquer,* pour *donner de l'éducation, élever;* voilà des barbarismes de mots. *Je crois de bien faire,* au lieu de *je crois bien faire; encenser aux dieux,* pour *encenser les dieux; je vous aime tout ce qu'on peut aimer :* voilà des barbarismes de phrases. (V.) — *Invaincu* est de Ronsard. L'ancienne Académie ne l'admettait qu'en opposition à *invincible*. Richelet dit qu'il n'est pas bien établi. Voltaire le déclare très bon, et l'Académie actuelle avertit qu'il est du style soutenu. Mais ces jugements si divers n'ont pu assurer sa fortune, et aujourd'hui même il est peu employé. (A.-M.)

[1] Var. Et que, voulant pour gendre un chevalier parfait. (1637-44.)
[2] Ce beau vers, si souvent cité, est une traduction de Sénèque :
   Qui sine periculo sine gloria vincit. (A.-M.)

On te croiroit toujours abattu sans effort ;
Et j'aurois seulement le regret de ta mort.

D. RODRIGUE.

D'une indigne pitié ton audace est suivie :
Qui m'ose ôter l'honneur craint de m'ôter la vie !

LE COMTE.

Retire-toi d'ici.

D. RODRIGUE.

Marchons sans discourir.

LE COMTE.

Es-tu si las de vivre?

D. RODRIGUE.

As-tu peur de mourir [1]?

LE COMTE.

Viens, tu fais ton devoir, et le fils dégénère
Qui survit un moment à l'honneur de son père.

SCÈNE III.

L'INFANTE, CHIMÈNE, LEONOR.

L'INFANTE.

Apaise, ma Chimène, apaise ta douleur ;
Fais agir ta constance en ce coup de malheur :
Tu reverras le calme après ce foible orage ;

---

[1] Cette scène, aussi bien finie que commencée, fut la première qui manifesta la vigueur de Corneille dans le dialogue. Ses autres chefs-d'œuvre excellent dans cette partie de l'art. On apprend à épurer le dialogue chez Racine, à le presser dans Voltaire, mais non à l'enflammer de cette divine inspiration qui étonne, enlève et terrasse, selon qu'il faut transporter ou consterner les auditeurs. Cela n'appartient qu'à Corneille. (LEMERCIER.)

ACTE II, SCÈNE III.

Ton bonheur n'est couvert que d'un peu de nuage [1],
Et tu n'as rien perdu pour le voir différer.

CHIMÈNE.

Mon cœur outré d'ennuis n'ose rien espérer.
Un orage si prompt qui trouble une bonace [2]
D'un naufrage certain nous porte la menace;
Je n'en saurois douter, je péris dans le port.
J'aimois, j'étois aimée, et nos pères d'accord;
Et je vous en contois la charmante nouvelle [3],
Au malheureux moment que naissoit leur querelle,
Dont le récit fatal, sitôt qu'on vous l'a fait,
D'une si douce attente a ruiné l'effet.
Maudite ambition, détestable manie,
Dont les plus généreux souffrent la tyrannie,
Honneur impitoyable à mes plus chers desirs [4],
Que tu me vas coûter de pleurs et de soupirs!

L'INFANTE.

Tu n'as dans leur querelle aucun sujet de craindre,
Un moment l'a fait naître, un moment va l'éteindre :
Elle a fait trop de bruit pour ne pas s'accorder,
Puisque déja le roi les veut accommoder;
Et tu sais que mon ame, à tes ennuis sensible [5],

---

[1] Var. Ton bonheur n'est couvert que d'un petit nuage. (1637-48.)

[2] *Bonace* est un terme de marine, et signifie le calme plat qui précède souvent la tempête. Ce mot ne saurait donc exprimer le bonheur, puisqu'il se prend toujours en mauvaise part. La phrase *outré d'ennuis*, qui précède, n'a pas été consacrée par l'usage. On dit : *outré de colère*, on ne dit pas : *outré d'ennui*. Rien de plus capricieux que les langues. (A.-M.)

[3] Var. Et je vous en contois la première nouvelle. (1637-48.)

[4] Var. Impitoyable honneur, mortel à mes plaisirs. (1637-48.)

[5] Var. Et, de ma part, mon ame, à tes ennuis sensible. (1637-48.)

Pour en tarir la source y fera l'impossible [1].
CHIMÈNE.
Les accommodements ne font rien en ce point :
De si mortels affronts ne se réparent point [2].
En vain on fait agir la force ou la prudence;
Si l'on guérit le mal, ce n'est qu'en apparence :
La haine que les cœurs conservent au-dedans
Nourrit des feux cachés, mais d'autant plus ardents.
L'INFANTE.
Le saint nœud qui joindra don Rodrigue et Chimène
Des pères ennemis dissipera la haine;
Et nous verrons bientôt votre amour le plus fort
Par un heureux hymen étouffer ce discord.
CHIMÈNE.
Je le souhaite ainsi plus que je ne l'espère :
Don Diègue est trop altier, et je connois mon père.
Je sens couler des pleurs que je veux retenir;
Le passé me tourmente, et je crains l'avenir.
L'INFANTE.
Que crains-tu? d'un vieillard l'impuissante foiblesse?
CHIMÈNE.
Rodrigue a du courage.
L'INFANTE.
Il a trop de jeunesse.
CHIMÈNE.
Les hommes valeureux le sont du premier coup.

[1] *Faire l'impossible* est une phrase toute faite et du style familier; mais dans la situation elle ne choque pas, parcequ'elle exprime un sentiment de bienveillance qui est dans l'ame des spectateurs. (A.-M.)

[2] VAR. Les affronts à l'honneur ne se réparent point. (1637-48.)

ACTE II, SCÈNE III.

L'INFANTE.

Tu ne dois pas pourtant le redouter beaucoup ;
Il est trop amoureux pour te vouloir déplaire ;
Et deux mots de ta bouche arrêtent sa colère.

CHIMÈNE.

S'il ne m'obéit point, quel comble à mon ennui !
Et, s'il peut m'obéir, que dira-t-on de lui [1] ?
Étant né ce qu'il est, souffrir un tel outrage [2] ?
Soit qu'il cède ou résiste au feu qui me l'engage,
Mon esprit ne peut qu'être ou honteux, ou confus,
De son trop de respect, ou d'un juste refus.

L'INFANTE.

Chimène a l'ame haute, et, quoique intéressée [3],
Elle ne peut souffrir une basse pensée :
Mais, si jusques au jour de l'accommodement
Je fais mon prisonnier de ce parfait amant,
Et que j'empêche ainsi l'effet de son courage,
Ton esprit amoureux n'aura-t-il point d'ombrage ?

CHIMÈNE.

Ah, madame ! en ce cas je n'ai plus de souci.

---

[1] Que ces vers peignent bien le cœur d'une femme qui tremble pour son amant, et qui pourtant aimerait mieux le voir mort que de le voir déshonoré !

Étant né ce qu'il est, souffrir un tel outrage !

On sent déjà que Chimène mépriserait Rodrigue, si Rodrigue n'obéissait à l'honneur. La suppression du rôle de l'Infante entraîne la suppression de tous ces détails si tragiques, et si nécessaires à l'action. Il devrait être défendu aux comédiens de mutiler ainsi les chefs-d'œuvre de notre scène. (A.-M.)

[2] VAR. Souffrir un tel affront, étant né gentilhomme !
Soit qu'il cède ou résiste au feu qui le consomme. (1637-44.)

[3] VAR. Chimène est généreuse, et, quoique intéressée,
Elle ne peut souffrir une lâche pensée. (1637-48.)

SCÈNE IV.

L'INFANTE, CHIMÈNE, LÉONOR, LE PAGE.

L'INFANTE.
Page, cherchez Rodrigue, et l'amenez ici.
LE PAGE.
Le comte de Gormas et lui....
CHIMÈNE.
Bon Dieu! je tremble.
L'INFANTE.
Parlez.
LE PAGE.
De ce palais ils sont sortis ensemble.
CHIMÈNE.
Seuls?
LE PAGE.
Seuls, et qui sembloient tout bas se quereller.
CHIMÈNE.
Sans doute ils sont aux mains, il n'en faut plus parler.
Madame, pardonnez à cette promptitude.

SCÈNE V.

L'INFANTE, LÉONOR.

L'INFANTE.
Hélas! que dans l'esprit je sens d'inquiétude!
Je pleure ses malheurs, son amant me ravit;
Mon repos m'abandonne, et ma flamme revit.
Ce qui va séparer Rodrigue de Chimène

ACTE II, SCÈNE V.

Fait renaître à-la-fois mon espoir et ma peine [1];
Et leur division, que je vois à regret,
Dans mon esprit charmé jette un plaisir secret.

LÉONOR.

Cette haute vertu qui règne dans votre ame
Se rend-elle sitôt à cette lâche flamme?

L'INFANTE.

Ne la nomme point lâche, à présent que chez moi
Pompeuse et triomphante elle me fait la loi;
Porte-lui du respect, puisqu'elle m'est si chère.
Ma vertu la combat, mais, malgré moi, j'espère;
Et d'un si fol espoir mon cœur mal défendu
Vole après un amant que Chimène a perdu.

LÉONOR.

Vous laissez choir ainsi ce glorieux courage,
Et la raison chez vous perd ainsi son usage [2]?

L'INFANTE.

Ah! qu'avec peu d'effet on entend la raison,
Quand le cœur est atteint d'un si charmant poison!
Et lorsque le malade aime sa maladie [3],
Qu'il a peine à souffrir que l'on y remédie!

---

[1] Var. Avecque mon espoir fait renaître ma peine. (1637-44.)

[2] On dit bien d'une personne qu'elle perd l'usage de sa raison; mais la raison qui perd l'usage de *sa* raison, cela n'est pas supportable. Comment l'Académie n'a-t-elle pas signalé cette faute? (A.-M.)

[3] Var. Alors* que le malade aime sa maladie,
    Il ne peut plus souffrir que l'on y remédie. (1637-44.)

Voilà de ces vers que la critique laisserait passer dans une comédie, en faveur de la vérité des sentiments qu'ils expriment; mais un langage si recherché ne devait pas trouver place dans le *Cid*. (A.-M.)

* Var. Sitôt. (1648.)

LÉONOR.

Votre espoir vous séduit, votre mal vous est doux ;
Mais enfin ce Rodrigue est indigne de vous [1].

L'INFANTE.

Je ne le sais que trop ; mais, si ma vertu cède,
Apprends comme l'amour flatte un cœur qu'il possède.
 Si Rodrigue une fois sort vainqueur du combat,
Si dessous sa valeur ce grand guerrier s'abat,
Je puis en faire cas, je puis l'aimer sans honte.
Que ne fera-t-il point, s'il peut vaincre le comte?
J'ose m'imaginer qu'à ses moindres exploits
Les royaumes entiers tomberont sous ses lois ;
Et mon amour flatteur déjà me persuade
Que je le vois assis au trône de Grenade,
Les Maures subjugués trembler en l'adorant,
L'Aragon recevoir ce nouveau conquérant,
Le Portugal se rendre, et ses nobles journées
Porter delà les mers ses hautes destinées ;
Du sang des Africains arroser ses lauriers [2] ;
Enfin, tout ce qu'on dit des plus fameux guerriers,
Je l'attends de Rodrigue après cette victoire,
Et fais de son amour un sujet de ma gloire [3].

LÉONOR.

Mais, madame, voyez où vous portez son bras,
Ensuite d'un combat qui peut-être n'est pas.

L'INFANTE.

Rodrigue est offensé, le comte a fait l'outrage ;
Ils sont sortis ensemble, en faut-il davantage ?

---

[1] VAR. Mais toujours ce Rodrigue est indigne de vous. (1637-48.)

[2] VAR. Au milieu de l'Afrique arborer ses lauriers. (1637-48.)

[3] On écrirait aujourd'hui : et *fais de son amour un sujet de gloire*, ou *le sujet de ma gloire*. (A.-M.)

ACTE II, SCÈNE VI.

LÉONOR.

Eh bien! ils se battront, puisque vous le voulez [1];
Mais Rodrigue ira-t-il si loin que vous allez?

L'INFANTE.

Que veux-tu? je suis folle, et mon esprit s'égare;
Tu vois par-là quels maux cet amour me prépare [2].
Viens dans mon cabinet consoler mes ennuis;
Et ne me quitte point dans le trouble où je suis.

SCÈNE VI.

D. FERNAND, D. ARIAS, D. SANCHE.

D. FERNAND.

Le comte est donc si vain et si peu raisonnable!
Ose-t-il croire encor son crime pardonnable?

D. ARIAS.

Je l'ai de votre part long-temps entretenu,
J'ai fait mon pouvoir, sire, et n'ai rien obtenu.

D. FERNAND.

Justes cieux! ainsi donc un sujet téméraire
A si peu de respect et de soin de me plaire!
Il offense don Diègue, et méprise son roi!
Au milieu de ma cour il me donne la loi!
Qu'il soit brave guerrier, qu'il soit grand capitaine,
Je saurai bien rabattre une humeur si hautaine [3];
Fût-il la valeur même, et le dieu des combats,
Il verra ce que c'est que de n'obéir pas.

---

[1] VAR. Je veux que ce combat demeure pour certain,
   Votre esprit va-t-il point bien vite pour sa main? (1637-48.)

[2] VAR. Mais c'est le moindre mal que l'amour me prépare. (1637-48.)

[3] VAR. Je lui rabattrai bien cette humeur si hautaine. (1637-48.)

Quoi qu'ait pu mériter une telle insolence [1],
Je l'ai voulu d'abord traiter sans violence;
Mais, puisqu'il en abuse, allez dès aujourd'hui [2],
Soit qu'il résiste, ou non, vous assurer de lui.

D. SANCHE.

Peut-être un peu de temps le rendroit moins rebelle;
On l'a pris tout bouillant encor de sa querelle;
Sire, dans la chaleur d'un premier mouvement,
Un cœur si généreux se rend malaisément.
Il voit bien qu'il a tort, mais une ame si haute [3]
N'est pas sitôt réduite à confesser sa faute.

D. FERNAND.

Don Sanche, taisez-vous, et soyez averti [4]
Qu'on se rend criminel à prendre son parti.

D. SANCHE.

J'obéis, et me tais; mais, de grace encor, sire,
Deux mots en sa défense.

D. FERNAND.

    Et que pourrez-vous dire?

---

[1] Var. Je sais trop comme il faut dompter cette insolence. (1637-48.)

[2] *Puisqu'il en abuse.* Abuse de quoi? Sans doute de sa bonté, ou, en d'autres termes, de ce qu'il a voulu le traiter sans violence. La phrase ne dit pas cela, et devrait le dire. (A.-M.)

[3] Var. On voit bien qu'on a tort; mais une ame si haute. (1637-48.)

[4] Cette scène paraît presque aussi inutile que celle de l'infante; elle avilit d'ailleurs le roi. (V.) — Cette scène, loin d'être inutile, annonce le caractère audacieux et la confiance présomptueuse du jeune don Sanche, qui se flatte, comme on le verra dans le cours de la pièce, non seulement de venger le comte de Gormas, mais de disputer Chimène à Rodrigue. (P.) — Cette scène est encore indispensable pour préparer l'esprit des spectateurs à la descente des Maures, qu'on apprend dans l'acte suivant. (Par.)

ACTE II, SCÈNE VI.

D. SANCHE.

Qu'une ame accoutumée aux grandes actions
Ne se peut abaisser à des soumissions :
Elle n'en conçoit point qui s'expliquent sans honte;
Et c'est à ce mot seul qu'a résisté le comte [1].
Il trouve en son devoir un peu trop de rigueur,
Et vous obéiroit, s'il avoit moins de cœur.
Commandez que son bras, nourri dans les alarmes,
Répare cette injure à la pointe des armes;
Il satisfera, sire; et vienne qui voudra,
Attendant qu'il l'ait su, voici qui répondra [2].

D. FERNAND.

Vous perdez le respect : mais je pardonne à l'âge,
Et j'excuse l'ardeur en un jeune courage [3].
  Un roi dont la prudence a de meilleurs objets
Est meilleur ménager du sang de ses sujets :
Je veille pour les miens, mes soucis les conservent,
Comme le chef a soin des membres qui le servent.
Ainsi votre raison n'est pas raison pour moi;
Vous parlez en soldat, je dois agir en roi;
Et, quoi qu'on veuille dire, et quoi qu'il ose croire [4],
Le comte à m'obéir ne peut perdre sa gloire.
D'ailleurs, l'affront me touche; il a perdu d'honneur
Celui que de mon fils j'ai fait le gouverneur;

---

[1] Var. Et c'est contre ce mot qu'a résisté le comte. (1637-48.)

[2] *Et vienne qui voudra, attendant qu'il l'ait su,* est obscur. Il paraît que don Sanche propose de soutenir la querelle du comte les armes à la main, *en attendant que le comte apprenne l'ordre du roi.* Tout cela est bien étrange, et aurait besoin d'être expliqué plus clairement. (A.-M.)

[3] Var. Et j'estime l'ardeur en un jeune courage. (1637-48.)

[4] Var. Et, quoi qu'il faille dire, et quoi qu'il veuille croire. (1637-48.)

180 LE CID.

S'attaquer à mon choix, c'est se prendre à moi-même[1],
Et faire un attentat sur le pouvoir suprême.
N'en parlons plus. Au reste, on a vu dix vaisseaux[2]

[1] Var. Et, par ce trait hardi d'une insolence extrême,
Il s'est pris à mon choix, il s'est pris à moi-même :
C'est moi qu'il satisfait en réparant ce tort.
N'en parlons plus. Au reste, on nous menace fort ;
Sur un avis reçu, je crains une surprise.

D. ARIAS.

Les Maures contre vous font-ils quelque entreprise ?
S'osent-ils préparer à des efforts nouveaux ?

LE ROI.

Vers la bouche du fleuve on a vu leurs vaisseaux ;
Et vous n'ignorez pas qu'avec fort peu de peine,
Un flux de pleine mer jusqu'ici les amène.

D. ARIAS.

Tant de combats perdus leur ont ôté le cœur
D'attaquer désormais un si puissant vainqueur.

LE ROI.

N'importe, ils ne sauroient qu'avecque jalousie
Voir mon sceptre aujourd'hui régir l'Andalousie ;
Et ce pays si beau, que j'ai conquis sur eux,
Réveille à tous moments leurs desseins généreux. (1637-48.)

[2] N'est-ce point un grand défaut de parler avec tant d'indifférence du danger de l'état ? N'aurait-il pas été plus intéressant et plus noble de commencer par montrer une grande inquiétude de l'approche des Maures, et un embarras non moins grand d'être obligé de punir dans le comte le seul homme dont il espérait des services utiles dans cette conjoncture ? N'eût-ce pas même été un coup de théâtre que, dans le temps où le roi eût dit, *je n'ai d'espérance que dans le comte*, on lui fût venu dire, *le comte est mort?* Cette idée même n'eût-elle pas donné un nouveau prix au service que rend ensuite Rodrigue, en faisant plus qu'on n'espérait du comte ? — Il faut observer encore qu'*au reste* signifie *quant à ce qui reste* : il ne s'emploie que pour les choses dont on a déjà parlé, et dont on a omis quelque point dont on veut traiter : *Je veux que le comte fasse satisfaction ; au reste, je souhaite que cette querelle puisse ne pas rendre les deux maisons éternellement ennemies*. Mais quand on

ACTE II, SCENE VI.

De nos vieux ennemis arborer les drapeaux ;
Vers la bouche du fleuve ils ont osé paroître.

D. ARIAS.

Les Maures ont appris par force à vous connoître,
Et, tant de fois vaincus, ils ont perdu le cœur
De se plus hasarder contre un si grand vainqueur.

D. FERNAND.

Ils ne verront jamais, sans quelque jalousie,
Mon sceptre, en dépit d'eux, régir l'Andalousie ;
Et ce pays si beau, qu'ils ont trop possédé,
Avec un œil d'envie est toujours regardé.
C'est l'unique raison qui m'a fait dans Séville
Placer, depuis dix ans, le trône de Castille,
Pour les voir de plus près, et d'un ordre plus prompt
Renverser aussitôt ce qu'ils entreprendront.

D. ARIAS.

Ils savent aux dépens de leurs plus dignes têtes [1]
Combien votre présence assure vos conquêtes ;
Vous n'avez rien à craindre.

D. FERNAND.

Et rien à négliger.
Le trop de confiance attire le danger ;
Et vous n'ignorez pas qu'avec fort peu de peine [2]
Un flux de pleine mer jusqu'ici les amène.
Toutefois j'aurois tort de jeter dans les cœurs,
L'avis étant mal sûr, de paniques terreurs.
L'effroi que produiroit cette alarme inutile,

passe d'un sujet à un autre, il faut *cependant*, ou quelque autre transition. (**V.**)

[1] Var. Sire, ils ont trop appris aux dépens de leurs têtes. (1637-48.)

[2] Var. Et le même ennemi que l'on vient de détruire,
  S'il sait prendre son temps, est capable de nuire. (1637-48.)

Dans la nuit qui survient troubleroit trop la ville :
Faites doubler la garde aux murs et sur le port [1],
C'est assez pour ce soir [2].

SCÈNE VII.

D. FERNAND, D. ALONSE, D. SANCHE, D. ARIAS.

D. ALONSE.

Sire, le comte est mort.
Don Diègue, par son fils, a vengé son offense.

D. FERNAND.

Dès que j'ai su l'affront, j'ai prévu la vengeance,
Et j'ai voulu dès-lors prévenir ce malheur.

D. ALONSE.

Chimène à vos genoux apporte sa douleur ;
Elle vient tout en pleurs vous demander justice.

D. FERNAND.

Bien qu'à ses déplaisirs mon ame compatisse,
Ce que le comte a fait semble avoir mérité
Ce digne châtiment de sa témérité [4].

---

[1] Var. Puisqu'on fait bonne garde aux murs et sur le port,
Il suffit pour ce soir. (1637-48.)

[2] Le roi a grand tort de dire, *C'est assez pour ce soir*, puisqu'en effet les Maures font leur descente le soir même, et que, sans le Cid, la ville était prise. On demande s'il est permis de mettre sur la scène un prince qui prend si mal ses mesures. Je ne le crois pas; la raison en est qu'un personnage avili ne peut jamais plaire. (V.)

[3] Imit. Como la ofensa sabía,
Luego caí en la venganza.

[4] Var. Ce juste châtiment de sa témérité (1637-48.)

Quelque juste pourtant que puisse être sa peine,
Je ne puis sans regret perdre un tel capitaine.
Après un long service à mon état rendu,
Après son sang pour moi mille fois répandu,
A quelques sentiments que son orgueil m'oblige,
Sa perte m'affoiblit, et son trépas m'afflige.

SCÈNE VIII.

D. FERNAND, D. DIÈGUE, CHIMÈNE, D. SANCHE, D. ARIAS, D. ALONSE.

CHIMÈNE.

¹ Sire, sire, justice ².

D. DIÈGUE.

Ah! sire, écoutez-nous.

CHIMÈNE.

³ Je me jette à vos pieds.

D. DIÈGUE.

⁴ J'embrasse vos genoux.

---

¹ Imit. Justicia, justicia pido.

² Voyez comme dès ce moment les défauts précédents disparaissent. Quelle beauté dans le poëte espagnol et dans son imitateur! Le premier mot de Chimène est de demander justice contre un homme qu'elle adore : c'est peut-être la plus belle des situations. Quand, dans l'amour, il ne s'agit que de l'amour, cette passion n'est pas tragique. Monime aimera-t-elle Xipharès ou Pharnace? Antiochus épousera-t-il Bérénice? bien des gens répondent *Que m'importe?* Mais Chimène fera-t-elle couler le sang du Cid? Qui l'emportera d'elle ou de don Diègue? tous les esprits sont en suspens, tous les cœurs sont émus. (V.)

³ Imit. Rey, á tus pies he llegado.

⁴ Imit. Rey, á tus pies he venido.

CHIMÈNE.

Je demande justice.

D. DIÈGUE.

Entendez ma défense.

CHIMÈNE.

D'un jeune audacieux punissez l'insolence [1] ;
Il a de votre sceptre abattu le soutien,
[2] Il a tué mon père.

D. DIÈGUE.

Il a vengé le sien.

CHIMÈNE.

[3] Au sang de ses sujets un roi doit la justice.

D. DIÈGUE.

[4] Pour la juste vengeance il n'est point de supplice [5].

D. FERNAND.

Levez-vous l'un et l'autre, et parlez à loisir.
Chimène, je prends part à votre déplaisir;
D'une égale douleur je sens mon ame atteinte.

(à D. Diègue.)

Vous parlerez après; ne troublez pas sa plainte.

---

[1] Var.

CHIMÈNE.

Vengez-moi d'une mort....

D. DIÈGUE.

Qui punit l'insolence.

CHIMÈNE.

Rodrigue, sire....

D. DIÈGUE.

A fait un coup d'homme de bien.

CHIMÈNE.

Il a tué mon père. (1637-48.)

[2] Imit. Señor, á mi padre han muerto.

[3] Imit. Habrá en los reyes justicia.

[4] Imit. Justa venganza he tomado.

Var. Une vengeance juste est sans peur du supplice. (1637-48.)

ACTE II, SCÈNE VIII.

CHIMÈNE.

Sire, mon père est mort[1]; mes yeux ont vu son sang
Couler à gros bouillons de son généreux flanc;
Ce sang qui tant de fois garantit vos murailles,
Ce sang qui tant de fois vous gagna des batailles,
Ce sang qui tout sorti fume encor de courroux[2]
De se voir répandu pour d'autres que pour vous,
Qu'au milieu des hasards n'osoit verser la guerre,
Rodrigue en votre cour vient d'en couvrir la terre[3].
[4]J'ai couru sur le lieu, sans force et sans couleur[5];
Je l'ai trouvé sans vie. Excusez ma douleur,
Sire; la voix me manque à ce récit funeste;
Mes pleurs et mes soupirs vous diront mieux le reste.

D. FERNAND.

Prends courage, ma fille, et sache qu'aujourd'hui
Ton roi te veut servir de père au lieu de lui.

[1] IMIT. Yo ví con mis propios ojos
Teñido el luciente acero.

[2] Scudéry ne reprit point ces hyperboles poétiques qui, n'étant point dans la nature, affaiblissent le pathétique de ce discours. C'est le poëte qui dit que ce *sang fume de courroux*; ce n'est pas assurément Chimène : on ne parle pas ainsi d'un père mourant. Scudéry, beaucoup plus accoutumé que Corneille à ces figures outrées et puériles, ne remarqua pas même en autrui, tout éclairé qu'il était par l'envie, une faute qu'il ne sentait pas dans lui-même. (V.)

[3] Les quatre vers suivants ont été supprimés par Corneille :

Et, pour son coup d'essai, son indigne attentat
D'un si ferme soutien a privé votre état,
De vos meilleurs soldats abattu l'assurance,
Et de vos ennemis relevé l'espérance. (1637-48.)

[4] IMIT. Yo llegué casi sin vida.

[5] VAR. J'arrivai sur le lieu, sans force et sans couleur;
Je le trouvai sans vie. (1637-48.)

186   LE CID.
                    CHIMÈNE.
Sire, de trop d'honneur ma misère est suivie.
Je vous l'ai déja dit, je l'ai trouvé sans vie¹;
Son flanc étoit ouvert; et, pour mieux m'émouvoir²,
⁵ Son sang sur la poussière écrivoit mon devoir⁴;
Ou plutôt sa valeur en cet état réduite
⁵ Me parloit par sa plaie, et hâtoit ma poursuite;
Et, pour se faire entendre au plus juste des rois,
Par cette triste bouche elle empruntoit ma voix.
  Sire, ne souffrez pas que sous votre puissance

> ¹ Var. J'arrivai donc sans force, et le trouvai sans vie;
>   Il ne me parla point*; mais, pour mieux m'émouvoir. (1637-48.)
> ² Les connaisseurs sentent qu'il ne fallait pas même que Chimène dit, *pour mieux m'émouvoir*. Elle doit être si émue, qu'il ne faut pas qu'elle prête aux choses inanimées le dessein de la toucher. (V.)
>   ³ Imit. Escribió en este papel
>   Con sangre mi obligacion.
>   ⁴ L'espagnol dit, *parlait par sa plaie :* vous voyez que ces figures recherchées sont dans l'original espagnol. C'était l'esprit du temps; c'était le faux brillant du Marini et de tous les auteurs. (V.)—Le principal défaut de ces vers et des précédents est de trop montrer le poëte aux dépens du personnage; mais aussi quel poëte! L'Académie n'osa condamner ce passage. Voltaire avait sans doute le droit d'être difficile; mais ne l'était-il pas trop en cette occasion? *Un sang qui gagne des batailles, qui fume de courroux, qui écrit un devoir sur la poussière*, sont des hardiesses poétiques qui trouvent leur excuse dans le caractère espagnol, et dans la forte passion qui les inspire. (A.-M.)
>   ⁵ Imit.   Me habló
>   Por la boca de la herida.

* Puisqu'il était mort, il n'est pas bien surprenant qu'il n'ait point parlé. Ce sont là de ces inadvertances qui échappent dans la chaleur de la composition, et auxquelles les ennemis de l'auteur, et même les indifférents, ne manquent pas de donner du ridicule. (V.)

ACTE II, SCÈNE VIII.   187

Règne devant vos yeux une telle licence ;
Que les plus valeureux, avec impunité,
Soient exposés aux coups de la témérité ;
Qu'un jeune audacieux triomphe de leur gloire,
Se baigne dans leur sang, et brave leur mémoire.
Un si vaillant guerrier qu'on vient de vous ravir
Éteint, s'il n'est vengé, l'ardeur de vous servir.
Enfin mon père est mort, j'en demande vengeance,
Plus pour votre intérêt que pour mon allégeance[1].
Vous perdez en la mort d'un homme de son rang ;
Vengez-la par une autre, et le sang par le sang.
Immolez, non à moi, mais à votre couronne[2],
Mais à votre grandeur, mais à votre personne ;
Immolez, dis-je, sire, au bien de tout l'état
Tout ce qu'enorgueillit un si grand attentat.

D. FERNAND.

Don Diègue, répondez.

D. DIÈGUE.

Qu'on est digne d'envie

---

[1] *Allégeance*. C'est, au figuré, diminuer le poids d'une douleur. Nicot cite cet exemple : *allegeance en ses miseres*. Ce mot était déjà vieux du temps de Corneille, qui s'en est servi une seconde fois dans *Pompée*. (A.-M.)

[2] Corneille avait d'abord mis :

> Sacrifiez don Diègue et toute sa famille
> A vous, à votre peuple, à toute la Castille.
> Le soleil, qui voit tout, ne voit rien sous les cieux
> Qui vous puisse payer un sang si précieux. (1637-48.)

Sa correction est heureuse. Il n'était pas naturel que Chimène demandât la mort de don Diègue, offensé si cruellement par son père. De plus, cette fureur atroce de demander le sang de toute la famille n'était point convenable à une fille qui accusait son amant malgré elle. (V.)

Lorsqu'en perdant la force on perd aussi la vie[1] !
Et qu'un long âge apprête aux hommes généreux,
Au bout de leur carrière, un destin malheureux !
Moi, dont les longs travaux ont acquis tant de gloire,
Moi, que jadis par-tout a suivi la victoire,
Je me vois aujourd'hui, pour avoir trop vécu,
Recevoir un affront, et demeurer vaincu.
Ce que n'a pu jamais combat, siége, embuscade,
Ce que n'a pu jamais Aragon, ni Grenade,
Ni tous vos ennemis, ni tous mes envieux,
Le comte en votre cour l'a fait presque à vos yeux[2],
Jaloux de votre choix, et fier de l'avantage
Que lui donnoit sur moi l'impuissance de l'âge.
   Sire, ainsi ces cheveux blanchis sous le harnois,
Ce sang pour vous servir prodigué tant de fois,
Ce bras, jadis l'effroi d'une armée ennemie,
Descendoient au tombeau tout chargés d'infamie,
Si je n'eusse produit un fils digne de moi,
Digne de son pays, et digne de son roi :
Il m'a prêté sa main, il a tué le comte ;
Il m'a rendu l'honneur, il a lavé ma honte.
Si montrer du courage et du ressentiment,
[3] Si venger un soufflet mérite un châtiment,
Sur moi seul doit tomber l'éclat de la tempête :

---

[1] Var. Quand avecque la force on perd aussi la vie,
  Sire ; et que l'âge apporte aux hommes généreux,
  Avecque sa foiblesse, un destin malheureux ! (1637-48.)

[2] Var. L'orgueil, dans votre cour, l'a fait presque à vos yeux,
  Et souillé sans respect l'honneur de ma vieillesse,
  Avantagé de l'âge, et fort de ma foiblesse. (1637-48.)

[3] Imit. La venganza me tocó,
  Y te toca la justicia :
  Hazla en mí, rey soberano.

ACTE II, SCÈNE VIII.

¹ Quand le bras a failli, l'on en punit la tête².
Qu'on nomme crime ou non ce qui fait nos débats³,
⁴ Sire, j'en suis la tête, il n'en est que le bras.
Si Chimène se plaint qu'il a tué son père,
Il ne l'eût jamais fait, si je l'eusse pu faire.
Immolez donc ce chef que les ans vont ravir,
Et conservez pour vous le bras qui peut servir.
⁵ Aux dépens de mon sang satisfaites Chimène :
Je n'y résiste point, je consens à ma peine;
Et, loin de murmurer d'un rigoureux décret⁶,
Mourant sans déshonneur, je mourrai sans regret.

D. FERNAND.

L'affaire est d'importance, et, bien considérée,
Mérite en plein conseil d'être délibérée.
  Don Sanche, remettez Chimène en sa maison.
Don Diègue aura ma cour et sa foi pour prison.
Qu'on me cherche son fils. Je vous ferai justice.

CHIMÈNE.

Il est juste, grand roi, qu'un meurtrier périsse⁷.

---

¹ Imit. Castigar en la cabeza
  Los delitos de la mano.

² Ceci, à la rigueur, veut dire : *la tête du bras*. Deux vers plus loin, don Diègue dit qu'il est *la tête du crime*, et que son fils en est le *bras*. L'Académie a raison, cette fois, de condamner de tels vers. (A.-M.)

³ *Ce qui fait nos débats* est très faible. Il semble que don Diègue parle ici d'un procès de famille. (V.)
  Var. Du crime glorieux qui cause nos débats. (1637-48.)

⁴ Imit. Y solo fué mano mia
  Rodrigo.

⁵ Imit. Con mi cabeza cortada
  Quede Ximena contenta.

⁶ Var. Et, loin de murmurer d'un injuste décret. (1637-48.)

⁷ Corneille, le premier, eut l'oreille assez délicate pour faire

LE CID.

D. FERNAND.

¹ Prends du repos, ma fille, et calme tes douleurs².

CHIMÈNE.

³ M'ordonner du repos, c'est croître mes malheurs⁴.

meurtrier de trois syllabes. L'Académie l'en blâma, voulant que ce mot n'en eût que deux ; mais l'usage a condamné l'Académie. (A.-M.)

¹ Imit. Sosiégate, Ximena.

² L'Académie, trop complaisante pour le cardinal de Richelieu, a condamné l'amour de Chimène. Elle ne comprit pas, dit Voltaire, qu'aimer le meurtrier de son père et poursuivre la vengeance de ce meurtre était une chose admirable. Vaincre son amour eût été un défaut capital dans l'art tragique, qui consiste principalement dans les combats du cœur. Mais l'art était inconnu alors à tout le monde, hors à l'auteur. (A.-M.)

³ Imit. Mi llanto crece.

⁴ *Croître* aujourd'hui n'est plus actif : on dit *accroître;* mais il me semble qu'il est permis en vers de dire, *croître mes tourments, mes ennuis, mes douleurs, mes peines.* (V.) — L'Académie actuelle a donné gain de cause à Corneille et à Voltaire en admettant *croître* actif en poésie. (A.-M.)

FIN DU SECOND ACTE.

ACTE TROISIÈME.

SCÈNE I.

D. RODRIGUE, ELVIRE.

ELVIRE.
¹ Rodrigue, qu'as-tu fait? où viens-tu, misérable?
D. RODRIGUE.
Suivre le triste cours de mon sort déplorable.
ELVIRE.
Où prends-tu cette audace et ce nouvel orgueil
De paroître en des lieux que tu remplis de deuil?
Quoi! viens-tu jusqu'ici braver l'ombre du comte?
² Ne l'as-tu pas tué?
D. RODRIGUE.
Sa vie étoit ma honte;
³ Mon honneur de ma main a voulu cet effort.
ELVIRE.
⁴ Mais chercher ton asile en la maison du mort!
Jamais un meurtrier en fit-il son refuge?

> ¹ IMIT. Qué has hecho, Rodrigo?
> ² IMIT. No mataste al conde?
> ³ IMIT. Importabale á mi honor.
> ⁴ IMIT.   Pues, señor,
>   Quando fué la casa del muerto
>   Sagrado del matador?

192   LE CID.
                D. RODRIGUE.
Et je n'y viens aussi que m'offrir à mon juge¹.
Ne me regarde plus d'un visage étonné;
² Je cherche le trépas après l'avoir donné.
Mon juge est mon amour, mon juge est ma Chimène :
³ Je mérite la mort de mériter sa haine,
Et j'en viens recevoir, comme un bien souverain,
Et l'arrêt de sa bouche, et le coup de sa main.
                ELVIRE.
Fuis plutôt de ses yeux, fuis de sa violence;
A ses premiers transports dérobe ta présence.
Va, ne t'expose point aux premiers mouvements
Que poussera l'ardeur de ses ressentiments.
                D. RODRIGUE.
Non, non, ce cher objet à qui j'ai pu déplaire
Ne peut pour mon supplice avoir trop de colère⁴;

¹ Var. Jamais un meurtrier s'offrit-il à son juge? (1637-48.)
² Imit. Yo busco la muerte
        En su casa.
³ Imit. Y por ser justo,
        Vengo á morir en sus manos,
        Pues estoy muerto en su gusto.

⁴ Cette faute tant reprochée à Corneille d'avoir violé l'unité de lieu pour violer les lois de la bienséance, et d'avoir fait aller Rodrigue dans la maison même de Chimène, qu'il pouvait si aisément rencontrer au palais; cette faute, dis-je, est de l'auteur espagnol : quelque répugnance qu'on ait à voir Rodrigue chez Chimène, on oublie presque où il est; on n'est occupé que de la situation. Le mal est qu'il ne parle qu'à une confidente. (V.) — Ce serait là une bien faible excuse si Rodrigue violait en rien les lois de la bienséance; mais il ne les viole pas, car il ne vient ni chercher un asile, ni essayer de fléchir Chimène. Victime de l'honneur et de l'amour, il a résolu de satisfaire à ces deux exigences chevaleresques. Il a tué le père, il vient offrir sa tête à la

ACTE III, SCÈNE I.

Et j'évite cent morts qui me vont accabler[1],
Si pour mourir plus tôt je la puis redoubler.

ELVIRE.

[2]Chimène est au palais, de pleurs toute baignée ;
Et n'en reviendra point que bien accompagnée.
Rodrigue, fuis de grace, ôte-moi de souci.
Que ne dira-t-on point si l'on te voit ici ?
Veux-tu qu'un médisant, pour comble à sa misère [3],
L'accuse d'y souffrir l'assassin de son père ?
[4]Elle va revenir ; elle vient, je la voi :
Du moins, pour son honneur, Rodrigue, cache-toi.

fille ! Les mœurs du personnage et de l'époque étant admises, il faut en admettre les conséquences, et ne pas les juger avec les idées de notre temps. (A.-M.)

[1] Corneille, au lieu de *j'évite cent morts*, avait d'abord mis :

Et d'un heur sans pareil je me verrai combler. (1637-48.)

On ne pouvait guère corriger plus mal. L'idée d'éviter tant de morts ne doit pas se présenter à un homme qui la cherche. Ces *cent morts* sont une expression vague, un vers fait à la hâte ; il ne se donnait ni le temps ni la peine de chercher un mot propre et un tour élégant. On ne connaissait pas encore cette pureté de diction, et cette éloquence sage et vraie que Racine trouva par un travail assidu, et par une méditation profonde sur le génie de notre langue. (V.)

[2] IMIT. Ximena esta
Cerca palacio, y vendrá
Acompañada.

[3] VAR. Veux-tu qu'un médisant l'accuse, en sa misère,
D'avoir reçu chez soi l'assassin de son père ? (1637-48.)

[4] IMIT. Ella vendrá, ya viene.

SCÈNE II.

D. SANCHE, CHIMÈNE, ELVIRE.

D. SANCHE.

Oui, madame, il vous faut de sanglantes victimes :
Votre colère est juste, et vos pleurs légitimes ;
Et je n'entreprends pas, à force de parler,
Ni de vous adoucir, ni de vous consoler.
Mais si de vous servir je puis être capable,
Employez mon épée à punir le coupable [1] ;
Employez mon amour à venger cette mort :
Sous vos commandements mon bras sera trop fort [2].

CHIMÈNE.

Malheureuse !

D. SANCHE.

De grace, acceptez mon service [3].

CHIMÈNE.

J'offenserois le roi, qui m'a promis justice.

---

[1] La bienséance eût été mieux observée, s'il se fût mis en devoir de venger Chimène sans lui en demander la permission. (*Sentiments de l'Académie.*) — Point du tout : ce n'était pas l'usage de la chevalerie ; il fallait qu'un champion fût avoué par sa dame ; et, de plus, don Sanche ne devait pas s'exposer à déplaire à sa maîtresse, s'il était vainqueur d'un homme que Chimène eût encore aimé. (V.)

[2] Quelque insipidité qu'on ait trouvée dans le personnage de don Sanche, il me semble qu'il fait là un effet très heureux en augmentant la douleur de Chimène ; et ce mot *malheureuse,* qu'elle prononce sans presque l'écouter, est sublime. Lorsqu'un personnage qui n'est rien par lui-même sert à faire valoir le caractère principal, il n'est point de trop. (V.)

[3] Var. . . . . . Madame, acceptez mon service. (1637-48.)

D. SANCHE.

Vous savez qu'elle marche avec tant de langueur,
Que bien souvent le crime échappe à sa longueur;
Son cours lent et douteux fait trop perdre de larmes.
Souffrez qu'un cavalier vous venge par les armes¹ :
La voie en est plus sûre, et plus prompte à punir.

CHIMÈNE.

C'est le dernier remède; et s'il y faut venir,
Et que de mes malheurs cette pitié vous dure,
Vous serez libre alors de venger mon injure.

D. SANCHE.

C'est l'unique bonheur où mon ame prétend;
Et, pouvant l'espérer, je m'en vais trop content.

SCÈNE III.

CHIMÈNE, ELVIRE.

CHIMÈNE.

Enfin je me vois libre, et je puis, sans contrainte,
De mes vives douleurs te faire voir l'atteinte;
Je puis donner passage à mes tristes soupirs;
Je puis t'ouvrir mon ame et tous mes déplaisirs.
 Mon père est mort, Elvire; et la première épée
Dont s'est armé Rodrigue a sa trame coupée.
Pleurez, pleurez, mes yeux, et fondez-vous en eau;
²La moitié de ma vie a mis l'autre au tombeau³,

---

¹ Var. Souffrez qu'un chevalier vous venge par les armes. (1637-44.)

² Imit. La mitad de mi vida
 Ha muerto la otra mitad.

³ Scudéry trouvait là trois moitiés. Cette affectation, cette

13.

LE CID.

¹ Et m'oblige à venger, après ce coup funeste,
Celle que je n'ai plus sur celle qui me reste.

ELVIRE.

² Reposez-vous, madame ³.

CHIMÈNE.

Ah! que mal-à-propos

apostrophe à ses yeux ont paru à tous les critiques une puérilité dont on ne trouve aucun exemple dans le théâtre grec,

Et ce n'est point ainsi que parle la nature.

Par quel art cependant ces vers touchent-ils? N'est-ce point que *la moitié de ma vie a mis l'autre au tombeau*, porte dans l'ame une idée attendrissante qui subsiste encore malgré les vers qui suivent? (V.) — Voltaire se trompe lorsqu'il dit que cette apostrophe à ses yeux est une puérilité dont le théâtre grec n'offre aucun exemple : dans Euripide, Hécube apostrophe son *pied*, et le prie de la conduire hors de sa tente :

> Ὦ τλάμων, ἄγησαί μοι, πούς,
> Ἄγησαι τᾷ γραίᾳ
> Πρὸς τάνδ' αὐλάν....
>
> *Hécube*, vers 167.

« O pied malheureux! conduis-moi, conduis ma vieillesse devant cette tente. »

Certes, l'exemple ne justifie pas Corneille; et cependant sa faute est moins grande que celle d'Euripide. En effet, les yeux expriment la douleur par les larmes; et il est plus naturel de les apostropher dans le chagrin, que de supposer du sentiment à son pied, et de lui parler pour le faire marcher. (A.-M.)

¹ IMIT. Si al vengar
De mi vida la una parte,
Sin las dos he de quedar?

² IMIT. Descansa.

³ *Descansa* n'est-il pas un mot plus énergique et plus noble que Reposez-vous, madame? Le mot de *reposer* est un peu de la comédie, et ne peut guère être adressé à une personne fatiguée. Dans la tragédie, on peut proposer le repos à un conquérant,

ACTE III, SCÈNE III.

Dans un malheur si grand tu parles de repos[1] !
Par où sera jamais ma douleur apaisée,
Si je ne puis haïr la main qui l'a causée ?
Et que dois-je espérer qu'un tourment éternel,
Si je poursuis un crime, aimant le criminel ?

ELVIRE.

[2] Il vous prive d'un père, et vous l'aimez encore !

CHIMÈNE.

[3] C'est peu de dire aimer, Elvire, je l'adore ;
Ma passion s'oppose à mon ressentiment ;
Dedans mon ennemi je trouve mon amant ;
Et je sens qu'en dépit de toute ma colère,
Rodrigue dans mon cœur combat encor mon père :
Il l'attaque, il le presse, il cède, il se défend,
Tantôt fort, tantôt foible, et tantôt triomphant :
Mais, en ce dur combat de colère et de flamme,
Il déchire mon cœur sans partager mon ame ;
Et, quoi que mon amour ait sur moi de pouvoir,

pourvu que cette idée soit ennoblie. (V.) — Voltaire oublie ici les vicissitudes de la langue. Corneille a employé ce mot *reposez-vous*, dans le sens de *calmez-vous*. Ce qui le fait croire, c'est que don Fernand a déjà dit à Chimène :

Prends du repos, ma fille, et *calme* tes douleurs.

Cette expression, qui a passé inaperçue dans la bouche du roi, ne peut être blâmée dans celle d'une suivante. Chimène d'ailleurs semble bien l'entendre ainsi, puisqu'elle répond : « Par où sera jamais ma douleur *apaisée?* » (A.-M.)

[1] Var. Ton avis importun m'ordonne le repos !
Par où sera jamais mon ame satisfaite,
Si je pleure ma perte, ou la main qui l'a faite ?
Et que puis-je espérer qu'un tourment éternel ? (1637-44.)

[2] Imit. Siempre quieres á Rodrigo.
Que mató á tu padre mira.

[3] Imit. Es mi adorado enemigo.

Je ne consulte point pour suivre mon devoir;
Je cours sans balancer où mon honneur m'oblige.
Rodrigue m'est bien cher, son intérêt m'afflige;
Mon cœur prend son parti; mais, malgré son effort[1],
Je sais ce que je suis, et que mon père est mort.

ELVIRE.

[2] Pensez-vous le poursuivre?

CHIMÈNE.

      Ah! cruelle pensée,
Et cruelle poursuite où je me vois forcée!
Je demande sa tête, et crains de l'obtenir:
Ma mort suivra la sienne, et je le veux punir!

ELVIRE.

Quittez, quittez, madame, un dessein si tragique;
Ne vous imposez point de loi si tyrannique.

CHIMÈNE.

Quoi! mon père étant mort et presque entre mes bras[3],
Son sang criera vengeance, et je ne l'orrai[4] pas!
Mon cœur, honteusement surpris par d'autres charmes,
Croira ne lui devoir que d'impuissantes larmes,
Et je pourrai souffrir qu'un amour suborneur
Sous un lâche silence étouffe mon honneur[5]!

[1] VAR. Mon cœur prend son parti; mais, contre leur effort,
  Je sais que je suis fille, et que mon père est mort. (1637-48.)

[2] IMIT. Piensas perseguirle?

[3] VAR. Quoi! j'aurai vu mourir mon père entre mes bras! (1637-48.)

[4] Ce futur du verbe *ouïr* n'est plus usité. Quant au mot *criera*, c'est à Corneille que nous devons de pouvoir contracter l'e muet précédé d'une voyelle au milieu des mots. Sans lui, un grand nombre de mots seraient aujourd'hui bannis de la poésie: *criera, paiera, dévouement, remerciement*, etc. (A.-M.)

[5] Un honneur n'est point étouffé *sous un lâche silence*; il semble qu'un *silence* soit un poids qu'on mette sur l'honneur. (V.). —

ACTE III, SCÈNE III.   199

ELVIRE.
Madame, croyez-moi, vous serez excusable
D'avoir moins de chaleur contre un objet aimable[1],
Contre un amant si cher : vous avez assez fait,
Vous avez vu le roi, n'en pressez point d'effet :
Ne vous obstinez point en cette humeur étrange.

CHIMÈNE.
Il y va de ma gloire, il faut que je me venge ;
Et de quoi que nous flatte un desir amoureux,
Toute excuse est honteuse aux esprits généreux.

ELVIRE.
Mais vous aimez Rodrigue, il ne vous peut déplaire.

CHIMÈNE.
Je l'avoue.

ELVIRE.
[2] Après tout, que pensez-vous donc faire ?

CHIMÈNE.
Pour conserver ma gloire et finir mon ennui,
[3] Le poursuivre, le perdre, et mourir après lui[4].

Notre but n'est pas de réhabiliter ce vers ; mais si l'expression n'est pas heureuse, la pensée est loin d'être aussi fausse que le prétend Voltaire. Ici le silence est conçu par Corneille, non comme un *poids*, mais comme un voile épais : *il étouffe,* c'est-à-dire *il cache.* Étouffer signifie figurément *supprimer, surmonter.* On dit très bien : *étouffer le cri de l'honneur,* c'est-à-dire réduire au silence ; et cette acception a la plus grande analogie avec le sens du vers de Corneille. (A.-M.)

VAR. Dans un lâche silence étouffe mon honneur. (1637-48.)

[1] VAR. De conserver pour vous un homme incomparable,
Un amant si chéri, vous avez assez fait. (1637-48.)

[2] IMIT. Pues cómo harás.

[3] IMIT. Seguiréle hasta vengarme,
Y habre de matar muriendo.

[4] Ce vers excellent renferme toute la pièce, et répond à toutes

SCÈNE IV.

D. RODRIGUE, CHIMÈNE, ELVIRE.

D. RODRIGUE.

¹ Eh bien, sans vous donner la peine de poursuivre²,
Assurez-vous l'honneur de m'empêcher de vivre³.

CHIMÈNE.

Elvire, où sommes-nous ? et qu'est-ce que je vois ?
⁴ Rodrigue en ma maison ! Rodrigue devant moi !

D. RODRIGUE.

N'épargnez point mon sang; goûtez, sans résistance,
La douceur de ma perte et de votre vengeance.

CHIMÈNE.

Hélas !

D. RODRIGUE.

⁵ Écoute-moi.

CHIMÈNE.

⁶ Je me meurs.

---

les critiques qu'on a faites sur le caractère de Chimène. Puisque ce vers est dans l'espagnol, l'original contenait les vraies beautés qui firent la fortune du *Cid* français. (V.)

¹ IMIT. Mejor es que mi amor firme
    Con rendirme
    Te dé el gusto matarme,
    Sin la pena de seguirme.

² Il fallait dire, *de me poursuivre*. *M'empêcher de vivre* est languissant, et n'exprime pas *donnez-moi la mort*. (V.)

³ VAR. Soûlez-vous du plaisir de m'empêcher de vivre. (1637-48.)

⁴ IMIT. Rodrigo, Rodrigo en mi casa !

⁵ IMIT. Escucha.

⁶ IMIT. Muero.

ACTE III, SCÈNE IV. 201

D. RODRIGUE.

Un moment.

CHIMÈNE.

Va, laisse-moi mourir.

D. RODRIGUE.

¹ Quatre mots seulement ;
Après, ne me réponds qu'avecque cette épée.

CHIMÈNE.

Quoi ! du sang de mon père encor toute trempée !

D. RODRIGUE.

Ma Chimène....

CHIMÈNE.

Ote-moi cet objet odieux,
Qui reproche ton crime et ta vie à mes yeux.

D. RODRIGUE.

Regarde-le plutôt pour exciter ta haine,
Pour croître ta colère, et pour hâter ma peine ².

CHIMÈNE.

Il est teint de mon sang.

D. RODRIGUE.

Plonge-le dans le mien ;
Et fais-lui perdre ainsi la teinture du tien ³.

---

¹ IMIT. Solo quiero
Que en oyendo lo que digo
Respondas con este acero.

² *Croître ta colère.* C'est la seconde fois que Corneille emploie dans *le Cid* le mot *croître* activement. (Voyez la dernière note du second acte.) (A.-M.)

³ Cela n'a point été repris par l'Académie ; mais je doute que cette teinture réussît aujourd'hui. Le désespoir n'a pas de réflexions si fines, et j'oserais ajouter si fausses : une épée est également rougie de quelque sang que ce soit ; ce n'est point du tout une teinture différente. Tout ce qui n'est pas exactement

CHIMÈNE.

Ah! quelle cruauté, qui tout en un jour tue
Le père par le fer, la fille par la vue!
Ote-moi cet objet, je ne le puis souffrir :
Tu veux que je t'écoute, et tu me fais mourir!

D. RODRIGUE.

Je fais ce que tu veux, mais sans quitter l'envie
De finir par tes mains ma déplorable vie ;
Car enfin n'attends pas de mon affection
Un lâche repentir d'une bonne action.
[1] L'irréparable effet d'une chaleur trop prompte [2]
Déshonoroit mon père, et me couvroit de honte.
Tu sais comme un soufflet touche un homme de cœur.
J'avois part à l'affront, j'en ai cherché l'auteur :
Je l'ai vu, j'ai vengé mon honneur et mon père;
Je le ferois encor, si j'avois à le faire :
[3] Ce n'est pas qu'en effet, contre mon père et moi,
Ma flamme assez long-temps n'ait combattu pour toi;
Juge de son pouvoir : dans une telle offense
J'ai pu délibérer si j'en prendrois vengeance [4].
Réduit à te déplaire, ou souffrir un affront,

vrai révolte les bons esprits. Il faut qu'une métaphore soit naturelle, vraie, lumineuse, qu'elle échappe à la passion. (V.)

[1] IMIT. Tu padre el conde Lozano
    Puso en las canas del mio
    La atrevida injusta mano.

[2] VAR. De la main de ton père un coup irréparable
    Déshonoroit du mien la vieillesse honorable. (1637-48.)

[3] IMIT. Y aunque me ví sin honor,
    Se malogró mi esperanza
    En tal mudanza
    Con tal fuerza que tu amor
    Puso en duda mi venganza.

[4] VAR. J'ai pu douter encor si j'en prendrois vengeance. (1637-48.)

ACTE III, SCÈNE IV.

J'ai pensé qu'à son tour mon bras étoit trop prompt¹,
Je me suis accusé de trop de violence;
² Et ta beauté, sans doute, emportoit la balance,
A moins que d'opposer à tes plus forts appas ³
Qu'un homme sans honneur ne te méritoit pas;
Que malgré cette part que j'avois en ton ame,
Qui m'aima généreux me haïroit infame;
Qu'écouter ton amour, obéir à sa voix,
C'étoit m'en rendre indigne et diffamer ton choix.
Je te le dis encore, et, quoique j'en soupire ⁴,
Jusqu'au dernier soupir je veux bien le redire,
Je t'ai fait une offense, et j'ai dû m'y porter
Pour effacer ma honte, et pour te mériter;
⁵ Mais, quitte envers l'honneur, et quitte envers mon père,
C'est maintenant à toi que je viens satisfaire:
C'est pour t'offrir mon sang qu'en ce lieu tu me vois.

¹ Var. J'ai retenu ma main, j'ai cru mon bras trop prompt*. (1637-48.)

² Imit. Y tú, señora, vincieras
　　　　A no aber imaginado
　　　　Que afrentado,
　　　　Por infame aborrecieras
　　　　Quien quisiste por honrado.

³ Var. Si je n'eusse opposé contre tous tes appas
. . . .
　　　　Qu'après m'avoir chéri quand je vivois sans blâme. (1637-48.)

⁴ Var. Je te le dis encore, et veux, tant que j'expire,
　　　　Sans cesse le penser, et sans cesse le dire **. (1637-48.)

⁵ Imit. Cobré mi perdido honor;
　　　　Mas luego á tu amor rendido
　　　　He venido.

* La main et le bras faisaient un mauvais effet; l'auteur a substitué:
J'ai pensé qu'à son tour mon bras étoit trop prompt.
Peut-être à son tour est-il plus mal. C'est là changer un vers plutôt que le corriger. (V.)

** Tant que j'expire était une faute de langue: il fallait, jusqu'à ce que j'expire; mais jusqu'à ce que est rude, et ne doit jamais entrer dans un vers. Les deux mots soupire et soupir, qu'on a mis à la place, et ces désinences en ir, sont encore plus répréhensibles que les deux vers anciens. (V.)

¹ J'ai fait ce que j'ai dû, je fais ce que je dois.
Je sais qu'un père mort t'arme contre mon crime;
Je ne t'ai pas voulu dérober ta victime :
² Immole avec courage au sang qu'il a perdu
Celui qui met sa gloire à l'avoir répandu.

CHIMÈNE.

Ah, Rodrigue! il est vrai, quoique ton ennemie,
Je ne te puis blâmer d'avoir fui l'infamie;
Et, de quelque façon qu'éclatent mes douleurs,
³ Je ne t'accuse point, je pleure mes malheurs.
Je sais ce que l'honneur, après un tel outrage,
Demandoit à l'ardeur d'un généreux courage :
⁴ Tu n'as fait le devoir que d'un homme de bien;
Mais aussi, le faisant, tu m'as appris le mien.
Ta funeste valeur m'instruit par ta victoire;
Elle a vengé ton père et soutenu ta gloire :
Même soin me regarde, et j'ai, pour m'affliger,
Ma gloire à soutenir, et mon père à venger.
Hélas! ton intérêt ici me désespère.
Si quelque autre malheur m'avoit ravi mon père,
Mon ame auroit trouvé dans le bien de te voir
L'unique allégement qu'elle eût pu recevoir;
Et contre ma douleur j'aurois senti des charmes,
Quand une main si chère eût essuyé mes larmes.
Mais il me faut te perdre après l'avoir perdu;

> ¹ Imit. Porque no llames rigor
> Lo que obligacion ha sido.
> ² Imit. Haz con brio
> La venganza de tu padre
> Como hice la del mio.
> ³ Imit. No te doy la culpa á ti
> De que desdichada soy.
> ⁴ Imit. Como caballero hiciste.

ACTE III, SCÈNE IV.

Cet effort sur ma flamme à mon honneur est dû[1],
Et cet affreux devoir, dont l'ordre m'assassine,
Me force à travailler moi-même à ta ruine.
Car enfin, n'attends pas de mon affection
De lâches sentiments pour ta punition.
De quoi qu'en ta faveur notre amour m'entretienne,
Ma générosité doit répondre à la tienne :
Tu t'es, en m'offensant, montré digne de moi ;
Je me dois, par ta mort, montrer digne de toi.

D. RODRIGUE.

Ne diffère donc plus ce que l'honneur t'ordonne ;
Il demande ma tête, et je te l'abandonne ;
Fais-en un sacrifice à ce noble intérêt ;
Le coup m'en sera doux, aussi bien que l'arrêt.
Attendre après mon crime une lente justice,
C'est reculer ta gloire autant que mon supplice.
Je mourrai trop heureux mourant d'un coup si beau.

CHIMÈNE.

[2] Va, je suis ta partie, et non pas ton bourreau.
Si tu m'offres ta tête, est-ce à moi de la prendre ?
Je la dois attaquer, mais tu dois la défendre ;
C'est d'un autre que toi qu'il me faut l'obtenir,
Et je dois te poursuivre, et non pas te punir.

D. RODRIGUE.

De quoi qu'en ma faveur notre amour t'entretienne,
Ta générosité doit répondre à la mienne ;

---

[1] Var. Et, pour mieux tourmenter mon esprit éperdu,
  Avec tant de rigueur mon astre me domine,
  Qu'il me faut travailler moi-même à ta ruine. (1637-48.)

[2] Imit. Mas soy parte
  Para sola perseguirte,
  Pero no para matarte.

206   LE CID.

Et, pour venger un père, emprunter d'autres bras,
Ma Chimène, crois-moi, c'est n'y répondre pas :
Ma main seule du mien a su venger l'offense,
Ta main seule du tien doit prendre la vengeance.

CHIMÈNE.

Cruel! à quel propos sur ce point t'obstiner?
Tu t'es vengé sans aide, et tu m'en veux donner!
Je suivrai ton exemple, et j'ai trop de courage
Pour souffrir qu'avec toi ma gloire se partage.
Mon père et mon honneur ne veulent rien devoir
Aux traits de ton amour, ni de ton désespoir.

D. RODRIGUE.

Rigoureux point d'honneur! hélas! quoi que je fasse,
Ne pourrai-je à la fin obtenir cette grace?
Au nom d'un père mort, ou de notre amitié,
Punis-moi par vengeance, ou du moins par pitié.
[1] Ton malheureux amant aura bien moins de peine
A mourir par ta main qu'à vivre avec ta haine.

CHIMÈNE.

Va, je ne te hais point.

D. RODRIGUE.

[2] Tu le dois.

CHIMÈNE.

[3] Je ne puis.

D. RODRIGUE.

Crains-tu si peu le blâme, et si peu les faux bruits?
Quand on saura mon crime, et que ta flamme dure,

---

[1] IMIT. Considera
   Que el dexarme es la venganza,
   Que el matarme no lo fuera.

[2] IMIT. Me aborreces?

[3] IMIT. No es posible.

ACTE III, SCÈNE IV.

Que ne publieront point l'envie et l'imposture!
Force-les au silence, et, sans plus discourir,
Sauve ta renommée en me faisant mourir.

CHIMÈNE.

Elle éclate bien mieux en te laissant la vie[1],
[2] Et je veux que la voix de la plus noire envie
Élève au ciel ma gloire et plaigne mes ennuis,
Sachant que je t'adore et que je te poursuis.
Va-t'en, ne montre plus à ma douleur extrême
Ce qu'il faut que je perde, encore que je l'aime.
[3] Dans l'ombre de la nuit cache bien ton départ;
[4] Si l'on te voit sortir, mon honneur court hasard.
La seule occasion qu'aura la médisance,
C'est de savoir qu'ici j'ai souffert ta présence :
Ne lui donne point lieu d'attaquer ma vertu.

D. RODRIGUE.

[5] Que je meure.

CHIMÈNE.

[6] Va-t'en.

D. RODRIGUE.

[7] A quoi te résous-tu?

[1] Var. Elle éclate bien mieux en te laissant en vie. (1637-44.)

[2] Imit. Disculpará mi decoro
Con quien piensa que te adoro
El saber que te persigo.

[3] Imit. Vete, y mira á la salida
No te vean.

[4] Imit. Es razon
No quitarme la opinion.

[5] Imit. Mátame.

[6] Imit. Déxame.

[7] Imit. Pues tu rigor qué hacer quiere?

CHIMÈNE.

¹ Malgré des feux si beaux qui troublent ma colère²,
Je ferai mon possible à bien venger mon père;
Mais, malgré la rigueur d'un si cruel devoir,
Mon unique souhait est de ne rien pouvoir.

D. RODRIGUE.

O miracle d'amour³!

CHIMÈNE.

O comble de misères⁴!

D. RODRIGUE.

Que de maux et de pleurs nous coûteront nos pères!

CHIMÈNE.

⁵ Rodrigue, qui l'eût cru....

D. RODRIGUE.

⁶ Chimène, qui l'eût dit....

CHIMÈNE.

⁷ Que notre heur fût si proche, et sitôt se perdît?

D. RODRIGUE.

Et que si près du port, contre toute apparence,
Un orage si prompt brisât notre espérance?

CHIMÈNE.

Ah! mortelles douleurs!

¹ IMIT. Por mi honor, aunque muger
He de hacer
Contra ti quanto pudiere,
Deseando no poder.

² VAR. Malgré des feux si beaux qui rompent ma colère. (1637-48.)

³ *O miracle d'amour!* semble affaiblir cette touchante scène, et n'est point dans l'espagnol. (V.)

⁴ VAR. . . . . Mais comble de misères! (1637-44.)

⁵ IMIT. Ay, Rodrigo! quién pensara?

⁶ IMIT. Ay, Ximena! quién dixera?

⁷ IMIT. Que mi dicha se acabara?

ACTE III, SCÈNE V.

D. RODRIGUE.

Ah! regrets superflus!

CHIMÈNE.

Va-t'en, encore un coup, je ne t'écoute plus.

D. RODRIGUE.

¹ Adieu; je vais traîner une mourante vie,
Tant que par ta poursuite elle me soit ravie.

CHIMÈNE.

Si j'en obtiens l'effet, je t'engage ma foi ²
De ne respirer pas un moment après toi.
Adieu; sors, et sur-tout garde bien qu'on te voie.

ELVIRE.

Madame, quelques maux que le ciel nous envoie....

CHIMÈNE.

Ne m'importune plus, laisse-moi soupirer.
Je cherche le silence et la nuit pour pleurer.

SCÈNE V ³.

D. DIÈGUE.

Jamais nous ne goûtons de parfaite allégresse :

¹ Imit. Quédate, iréme muriendo.

² Var. Si j'en obtiens l'effet, je te donne ma foi. (1637-48.)

³ Quoique chez les étrangers, pour qui principalement ces remarques sont faites, on ne soit pas encore parvenu à l'art de lier toutes les scènes, cependant y a-t-il un lecteur qui ne soit choqué de voir Chimène s'en aller d'un côté, Rodrigue de l'autre, et don Diègue arriver sans les voir? (V.) — Don Diègue ne voit ni Chimène ni Rodrigue, parceque le lieu de la scène a changé. En effet, la scène précédente se passe chez Chimène, et celle-ci se passe dans la rue. (Voyez la première note de la scène deuxième du premier acte.) (A.-M.)

Nos plus heureux succès sont mêlés de tristesse;
Toujours quelques soucis en ces événements
Troublent la pureté de nos contentements.
Au milieu du bonheur mon ame en sent l'atteinte;
Je nage dans la joie, et je tremble de crainte.
J'ai vu mort l'ennemi qui m'avoit outragé;
Et je ne saurois voir la main qui m'a vengé.
En vain je m'y travaille, et d'un soin inutile,
Tout cassé que je suis, je cours toute la ville :
Ce peu que mes vieux ans m'ont laissé de vigueur[1]
Se consume sans fruit à chercher ce vainqueur.
A toute heure, en tous lieux, dans une nuit si sombre,
Je pense l'embrasser, et n'embrasse qu'une ombre;
Et mon amour, déçu par cet objet trompeur,
Se forme des soupçons qui redoublent ma peur.
Je ne découvre point de marques de sa fuite;
Je crains du comte mort les amis et la suite;
Leur nombre m'épouvante et confond ma raison.
Rodrigue ne vit plus, ou respire en prison.
Justes cieux! me trompé-je encore à l'apparence,
Ou si je vois enfin mon unique espérance?
C'est lui, n'en doutons plus; mes vœux sont exaucés;
Ma crainte est dissipée, et mes ennuis cessés.

[1] Var. Si peu que mes vieux ans m'ont laissé de vigueur
Se consomme sans fruit à chercher ce vainqueur. (1637-48.)

SCÈNE VI.

D. DIÈGUE, D. RODRIGUE.

D. DIÈGUE.
¹ Rodrigue, enfin le ciel permet que je te voie !
D. RODRIGUE.
Hélas !

D. DIÈGUE.
Ne mêle point de soupirs à ma joie ;
² Laisse-moi prendre haleine afin de te louer.
³ Ma valeur n'a point lieu de te désavouer ;
Tu l'as bien imitée, et ton illustre audace
Fait bien revivre en toi les héros de ma race :
C'est d'eux que tu descends, c'est de moi que tu viens ;
Ton premier coup d'épée égale tous les miens :
Et d'une belle ardeur ta jeunesse animée
Par cette grande épreuve atteint ma renommée.
Appui de ma vieillesse, et comble de mon heur,
⁴ Touche ces cheveux blancs à qui tu rends l'honneur ;
⁵ Viens baiser cette joue, et reconnois la place
Où fut empreint l'affront que ton courage efface ⁶.

---

¹ IMIT. Es posible que me hallo
   Entre tus brazos ?
² IMIT. Aliento tomo
   Para en tus alabanzas empleallo.
³ IMIT. Bien mis pasados brios imitaste.
⁴ IMIT. Toca las blancas canas que me honraste.
⁵ IMIT. Llega la tierna boca á la mexilla
   Donde la mancha de mi honor quitaste.
⁶ Voilà des vers d'une simplicité admirable ; mais, il ne faut

D. RODRIGUE.

¹ L'honneur vous en est dû, je ne pouvois pas moins,
Étant sorti de vous et nourri par vos soins.
Je m'en tiens trop heureux, et mon ame est ravie
Que mon coup d'essai plaise à qui je dois la vie :
Mais parmi vos plaisirs ne soyez point jaloux
Si je m'ose à mon tour satisfaire après vous ².
Souffrez qu'en liberté mon désespoir éclate ;
Assez et trop long-temps votre discours le flatte.
Je ne me repens point de vous avoir servi ;
Mais rendez-moi le bien que ce coup m'a ravi.

pas s'y tromper, ce n'est pas là la simplicité antique, c'est une simplicité naïve et toute gauloise, pleine à la fois de bonhomie et de grandeur. Les anciens n'auraient pas dit, comme ce vieillard que la fatigue accable, que l'émotion oppresse : *Laisse-moi prendre haleine* ; ils auraient trouvé autre chose ; mais, à coup sûr, ils n'auraient rien trouvé de plus naturel et de plus en situation. Il y a dans l'action de ce vieillard qui a couru toute la ville pour rencontrer ce jeune homme, de ce père qui veut rendre grace à son vengeur, qui est son fils, quelque chose d'inaccoutumé qui touche au sublime. C'est bien là le vieux chevalier gaulois, si sensible à l'honneur. Aussi, quelle émotion et quelles paroles : *Touche ces cheveux blancs, viens baiser cette joue, reconnais cette place où fut empreint l'affront que ton courage efface!* Euripide et Sophocle n'ont rien de semblable, et j'ose dire qu'ils n'ont rien de plus beau. (A.-M.)

VAR. Où fut jadis l'affront que ton courage efface.

D. RODRIGUE.

L'honneur vous en est dû ; les cieux vous sont témoins,
Qu'étant sorti de vous, je ne pouvois pas moins.
Je me tiens trop heureux. (1637-48.)

¹ IMIT.   Alza la cabeza,
A quien como la cause se atribuya,
Si hay en mí algun valor, y fortaleza.

² VAR. Si j'ose satisfaire à moi-même après vous. (1637-48.)

ACTE III, SCÈNE VI.

Mon bras, pour vous venger, armé contre ma flamme,
Par ce coup glorieux m'a privé de mon ame;
Ne me dites plus rien; pour vous j'ai tout perdu;
Ce que je vous devois, je vous l'ai bien rendu.

D. DIÈGUE.

Porte, porte plus haut le fruit de ta victoire [1].
[2] Je t'ai donné la vie, et tu me rends ma gloire;
Et d'autant que l'honneur m'est plus cher que le jour,
D'autant plus maintenant je te dois de retour.
Mais d'un cœur magnanime éloigne ces foiblesses [3];
Nous n'avons qu'un honneur, il est tant de maîtresses!
L'amour n'est qu'un plaisir, l'honneur est un devoir [4].

D. RODRIGUE.

Ah! que me dites-vous?

D. DIÈGUE.

Ce que tu dois savoir.

D. RODRIGUE.

Mon honneur offensé sur moi-même se venge;
Et vous m'osez pousser à la honte du change!
L'infamie est pareille, et suit également
Le guerrier sans courage, et le perfide amant.
A ma fidélité ne faites point d'injure;
Souffrez-moi généreux sans me rendre parjure;
Mes liens sont trop forts pour être ainsi rompus;
Ma foi m'engage encor si je n'espère plus;
Et, ne pouvant quitter ni posséder Chimène,
Le trépas que je cherche est ma plus douce peine.

---

[1] Var. Porte encore plus haut le prix de ta victoire. (1637-48.)

[2] Imit. Si yo te dí el ser naturalmente,
Tú me le has vuelto á pura fuerça suya.

[3] Var. Mais d'un si brave cœur éloigne ces foiblesses. (1637-48.)

[4] Var. L'amour n'est qu'un plaisir, et l'honneur un devoir. (1637-48.)

D. DIÈGUE.

Il n'est pas temps encor de chercher le trépas ;
Ton prince et ton pays ont besoin de ton bras.
La flotte qu'on craignoit, dans ce grand fleuve entrée,
Croit surprendre la ville et piller la contrée [1].
Les Maures vont descendre ; et le flux et la nuit
Dans une heure à nos murs les amène sans bruit.
La cour est en désordre, et le peuple en alarmes ;
On n'entend que des cris, on ne voit que des larmes.
Dans ce malheur public mon bonheur a permis
Que j'ai trouvé chez moi cinq cents de mes amis [2],
Qui, sachant mon affront, poussés d'un même zèle,
Se venoient tous offrir à venger ma querelle [3].
Tu les as prévenus, mais leurs vaillantes mains
Se tremperont bien mieux au sang des Africains.
[4] Va marcher à leur tête, où l'honneur te demande ;
C'est toi que veut pour chef leur généreuse bande.
De ces vieux ennemis va soutenir l'abord :
Là, si tu veux mourir, trouve une belle mort ;
Prends-en l'occasion, puisqu'elle t'est offerte ;
Fais devoir à ton roi son salut à ta perte ;
Mais reviens-en plutôt les palmes sur le front.
[5] Ne borne pas ta gloire à venger un affront,

---

[1] Var. Vient surprendre la ville et piller la contrée. (1637-48.)

[2] Vous verrez dans la critique de Scudéry qu'il condamne l'assemblée des cinq cents gentilshommes, et que l'Académie l'approuve. C'est un trait fort ingénieux, inventé par l'auteur espagnol, de faire venir cette troupe pour une chose, et de l'employer pour une autre. (V.)

[3] Var. Venoient m'offrir leur vie à venger ma querelle. (1637-48.)

[4] Imit. Con quinientos hidalgos, deudos mios,
Sal en campaña á exercitar tus brios.

[5] Imit. No dirán que la mano te ha servido
Para vengar agravios solamente.

ACTE III, SCÈNE VI.

Porte-la plus avant ; force par ta vaillance [1]
Ce monarque au pardon, et Chimène au silence ;
Si tu l'aimes, apprends que revenir vainqueur
C'est l'unique moyen de regagner son cœur.
Mais le temps est trop cher pour le perdre en paroles ;
Je t'arrête en discours, et je veux que tu voles.
Viens, suis-moi, va combattre, et montrer à ton roi
Que ce qu'il perd au comte il le recouvre en toi.

[1] Var. Pousse-la plus avant ; force par ta vaillance
　　　La justice au pardon, et Chimène au silence ;
　　　Si tu l'aimes, apprends que retourner vainqueur. (1637-48.)

FIN DU TROISIÈME ACTE.

ACTE QUATRIÈME.

SCÈNE I.

CHIMÈNE, ELVIRE.

CHIMÈNE.
N'est-ce point un faux bruit? le sais-tu bien, Elvire[1]?
ELVIRE.
Vous ne croiriez jamais comme chacun l'admire,
Et porte jusqu'au ciel, d'une commune voix,
De ce jeune héros les glorieux exploits.
Les Maures devant lui n'ont paru qu'à leur honte;
Leur abord fut bien prompt, leur fuite encor plus prompte;
Trois heures de combat laissent à nos guerriers
Une victoire entière et deux rois prisonniers.
La valeur de leur chef ne trouvoit point d'obstacles.
CHIMÈNE.
Et la main de Rodrigue a fait tous ces miracles!
ELVIRE.
De ses nobles efforts ces deux rois sont le prix;
Sa main les a vaincus, et sa main les a pris.

---

[1] Ce combat n'est point étranger à la pièce; il fait, au contraire, une partie du nœud, et prépare le dénouement en affaiblissant nécessairement la poursuite de Chimène, et rendant Rodrigue digne d'elle. Il fait, si je ne me trompe, souhaiter au spectateur que Chimène oublie la mort de son père en faveur de sa patrie, et qu'elle puisse enfin se donner un jour à Rodrigue. (V.)

CHIMÈNE.
De qui peux-tu savoir ces nouvelles étranges?
ELVIRE.
Du peuple, qui par-tout fait sonner ses louanges,
Le nomme de sa joie et l'objet et l'auteur,
Son ange tutélaire, et son libérateur.
CHIMÈNE.
Et le roi, de quel œil voit-il tant de vaillance?
ELVIRE.
Rodrigue n'ose encor paroître en sa présence;
Mais don Diègue ravi lui présente enchaînés,
Au nom de ce vainqueur, ces captifs couronnés,
Et demande pour grace à ce généreux prince
Qu'il daigne voir la main qui sauve la province.
CHIMÈNE.
Mais n'est-il point blessé?
ELVIRE.
Je n'en ai rien appris.
Vous changez de couleur! reprenez vos esprits.
CHIMÈNE.
Reprenons donc aussi ma colère affoiblie :
Pour avoir soin de lui faut-il que je m'oublie?
On le vante, on le loue, et mon cœur y consent :
Mon honneur est muet, mon devoir impuissant!
Silence, mon amour, laisse agir ma colère;
S'il a vaincu deux rois, il a tué mon père;
Ces tristes vêtements, où je lis mon malheur,
Sont les premiers effets qu'ait produits sa valeur;
Et quoi qu'on die ailleurs d'un cœur si magnanime[1],
Ici tous les objets me parlent de son crime.

[1] Var. Et combien que pour lui tout un peuple s'anime. (1637-48.)

Vous qui rendez la force à mes ressentiments,
Voile, crêpes, habits, lugubres ornements,
Pompe où m'ensevelit sa première victoire,
Contre ma passion soutenez bien ma gloire;
Et lorsque mon amour prendra trop de pouvoir,
Parlez à mon esprit de mon triste devoir,
Attaquez sans rien craindre une main triomphante.

ELVIRE.

Modérez ces transports, voici venir l'Infante.

SCÈNE II.

L'INFANTE, CHIMÈNE, LÉONOR, ELVIRE.

L'INFANTE[1].

Je ne viens pas ici consoler tes douleurs;
Je viens plutôt mêler mes soupirs à tes pleurs.

CHIMÈNE.

Prenez bien plutôt part à la commune joie,
Et goûtez le bonheur que le ciel vous envoie,
Madame : autre que moi n'a droit de soupirer.
Le péril dont Rodrigue a su vous retirer,
Et le salut public que vous rendent ses armes,
A moi seule aujourd'hui souffrent encor les larmes[2].
Il a sauvé la ville, il a servi son roi;
Et son bras valeureux n'est funeste qu'à moi.

---

[1] Pour toutes ces scènes de l'Infante, on convient unanimement de leur inutilité insipide; et celle-ci est d'autant plus superflue que Chimène y répète avec faiblesse ce qu'elle vient de dire avec force à sa confidente. (V.)

[2] VAR. A moi seule aujourd'hui permet encor les larmes. (1637-48.)

ACTE IV, SCÈNE II.

L'INFANTE.

Ma Chimène, il est vrai qu'il a fait des merveilles.

CHIMÈNE.

Déja ce bruit fâcheux a frappé mes oreilles;
Et je l'entends par-tout publier hautement
Aussi brave guerrier que malheureux amant.

L'INFANTE.

Qu'a de fâcheux pour toi ce discours populaire?
Ce jeune Mars qu'il loue a su jadis te plaire;
Il possédoit ton ame, il vivoit sous tes lois,
Et vanter sa valeur, c'est honorer ton choix.

CHIMÈNE.

Chacun peut la vanter avec quelque justice [1],
Mais pour moi sa louange est un nouveau supplice.
On aigrit ma douleur en l'élevant si haut :
Je vois ce que je perds quand je vois ce qu'il vaut.
Ah! cruels déplaisirs à l'esprit d'une amante!
Plus j'apprends son mérite, et plus mon feu s'augmente :
Cependant mon devoir est toujours le plus fort,
Et malgré mon amour va poursuivre sa mort.

L'INFANTE.

Hier ce devoir te mit en une haute estime [2];
L'effort que tu te fis parut si magnanime,
Si digne d'un grand cœur, que chacun à la cour

---

[1] VAR. J'accorde que chacun la vante avec justice. (1637-48.)

[2] Cet *hier* fait voir que la pièce dure deux jours dans Corneille : l'unité de temps n'était pas encore une règle bien reconnue. Cependant si la querelle du comte et sa mort arrivent la veille au soir, et si le lendemain tout est fini à la même heure, l'unité de temps est observée. Les événements ne sont point aussi pressés qu'on l'a reproché à Corneille, et tout est assez vraisemblable. (V.)

Admiroit ton courage et plaignoit ton amour.
Mais croirois-tu l'avis d'une amitié fidèle?
CHIMÈNE.
Ne vous obéir pas me rendroit criminelle.
L'INFANTE.
Ce qui fut juste alors ne l'est plus aujourd'hui [1].
Rodrigue maintenant est notre unique appui,
L'espérance et l'amour d'un peuple qui l'adore,
Le soutien de Castille, et la terreur du Maure.
Le roi même est d'accord de cette vérité [2],
Que ton père en lui seul se voit ressuscité;
Et si tu veux enfin qu'en deux mots je m'explique,
Tu poursuis en sa mort la ruine publique.
Quoi! pour venger un père est-il jamais permis
De livrer sa patrie aux mains des ennemis?
Contre nous ta poursuite est-elle légitime?
Et pour être punis avons-nous part au crime?
Ce n'est pas qu'après tout tu doives épouser
Celui qu'un père mort t'obligeoit d'accuser;
Je te voudrois moi-même en arracher l'envie:
Ote-lui ton amour, mais laisse-nous sa vie.
CHIMÈNE.
Ah! ce n'est pas à moi d'avoir tant de bonté [3];
Le devoir qui m'aigrit n'a rien de limité.
Quoique pour ce vainqueur mon amour s'intéresse,
Quoiqu'un peuple l'adore, et qu'un roi le caresse,

---

[1] VAR. Ce qui fut bon alors ne l'est plus aujourd'hui. (1637-48.)

[2] VAR. Ses faits nous ont rendu ce qu'ils nous ont ôté,
Et ton père en lui seul se voit ressuscité. (1637-48.)

[3] VAR. Ah, madame! souffrez qu'avecque liberté
Je pousse jusqu'au bout ma générosité.
Quoique mon cœur pour lui contre moi s'intéresse. (1637-48.)

ACTE IV, SCÈNE II. 221

Qu'il soit environné des plus vaillants guerriers,
J'irai sous mes cyprès accabler ses lauriers.

L'INFANTE.

C'est générosité quand, pour venger un père,
Notre devoir attaque une tête si chère ;
Mais c'en est une encor d'un plus illustre rang,
Quand on donne au public les intérêts du sang[1].
Non, crois-moi, c'est assez que d'éteindre ta flamme ;
Il sera trop puni s'il n'est plus dans ton ame.
Que le bien du pays t'impose cette loi ;
Aussi bien que crois-tu que t'accorde le roi ?

CHIMÈNE.

Il peut me refuser, mais je ne puis me taire[2].

L'INFANTE.

Pense bien, ma Chimène, à ce que tu veux faire.
Adieu : tu pourras seule y penser à loisir[3].

CHIMÈNE.

Après mon père mort, je n'ai point à choisir.

---

[1] Il y a bien des négligences dans ces quatre vers. Deux générosités, dont l'une est d'un rang plus illustre que l'autre, ne sauraient se dire en français. *Donner au public,* pour *sacrifier à la patrie,* est tout à fait impropre. *Mais c'en est une encor,* ne serait admissible que si l'auteur avait mis dans sa première phrase : *C'est* UNE *générosité quand.* Remarquez que *en* et *une* ne peuvent se rapporter à un substantif absolu. (A.-M.)

[2] VAR. Il peut me refuser, mais je ne me puis taire. (1637-48.)

[3] VAR. Adieu ; tu pourras seule y songer à loisir. (1637-48.)

SCÈNE III[1].

D. FERNAND, D. DIÈGUE, D. ARIAS, D. RODRIGUE, D. SANCHE.

D. FERNAND.
Généreux héritier d'une illustre famille
Qui fut toujours la gloire et l'appui de Castille,
Race de tant d'aïeux en valeur signalés,
Que l'essai de la tienne a sitôt égalés,
Pour te récompenser ma force est trop petite ;
Et j'ai moins de pouvoir que tu n'as de mérite.
Le pays délivré d'un si rude ennemi,
Mon sceptre dans ma main par la tienne affermi,
Et les Maures défaits avant qu'en ces alarmes
J'eusse pu donner ordre à repousser leurs armes[2],
Ne sont point des exploits qui laissent à ton roi
Le moyen ni l'espoir de s'acquitter vers toi.
Mais deux rois tes captifs feront ta récompense :
[3] Ils t'ont nommé tous deux leur Cid en ma présence.

---

[1] La scène précédente se passe chez Chimène, et celle-ci au palais du roi. Corneille a négligé d'indiquer ces changements de lieu, qui à cette époque étaient acceptés du public. (A.-M.)

[2] Le roi ne joue pas là un personnage bien respectable ; il avoue qu'il n'a donné ordre à rien. (V.)

[3] IMIT.
           DON SANCHO.
El mio Cid le ha llamado.
           REY MORO.
En mi lengua es mi señor.
           REY DE CASTILLA.
Ese nombre le está bien.
           REY MORO.
Entre Moros le ha tenido.

ACTE IV, SCÈNE III.

¹ Puisque Cid en leur langue est autant que seigneur,
Je ne t'envierai pas ce beau titre d'honneur.
Sois désormais le Cid ; qu'à ce grand nom tout cède ;
Qu'il comble d'épouvante et Grenade et Tolède,
Et qu'il marque à tous ceux qui vivent sous mes lois
Et ce que tu me vaux, et ce que je te dois.

D. RODRIGUE.

Que votre majesté, sire, épargne ma honte ².
D'un si foible service elle fait trop de compte,

Ce seul passage du *Cid* espagnol : *El mio Cid le ha llamado*, etc., fait voir la supériorité du poëte français en ce point; car, que font là ces trois Maures que Guillem de Castro introduit? rien autre chose que de former un vain spectacle. C'est le principal défaut de toutes les pièces espagnoles et anglaises de ces temps-là. L'appareil, la pompe du spectacle, sont une beauté sans doute; mais il faut que cette beauté soit nécessaire. La tragédie ne consiste pas dans un vain amusement des yeux. On représente sur le théâtre de Londres des enterrements, des exécutions, des couronnements; il n'y manque que des combats de taureaux. (V.)

¹ IMIT.   REY DE CASTILLA.
Pues allá le ha merecido,
En mis tierras se le den.
Llamarle el Cid es razon.

² Le mot *honte* n'est pas le mot propre. Une valeur qui *ne va point dans l'excès* est plus impropre encore. (V.) — *Épargne ma honte*, c'est-à-dire, *épargne moi honteux*. Honte est employé ici pour *pudor*, et c'est un sens qu'il a conservé dans quelques phrases encore d'usage aujourd'hui. Ainsi l'on dit très bien : *je suis honteux de vos bontés*, ce qui ne veut pas dire : *vos bontés me couvrent de honte*; mais : *vos bontés font rougir ma modestie*. On pourrait traduire le vers de Rodrigue par ces mots : *Épargnez-moi, sire; je suis tout honteux de m'entendre donner des louanges tellement au-dessus de mon mérite*. Et, en effet, l'expression de Corneille disait tout cela à ses contemporains. Il est malheureux qu'on ne puisse plus l'employer. (A.-M.)

Et me force à rougir devant un si grand roi
De mériter si peu l'honneur que j'en reçoi.
Je sais trop que je dois au bien de votre empire,
Et le sang qui m'anime, et l'air que je respire ;
Et, quand je les perdrai pour un si digne objet,
Je ferai seulement le devoir d'un sujet.

D. FERNAND.

Tous ceux que ce devoir à mon service engage
Ne s'en acquittent pas avec même courage ;
Et lorsque la valeur ne va point dans l'excès,
Elle ne produit point de si rares succès.
Souffre donc qu'on te loue, et de cette victoire
Apprends-moi plus au long la véritable histoire.

D. RODRIGUE.

Sire, vous avez su qu'en ce danger pressant,
Qui jeta dans la ville un effroi si puissant,
Une troupe d'amis chez mon père assemblée
Sollicita mon ame encor toute troublée....
Mais, sire, pardonnez à ma témérité,
Si j'osai l'employer sans votre autorité ;
Le péril approchoit ; leur brigade étoit prête ;
Me montrant à la cour, je hasardois ma tête[1] :
Et, s'il falloit la perdre, il m'étoit bien plus doux
De sortir de la vie en combattant pour vous.

D. FERNAND.

J'excuse ta chaleur à venger ton offense ;
Et l'état défendu me parle en ta défense :
Crois que dorénavant Chimène a beau parler,
Je ne l'écoute plus que pour la consoler.

[1] Var. Et paroître à la cour eût hasardé ma tête,
Qu'à défendre l'état j'aimois bien mieux donner,
Qu'aux plaintes de Chimène ainsi l'abandonner. (1637-48.)

ACTE IV, SCÈNE III.

Mais poursuis.

D. RODRIGUE.
Sous moi donc cette troupe s'avance,
Et porte sur le front une mâle assurance.
Nous partîmes cinq cents; mais, par un prompt renfort,
Nous nous vîmes trois mille en arrivant au port[1],
Tant, à nous voir marcher avec un tel visage[2],
Les plus épouvantés reprenoient de courage!
J'en cache les deux tiers, aussitôt qu'arrivés[3],

[1] L'Académie n'a point repris cet endroit, qui consiste à substituer l'aoriste au simple passé. *Je vis, je fis, j'allai, je partis*, ne peut se dire d'une chose faite le jour où l'on parle. Plût à Dieu que cette licence fût permise en poésie! car *nous nous sommes vus cinq cents, nous sommes partis*, est bien languissant; on eût pu dire :

Nous n'étions que cinq cents; mais, par un prompt renfort,
Nous nous voyons trois mille en arrivant au port.

L'Académie ne prononça point sur cette faute, uniquement par la raison que Scudéry ne l'avait pas relevée, et qu'elle se borna, comme je l'ai déja dit, à juger entre Corneille et Scudéry. (V.) — Dans toutes les langues, l'*aoriste* ou *prétérit défini* s'emploie quand l'action dont on parle est entièrement terminée. Or, la bataille est bien terminée; donc il n'y a pas faute. J'ignore sur quelle autorité les grammairiens ont imaginé d'établir qu'on ne devait jamais se servir de l'aoriste en parlant d'une chose faite *le jour où l'on parle*. C'est une chose très singulière que la rotation diurne de notre planète ait pu devenir la raison suffisante d'une règle de grammaire. (A.-M.)

[2] VAR. Tant, à nous voir marcher en si bon équipage. (1637-48.)

[3] Ellipse, pour : *aussitôt qu'ils furent arrivés*. L'Académie a blâmé cette hardiesse, et Voltaire l'a louée. Il remarque avec raison que *aussitôt qu'arrivés* est une expression vive, rapide, qui convient à la situation; tandis que l'autre expression eût été régulière, mais languissante. Il est des cas où il faut oser créer sa langue. (A.-M.)

Dans le fond des vaisseaux qui lors furent trouvés :
Le reste, dont le nombre augmentoit à toute heure,
Brûlant d'impatience, autour de moi demeure,
Se couche contre terre, et, sans faire aucun bruit,
Passe une bonne part d'une si belle nuit.
Par mon commandement la garde en fait de même,
Et, se tenant cachée, aide à mon stratagème;
Et je feins hardiment d'avoir reçu de vous
L'ordre qu'on me voit suivre et que je donne à tous.
Cette obscure clarté qui tombe des étoiles
Enfin avec le flux nous fait voir trente voiles;
L'onde s'enfle dessous, et d'un commun effort[1]
Les Maures et la mer montent jusques au port.
On les laisse passer; tout leur paroît tranquille;
Point de soldats au port, point aux murs de la ville.
Notre profond silence abusant leurs esprits,
Ils n'osent plus douter de nous avoir surpris;
Ils abordent sans peur, ils ancrent, ils descendent,
Et courent se livrer aux mains qui les attendent.
Nous nous levons alors, et tous en même temps
Poussons jusques au ciel mille cris éclatants;
Les nôtres, à ces cris, de nos vaisseaux répondent[2];
Ils paroissent armés, les Maures se confondent,
L'épouvante les prend à demi descendus;
Avant que de combattre ils s'estiment perdus.
Ils couroient au pillage, et rencontrent la guerre;
Nous les pressons sur l'eau, nous les pressons sur terre,
Et nous faisons courir des ruisseaux de leur sang,
Avant qu'aucun résiste ou reprenne son rang.

[1] Var. L'onde s'enfloit dessous, et, d'un commun effort,
   Les Maures et la mer entrèrent dans le port. (1637-48.)

[2] Var. Les nôtres au signal de nos vaisseaux répondent. (1637-48.)

ACTE IV, SCÈNE III.

Mais bientôt, malgré nous, leurs princes les rallient,
Leur courage renaît, et leurs terreurs s'oublient :
La honte de mourir sans avoir combattu
Arrête leur désordre, et leur rend leur vertu [1].
Contre nous de pied ferme ils tirent leurs alfanges [2],
De notre sang au leur font d'horribles mélanges ;
Et la terre, et le fleuve, et leur flotte, et le port,
Sont des champs de carnage où triomphe la mort.
O combien d'actions, combien d'exploits célèbres
Sont demeurés sans gloire au milieu des ténèbres [3],
Où chacun, seul témoin des grands coups qu'il donnoit,
Ne pouvoit discerner où le sort inclinoit !
J'allois de tous côtés encourager les nôtres,
Faire avancer les uns, et soutenir les autres,
Ranger ceux qui venoient, les pousser à leur tour ;
Et ne l'ai pu savoir jusques au point du jour [4]
Mais enfin sa clarté montre notre avantage ;
Le Maure voit sa perte, et perd soudain courage [5] :
Et, voyant un renfort qui nous vient secourir,
L'ardeur de vaincre cède à la peur de mourir.
Ils gagnent leurs vaisseaux, ils en coupent les câbles,

[1] Var. Rétablit leur désordre, et leur rend leur vertu.
    Contre nous, de pied ferme, ils tirent les épées ;
    Des plus braves soldats les trames sont coupées. (1637-48.)

[2] *Alfange* est un mot espagnol qui signifie *sabre, cimeterre, coutelas*. L'épée était alors une arme inconnue aux Maures ; et ce fut là sans doute le motif qui détermina Corneille à changer ce mot. (Par.)

[3] Var Furent ensevelis dans l'horreur des ténèbres. (1637-48.)

[4] Var. Et n'en pus rien savoir jusques au point du jour. (1637-48.)

[5] Var. Le Maure vit sa perte, et perdit le courage ;
    Et, voyant un renfort qui nous vint secourir,
    Changea l'ardeur de vaincre à la peur de mourir. (1637-48.)

Poussent jusques aux cieux des cris épouvantables[1],
Font retraite en tumulte, et sans considérer
Si leurs rois avec eux peuvent se retirer[2].
Pour souffrir ce devoir, leur frayeur est trop forte;
Le flux les apporta, le reflux les remporte;
Cependant que leurs rois, engagés parmi nous,
Et quelque peu des leurs, tous percés de nos coups,
Disputent vaillamment et vendent bien leur vie.
A se rendre moi-même en vain je les convie;
Le cimeterre au poing ils ne m'écoutent pas :
Mais voyant à leurs pieds tomber tous leurs soldats,
Et que seuls désormais en vain ils se défendent[3],
Ils demandent le chef; je me nomme, ils se rendent.
Je vous les envoyai tous deux en même temps;
Et le combat cessa faute de combattants.

C'est de cette façon que, pour votre service....

---

[1] Ce vers est faible, et, ce qui est plus malheureux, il en remplace un excellent. Corneille avait mis d'abord :

Nous laissent pour adieux des cris épouvantables. (1637-48.)

Cette métaphore admirable subit la critique de l'Académie : « On ne dit point *laisser un adieu*, ni *laisser des cris*; outre que les « vaincus ne disent jamais adieu aux vainqueurs. » Il est bon de conserver de pareilles critiques, pour prouver combien Corneille était au-dessus de ses juges. Nous avons dû respecter le texte établi par Corneille lui-même dans la dernière édition qu'il a donnée de ses œuvres, mais en protestant contre la suppression d'un si beau vers. (A.-M.)

[2] Var. Si leurs rois avec eux ont pu se retirer. (1637-48.)

[3] Voyant *tomber leurs soldats*, et voyant *qu'ils se défendent*. On ne donnerait pas aujourd'hui au même verbe deux régimes si différents; mais c'était la syntaxe du temps de Corneille, comme le témoignent les remarques de Vaugelas et du père Bouhours. (A.-M.)

SCÈNE IV.

D. FERNAND, D. DIÈGUE, D. RODRIGUE, D. ARIAS, D. ALONSE, D. SANCHE.

D. ALONSE.

Sire, Chimène vient vous demander justice.

D. FERNAND.

La fâcheuse nouvelle, et l'importun devoir [1] !
Va, je ne la veux pas obliger à te voir.
Pour tous remerciements il faut que je te chasse :
[2] Mais avant que sortir, viens, que ton roi t'embrasse.
(D. Rodrigue rentre.)

D. DIÈGUE.

Chimène le poursuit, et voudroit le sauver.

D. FERNAND.

On m'a dit qu'elle l'aime, et je vais l'éprouver.
Montrez un œil plus triste [3].

---

[1] Dès ce moment Rodrigue ne peut plus être puni ; toutes les poursuites de Chimène paraissent surabondantes. Elle est donc si loin de manquer aux bienséances, comme on le lui a reproché, qu'au contraire elle va au-delà de son devoir en demandant la mort d'un homme devenu si nécessaire à l'état. (V.)

[2] Imit. En premio de estas victorias
Ha de llevarse este abrazo.

[3] Var. Contrefaites le triste. (1637-48.)

SCÈNE V.

D. FERNAND, D. DIÈGUE, D. ARIAS,
D. SANCHE, D. ALONSE, CHIMÈNE,
ELVIRE.

D. FERNAND.

Enfin soyez contente,
Chimène, le succès répond à votre attente¹.
Si de nos ennemis Rodrigue a le dessus,
Il est mort à nos yeux des coups qu'il a reçus;
Rendez graces au ciel qui vous en a vengée.

(à D. Diègue.)

Voyez comme déja sa couleur est changée.

D. DIÈGUE.

Mais voyez qu'elle pâme, et d'un amour parfait,
Dans cette pâmoison, sire, admirez l'effet.
Sa douleur a trahi les secrets de son ame,
Et ne vous permet plus de douter de sa flamme.

CHIMÈNE.

Quoi! Rodrigue est donc mort?

D. FERNAND.

Non, non, il voit le jour,
Et te conserve encore un immuable amour :
Calme cette douleur qui pour lui s'intéresse².

---

¹ Cette petite ruse du roi est prise de l'auteur espagnol:
l'Académie ne la condamne pas. C'est apparemment le titre de
tragi-comédie qui la disposait à cette indulgence; car ce moyen
paraît aujourd'hui peu digne de la noblesse du tragique. (V.)

² VAR. Tu le posséderas, reprends ton allégresse. (1637-48.)

ACTE IV, SCÈNE V.

CHIMÈNE.

[1] Sire, on pâme de joie, ainsi que de tristesse [2] :
Un excès de plaisir nous rend tout languissants ;
Et, quand il surprend l'ame, il accable les sens.

D. FERNAND.

Tu veux qu'en ta faveur nous croyions l'impossible ?
Chimène, ta douleur a paru trop visible [3].

CHIMÈNE.

Eh bien, sire, ajoutez ce comble à mon malheur [4],
Nommez ma pâmoison l'effet de ma douleur :
Un juste déplaisir à ce point m'a réduite ;
Son trépas déroboit sa tête à ma poursuite ;
S'il meurt des coups reçus pour le bien du pays,
Ma vengeance est perdue et mes desseins trahis :
Une si belle fin m'est trop injurieuse.
Je demande sa mort, mais non pas glorieuse,
Non pas dans un éclat qui l'élève si haut,
Non pas au lit d'honneur, mais sur un échafaud ;
Qu'il meure pour mon père, et non pour la patrie ;
Que son nom soit taché, sa mémoire flétrie.
Mourir pour le pays n'est pas un triste sort,
C'est s'immortaliser par une belle mort.
J'aime donc sa victoire, et je le puis sans crime ;
Elle assure l'état, et me rend ma victime,

---

[1] IMIT. Tanto atribula un placer,
Como congoja un pesar.

[2] On ne dit pas *pâmer, évanouir* ; on dit *se pâmer, s'évanouir*. Cette défaite de Chimène est comique, et fait rire. La faute est de l'original ; mais ses termes sont plus convenables. (V)

[3] VAR. Ta tristesse, Chimène, a paru trop visible. (1637-48.)

[4] VAR. Eh bien, sire, ajoutez ce comble à mes malheurs,
Nommez ma pâmoison l'effet de mes douleurs. (1637-48.)

Mais noble, mais fameuse entre tous les guerriers,
Le chef, au lieu de fleurs, couronné de lauriers;
Et, pour dire en un mot ce que j'en considère,
Digne d'être immolée aux mânes de mon père....
   Hélas! à quel espoir me laissé-je emporter!
Rodrigue de ma part n'a rien à redouter;
Que pourroient contre lui des larmes qu'on méprise?
¹ Pour lui tout votre empire est un lieu de franchise;
Là, sous votre pouvoir, tout lui devient permis;
Il triomphe de moi comme des ennemis.
Dans leur sang répandu la justice étouffée ²
Au crime du vainqueur sert d'un nouveau trophée;
Nous en croissons la pompe, et le mépris des lois
Nous fait suivre son char au milieu de deux rois.

D. FERNAND.

Ma fille, ces transports ont trop de violence.
Quand on rend la justice on met tout en balance.
On a tué ton père, il étoit l'agresseur;
Et la même équité m'ordonne la douceur.
Avant que d'accuser ce que j'en fais paroître,
Consulte bien ton cœur; Rodrigue en est le maître;
Et ta flamme en secret rend graces à ton roi,
³ Dont la faveur conserve un tel amant pour toi.

CHIMÈNE.

Pour moi! mon ennemi! l'objet de ma colère!

---

¹ Imit. Son tus ojos sus espias,
   Tu retrete su sagrado,
   Tu favor sus alas libres.

² Var. Dans leur sang épandu la justice étouffée. (1637-48.)

³ Imit. Si he guardado á Rodrigo
   Quizá para vos le guardo.

L'auteur de mes malheurs! l'assassin de mon père[1]!
De ma juste poursuite on fait si peu de cas,
Qu'on me croit obliger en ne m'écoutant pas!
   Puisque vous refusez la justice à mes larmes,
Sire, permettez-moi de recourir aux armes;
C'est par-là seulement qu'il a su m'outrager,
Et c'est aussi par-là que je me dois venger.
A tous vos cavaliers je demande sa tête[2];
Oui, qu'un d'eux me l'apporte, et je suis sa conquête;
Qu'ils le combattent, sire; et, le combat fini,
J'épouse le vainqueur, si Rodrigue est puni[3];
Sous votre autorité souffrez qu'on le publie.

D. FERNAND.

Cette vieille coutume en ces lieux établie,
Sous couleur de punir un injuste attentat,

[1] Chimène a tort d'appeler Rodrigue assassin; il ne l'est pas: elle l'a appelé elle-même *brave homme, homme de bien*. (V.) — Ici Chimène, par des invectives exagérées, cherche à s'exciter elle-même, parcequ'elle se sent faiblir. Comment ce trait a-t-il échappé à Voltaire? (A.-M.)

[2] Var. A tous vos chevaliers je demande sa tête. (1637-44.)

[3] Ici Chimène dit qu'elle épousera le vainqueur, *si Rodrigue est puni*. Plus bas, le roi veut que le vainqueur, *qui qu'il soit*, reçoive la foi de Chimène; et celle-ci s'écrie:

   Quoi! sire, m'imposer une si dure loi!

Que penser du jugement de l'Académie, qui accuse Chimène de ne pas faire assez pour venger son père? et de Scudéry, qui traite Chimène d'*impudique*, et dit que la vertu est bannie de la conclusion de ce poëme, qu'il est une instruction au mal, et un aiguillon pour nous y pousser? Enfin, Scudéry pousse la fureur jusqu'à souhaiter que cette *Danaïde* soit frappée de la foudre. On est honteux de rapporter de pareilles choses; mais il n'était pas inutile de conserver au moins un échantillon d'une critique qui obtint un succès presque égal à celui du *Cid*. (A.-M.)

Des meilleurs combattants affoiblit un état;
Souvent de cet abus le succès déplorable
Opprime l'innocent, et soutient le coupable.
J'en dispense Rodrigue, il m'est trop précieux
Pour l'exposer aux coups d'un sort capricieux;
Et, quoi qu'ait pu commettre un cœur si magnanime,
Les Maures en fuyant ont emporté son crime.

D. DIÈGUE.

Quoi! sire, pour lui seul vous renversez des lois
Qu'a vu toute la cour observer tant de fois?
Que croira votre peuple, et que dira l'envie,
Si sous votre défense il ménage sa vie,
Et s'en fait un prétexte à ne paroître pas[1]
Où tous les gens d'honneur cherchent un beau trépas?
De pareilles faveurs terniroient trop sa gloire[2];
Qu'il goûte sans rougir les fruits de sa victoire.
Le comte eut de l'audace, il l'en a su punir :
Il l'a fait en brave homme, et le doit maintenir[3].

D. FERNAND.

Puisque vous le voulez, j'accorde qu'il le fasse :
Mais d'un guerrier vaincu mille prendroient la place;
Et le prix que Chimène au vainqueur a promis
De tous mes cavaliers feroit ses ennemis[4] :
L'opposer seul à tous seroit trop d'injustice;
Il suffit qu'une fois il entre dans la lice.
Choisis qui tu voudras, Chimène, et choisis bien;
Mais après ce combat ne demande plus rien.

---

[1] Var. Et s'en sert d'un prétexte à ne paroître pas. (1637-48.)

[2] Var. Sire, ôtez ces faveurs qui terniroient sa gloire. (1637-48.)

[3] Var. Il l'a fait en brave homme, et le doit soutenir. (1637-48.)

[4] Var. De tous mes chevaliers feroit ses ennemis. (1637-48.)

ACTE IV, SCÈNE V.

D. DIÈGUE.

N'excusez point par-là ceux que son bras étonne;
Laissez un champ ouvert où n'entrera personne [1].
Après ce que Rodrigue a fait voir aujourd'hui,
Quel courage assez vain s'oseroit prendre à lui?
Qui se hasarderoit contre un tel adversaire?
Qui seroit ce vaillant, ou bien ce téméraire?

D. SANCHE.

Faites ouvrir le champ : vous voyez l'assaillant [2];
Je suis ce téméraire, ou plutôt ce vaillant.
Accordez cette grace à l'ardeur qui me presse,
Madame; vous savez quelle est votre promesse.

D. FERNAND.

Chimène, remets-tu ta querelle en sa main?

CHIMÈNE.

Sire, je l'ai promis.

D. FERNAND.

Soyez prêt à demain.

D. DIÈGUE.

Non, sire, il ne faut pas différer davantage :
On est toujours trop prêt quand on a du courage.

D. FERNAND.

Sortir d'une bataille, et combattre à l'instant!

D. DIÈGUE.

Rodrigue a pris haleine en vous la racontant.

D. FERNAND.

Du moins une heure ou deux je veux qu'il se délasse.
Mais de peur qu'en exemple un tel combat ne passe,
Pour témoigner à tous qu'à regret je permets

---

[1] Var. Laissez un camp ouvert où n'entrera personne. (1637-48.)

[2] Var. Faites ouvrir le camp : vous voyez l'assaillant. (1637-48.)

Un sanglant procédé qui ne me plut jamais,
De moi ni de ma cour il n'aura la présence [1].

(à D. Arias.)

Vous seul des combattants jugerez la vaillance.
Ayez soin que tous deux fassent en gens de cœur,
Et, le combat fini, m'amenez le vainqueur.
Qui qu'il soit, même prix est acquis à sa peine [2];
Je le veux de ma main présenter à Chimène,
Et que, pour récompense, il reçoive sa foi [3].

CHIMÈNE.

Quoi! sire, m'imposer une si dure loi [4]!

D. FERNAND.

Tu t'en plains; mais ton feu, loin d'avouer ta plainte,
Si Rodrigue est vainqueur, l'accepte sans contrainte.
Cesse de murmurer contre un arrêt si doux;
Qui que ce soit des deux, j'en ferai ton époux.

---

[1] Ce tour est très adroit; il donne lieu à la scène dans laquelle don Sanche apporte son épée à Chimène. (V.)

[2] VAR. Quel qu'il soit, même prix est acquis à sa peine. (1637-48.)

[3] Avec le respect que j'ai pour l'Académie, il me semble, comme au public, qu'il n'est point du tout contre la vraisemblance qu'un roi promette pour époux le vengeur de la patrie à une fille qui, malgré elle, aime éperdument ce héros, surtout si l'on considère que son duel avec le comte de Gormas était, en ce temps-là, regardé de tout le monde comme l'action d'un brave homme, dont il n'a pu se dispenser. (V.) — Ajoutons que toute la conduite du roi montre bien qu'il n'entend point faire violence à Chimène, mais lui fournir seulement un motif spécieux de se rendre à ce qu'elle desire le plus. (A.-M.)

[4] VAR. Sire, c'est me donner une trop dure loi. (1637-48.)

FIN DU QUATRIÈME ACTE.

ACTE CINQUIÈME.

SCÈNE I.

D. RODRIGUE, CHIMÈNE.

CHIMÈNE.
Quoi! Rodrigue, en plein jour! d'où te vient cette audace?
Va, tu me perds d'honneur; retire-toi, de grace.

D. RODRIGUE.
Je vais mourir, madame, et vous viens en ce lieu [1],
Avant le coup mortel, dire un dernier adieu;
Cet immuable amour qui sous vos lois m'engage [2],
N'ose accepter ma mort sans vous en faire hommage.

CHIMÈNE.
Tu vas mourir!

D. RODRIGUE.
Je cours à ces heureux moments

---

[1] En quel lieu? Il est triste que ce mot *adieu* n'ait que *lieu* pour rime. C'est un des grands inconvénients de notre langue. (V.) — En quel lieu? dit Voltaire. — Mais dans le palais même de Chimène. C'est ce que Chimène explique parfaitement, lorsqu'elle s'écrie: *Quoi! Rodrigue, en plein jour!* (A.-M.)

[2] VAR. Mon amour vous le doit, et mon cœur, qui soupire,
    N'ose, sans votre aveu, sortir de votre empire.
             CHIMÈNE.
Tu vas mourir!
         D. RODRIGUE.
        J'y cours, et le comte est vengé
Aussitôt que de vous j'en aurai le congé. (1637-48.)

Qui vont livrer ma vie à vos ressentiments.

CHIMÈNE.

Tu vas mourir! Don Sanche est-il si redoutable,
Qu'il donne l'épouvante à ce cœur indomptable?
Qui t'a rendu si foible? ou qui le rend si fort?
Rodrigue va combattre, et se croit déja mort!
Celui qui n'a pas craint les Maures, ni mon père,
Va combattre don Sanche, et déja désespère!
Ainsi donc au besoin ton courage s'abat!

D. RODRIGUE.

Je cours à mon supplice, et non pas au combat;
Et ma fidèle ardeur sait bien m'ôter l'envie,
Quand vous cherchez ma mort, de défendre ma vie.
J'ai toujours même cœur; mais je n'ai point de bras
Quand il faut conserver ce qui ne vous plaît pas;
Et déja cette nuit m'auroit été mortelle,
Si j'eusse combattu pour ma seule querelle;
Mais défendant mon roi, son peuple, et mon pays[1],
A me défendre mal je les aurois trahis.
Mon esprit généreux ne hait pas tant la vie,
Qu'il en veuille sortir par une perfidie :
Maintenant qu'il s'agit de mon seul intérêt,
Vous demandez ma mort, j'en accepte l'arrêt.
Votre ressentiment choisit la main d'un autre;
Je ne méritois pas de mourir de la vôtre.
On ne me verra point en repousser les coups;
Je dois plus de respect à qui combat pour vous;
Et, ravi de penser que c'est de vous qu'ils viennent,
Puisque c'est votre honneur que ses armes soutiennent,
Je lui vais présenter mon estomac ouvert,

---

[1] VAR. Mais défendant mon roi, son peuple, et le pays. (1637-48.)

ACTE V, SCÈNE I.

Adorant en sa main la vôtre qui me perd ¹

CHIMÈNE.

Si d'un triste devoir la juste violence,
Qui me fait malgré moi poursuivre ta vaillance,
Prescrit à ton amour une si forte loi
Qu'il te rend sans défense à qui combat pour moi,
En cet aveuglement ne perds pas la mémoire
Qu'ainsi que de ta vie il y va de ta gloire,
Et que, dans quelque éclat que Rodrigue ait vécu,
Quand on le saura mort, on le croira vaincu.

Ton honneur t'est plus cher que je ne te suis chère ²,
Puisqu'il trempe tes mains dans le sang de mon père,
Et te fait renoncer, malgré ta passion,
A l'espoir le plus doux de ma possession :
Je t'en vois cependant faire si peu de compte,

---

¹ C'est dommage que ces sentiments ne soient point du tout naturels. Il paraît assez ridicule de dire qu'il doit du respect à don Sanche, et qu'il va lui présenter son estomac ouvert. Ces idées sont prises dans ces misérables romans qui n'ont rien de vraisemblable, ni dans les aventures, ni dans les sentiments, ni dans les expressions ; tout était hors de la nature dans ces impertinents ouvrages qui gâtèrent si long-temps le goût de la nation. Un héros n'osait ni vivre ni mourir sans le congé de sa dame. Scudéry n'avait garde de condamner ces idées romanesques dans Corneille, lui qui en avait rempli ses ridicules ouvrages. (V.) — La chevalerie était dans les idées et dans les mœurs de tous les peuples modernes, avant d'être dans ces romans que Voltaire méprise trop. Elle fut l'expression du christianisme dans la féodalité. Une fois passée, elle n'est plus que de l'histoire, et, si l'on veut, une sublime folie ; mais enfin *elle a été*, et il faut en accepter les souvenirs pour bien comprendre *le Cid*. (A.-M.)

² VAR. L'honneur te fut plus cher que je ne te suis chère,
    Puisqu'il trempa tes mains dans le sang de mon père,
    Et te fit renoncer, malgré ta passion. (1637-48.)

Que sans rendre combat tu veux qu'on te surmonte !
Quelle inégalité ravale ta vertu ?
Pourquoi ne l'as-tu plus, ou pourquoi l'avois-tu ?
Quoi ! n'es-tu généreux que pour me faire outrage ?
S'il ne faut m'offenser n'as-tu point de courage ?
Et traites-tu mon père avec tant de rigueur,
Qu'après l'avoir vaincu tu souffres un vainqueur ?
Va, sans vouloir mourir, laisse-moi te poursuivre[1] ;
Et défends ton honneur, si tu ne veux plus vivre[2].

D. RODRIGUE.

Après la mort du comte, et les Maures défaits,
Faudroit-il à ma gloire encor d'autres effets[3] ?
Elle peut dédaigner le soin de me défendre ;
On sait que mon courage ose tout entreprendre,
Que ma valeur peut tout, et que dessous les cieux,
Auprès de mon honneur, rien ne m'est précieux[4].
Non, non, en ce combat, quoi que vous veuilliez croire,
Rodrigue peut mourir sans hasarder sa gloire,
Sans qu'on l'ose accuser d'avoir manqué de cœur,
Sans passer pour vaincu, sans souffrir un vainqueur.
On dira seulement : « Il adoroit Chimène ;
« Il n'a pas voulu vivre et mériter sa haine ;
« Il a cédé lui-même à la rigueur du sort
« Qui forçoit sa maîtresse à poursuivre sa mort :
« Elle vouloit sa tête, et son cœur magnanime,

[1] VAR. Non ; sans vouloir mourir, laisse-moi te poursuivre. (1637-48.)

[2] Ce vers est également adroit et passionné ; il est plein d'art, mais de cet art que la nature inspire. Il me paraît admirable ; mais le discours de Chimène est un peu trop long. (V.)

[3] VAR. Mon honneur, appuyé sur de si grands effets,
      Contre un autre ennemi n'a plus à se défendre. (1637-48.)

[4] VAR. Quand mon honneur y va, rien ne m'est précieux. (1637-48.)

ACTE V, SCÈNE I.

« S'il l'en eût refusée, eût pensé faire un crime.
« Pour venger son honneur il perdit son amour,
« Pour venger sa maîtresse il a quitté le jour,
« Préférant (quelque espoir qu'eût son ame asservie)
« Son honneur à Chimène, et Chimène à sa vie. »
Ainsi donc vous verrez ma mort en ce combat,
Loin d'obscurcir ma gloire, en rehausser l'éclat ;
Et cet honneur suivra mon trépas volontaire,
Que tout autre que moi n'eût pu vous satisfaire [1].

CHIMÈNE.

Puisque, pour t'empêcher de courir au trépas,
Ta vie et ton honneur sont de foibles appas,
Si jamais je t'aimai, cher Rodrigue, en revanche,
Défends-toi maintenant pour m'ôter à don Sanche ;
Combats pour m'affranchir d'une condition
Qui me donne à l'objet de mon aversion [2].
Te dirai-je encor plus? va, songe à ta défense,
Pour forcer mon devoir, pour m'imposer silence ;
Et, si tu sens pour moi ton cœur encore épris [3],
Sors vainqueur d'un combat dont Chimène est le prix [4].
Adieu : ce mot lâché me fait rougir de honte.

---

[1] Cette réponse de Rodrigue paraît aussi alambiquée et alongée : cette dispute sur un sentiment très peu naturel a quelque chose des conversations de l'hôtel Rambouillet, où l'on quintessenciait des idées sophistiquées. (V.)

[2] Var. Qui me livre à l'objet de mon aversion. (1637-48.)

[3] Var. Et si jamais l'amour échauffa tes esprits. (1637-48.)

[4] *Sors vainqueur d'un combat dont Chimène est le prix*, est repris par Scudéry. C'est peut-être le plus beau vers de la pièce, et il obtient grace pour tous les sentiments un peu hors de la nature qu'on trouve dans cette scène, traitée d'ailleurs avec une grande supériorité de génie. Comment, après ce beau vers, peut-on ramener encore sur la scène notre pitoyable infante? (V.)

D. RODRIGUE, seul.

Est-il quelque ennemi qu'à présent je ne dompte?
Paroissez, Navarrois, Maures et Castillans ¹,
Et tout ce que l'Espagne a nourri de vaillants;
Unissez-vous ensemble, et faites une armée,
Pour combattre une main de la sorte animée :
Joignez tous vos efforts contre un espoir si doux;
Pour en venir à bout c'est trop peu que de vous.

SCÈNE II.

L'INFANTE.

T'écouterai-je encor, respect de ma naissance,
    Qui fais un crime de mes feux?
T'écouterai-je, amour, dont la douce puissance
Contre ce fier tyran fait révolter mes vœux ² ?
    Pauvre princesse! auquel des deux
    Dois-tu prêter obéissance?
Rodrigue, ta valeur te rend digne de moi;
Mais, pour être vaillant, tu n'es pas fils de roi.

Impitoyable sort, dont la rigueur sépare
    Ma gloire d'avec mes desirs!

---

¹ Je ne sais pourquoi on supprime ce morceau dans les représentations. *Paroissez, Navarrois,* était passé en proverbe; et c'est pour cela même qu'il faut réciter ces vers. Cet enthousiasme de valeur et d'espérance messied-il au Cid, encouragé par sa maitresse? (V.)—Ajoutez que ces vers étaient parfaitement dans les mœurs espagnoles du temps, et que personne n'a porté plus loin que Corneille ce mérite de peindre fidèlement les mœurs des nations qu'il met en scène. (P.)

² Var. Contre ce fier tyran fait rebeller mes vœux. (1637-48.)

ACTE V, SCÈNE II.

Est-il dit que le choix d'une vertu si rare
Coûte à ma passion de si grands déplaisirs?
 O cieux! à combien de soupirs
 Faut-il que mon cœur se prépare,
Si jamais il n'obtient sur un si long tourment [1]
Ni d'éteindre l'amour, ni d'accepter l'amant?

Mais c'est trop de scrupule, et ma raison s'étonne [2]
 Du mépris d'un si digne choix :
Bien qu'aux monarques seuls ma naissance me donne,
Rodrigue, avec honneur je vivrai sous tes lois.
 Après avoir vaincu deux rois,
 Pourrois-tu manquer de couronne?
Et ce grand nom de Cid que tu viens de gagner
Ne fait-il pas trop voir sur qui tu dois régner [3]?

Il est digne de moi, mais il est à Chimène;
 Le don que j'en ai fait me nuit.
Entre eux la mort d'un père a si peu mis de haine [4],
Que le devoir du sang à regret le poursuit :
 Ainsi n'espérons aucun fruit
 De son crime, ni de ma peine,
Puisque pour me punir le destin a permis
Que l'amour dure même entre deux ennemis.

---

[1] Var. S'il ne peut obtenir dessus mon sentiment. (1637-48.)
[2] Var. Mais ma honte m'abuse, et ma raison s'étonne. (1637-48.)
[3] Var. Marque-t-il pas déjà sur qui tu dois régner? (1637-48.)
[4] Var. Entre eux un père mort sème si peu de haine. (1637-48.)

16.

SCÈNE III.

L'INFANTE, LÉONOR.

L'INFANTE.

Où viens-tu, Léonor?

LÉONOR.

Vous applaudir, madame[1],
Sur le repos qu'enfin a retrouvé votre ame.

L'INFANTE.

D'où viendroit ce repos dans un comble d'ennui?

LÉONOR.

Si l'amour vit d'espoir, et s'il meurt avec lui,
Rodrigue ne peut plus charmer votre courage.
Vous savez le combat où Chimène l'engage;
Puisqu'il faut qu'il y meure, ou qu'il soit son mari,
Votre espérance est morte, et votre esprit guéri.

L'INFANTE.

Ah! qu'il s'en faut encor[2]!

LÉONOR.

Que pouvez-vous prétendre?

L'INFANTE.

Mais plutôt quel espoir me pourrois-tu défendre?
Si Rodrigue combat sous ces conditions,
Pour en rompre l'effet j'ai trop d'inventions.
L'amour, ce doux auteur de mes cruels supplices,
Aux esprits des amants apprend trop d'artifices.

---

[1] VAR. . . . . Vous témoigner, madame,
    L'aise que je ressens du repos de votre ame. (1637-48.)

[2] VAR. Oh, qu'il s'en faut encor! (1637-48.)

ACTE V, SCÈNE III. 245

LÉONOR.

Pourrez-vous quelque chose, après qu'un père mort
N'a pu, dans leurs esprits, allumer de discord?
Car Chimène aisément montre, par sa conduite,
Que la haine aujourd'hui ne fait pas sa poursuite.
Elle obtient un combat, et pour son combattant
C'est le premier offert qu'elle accepte à l'instant :
Elle n'a point recours à ces mains généreuses [1]
Que tant d'exploits fameux rendent si glorieuses ;
Don Sanche lui suffit, et mérite son choix [2],
Parcequ'il va s'armer pour la première fois ;
Elle aime en ce duel son peu d'expérience ;
Comme il est sans renom, elle est sans défiance ;
Et sa facilité vous doit bien faire voir [3]
Qu'elle cherche un combat qui force son devoir,
Qui livre à son Rodrigue une victoire aisée [4],
Et l'autorise enfin à paroître apaisée.

L'INFANTE.

Je le remarque assez, et toutefois mon cœur
A l'envi de Chimène adore ce vainqueur.
A quoi me résoudrai-je, amante infortunée?

LÉONOR.

A vous mieux souvenir de qui vous êtes née [5] :
Le ciel vous doit un roi, vous aimez un sujet.

---

[1] VAR. Elle ne choisit point de ces mains généreuses. (1637-48.)

[2] VAR. Don Sanche lui suffit; c'est la première fois
Que ce jeune seigneur endosse le harnois.

[3] VAR. Un tel choix, et si prompt, vous doit bien faire voir. (1637-48.)

[4] VAR. Et, livrant à Rodrigue une victoire aisée,
Puisse l'autoriser à paroître apaisée. (1637-48.)

[5] VAR. A vous ressouvenir de qui vous êtes née. (1637-48.)

LE CID.

L'INFANTE.

Mon inclination a bien changé d'objet.
Je n'aime plus Rodrigue, un simple gentilhomme;
Non, ce n'est plus ainsi que mon amour le nomme[1] :
Si j'aime, c'est l'auteur de tant de beaux exploits,
C'est le valeureux Cid, le maître de deux rois.
Je me vaincrai pourtant, non de peur d'aucun blâme,
Mais pour ne troubler pas une si belle flamme;
Et, quand pour m'obliger on l'auroit couronné,
Je ne veux point reprendre un bien que j'ai donné.
Puisqu'en un tel combat sa victoire est certaine,
Allons encore un coup le donner à Chimène.
Et toi, qui vois les traits dont mon cœur est percé,
Viens me voir achever comme j'ai commencé.

SCÈNE IV[2].

CHIMÈNE, ELVIRE.

CHIMÈNE.

Elvire, que je souffre! et que je suis à plaindre!
Je ne sais qu'espérer, et je vois tout à craindre;
Aucun vœu ne m'échappe où j'ose consentir;

---

[1] VAR. Une ardeur bien plus digne à présent me consomme. (1637-44.)

[2] Chimène, qui arrive à la place de l'infante sans la voir, et qui pourrait aussi bien ne pas paraître sur le théâtre que s'y montrer, ne fait ici que renouveler ce défaut dont nous avons tant parlé, qui consiste dans l'interruption des scènes; défaut, encore une fois, qui n'était pas reconnu dans le chaos dont Corneille a tiré le théâtre. (V.) — Voltaire se trompe : la scène précédente se passe dans le palais du roi, et celle-ci chez Chimène. (A.-M.)

ACTE V, SCÈNE IV.

Je ne souhaite rien sans un prompt repentir [1].
A deux rivaux pour moi je fais prendre les armes :
Le plus heureux succès me coûtera des larmes ;
Et, quoi qu'en ma faveur en ordonne le sort,
Mon père est sans vengeance, ou mon amant est mort.

ELVIRE.

D'un et d'autre côté je vous vois soulagée [2] :
Ou vous avez Rodrigue, ou vous êtes vengée ;
Et quoi que le destin puisse ordonner de vous,
Il soutient votre gloire, et vous donne un époux.

CHIMÈNE.

Quoi ! l'objet de ma haine, ou de tant de colère [3] !
L'assassin de Rodrigue, ou celui de mon père !
De tous les deux côtés on me donne un mari
Encor tout teint du sang que j'ai le plus chéri.
De tous les deux côtés mon ame se rebelle.
Je crains plus que la mort la fin de ma querelle.
Allez, vengeance, amour, qui troublez mes esprits,
Vous n'avez point pour moi de douceurs à ce prix :

---

[1] VAR. Et mes plus doux souhaits sont pleins d'un repentir. (1637-48.)

[2] Les raisonnements d'Elvire, dans cette scène, semblent un peu se contredire. D'abord elle dit à Chimène *qu'elle sera soulagée des deux côtés*. Ensuite :

> Et nous verrons du ciel l'équitable courroux
> Vous laisser, par sa mort, don Sanche pour époux.

Il est probable que ces raisonnements d'Elvire contribuent un peu à refroidir cette scène; mais aussi ils contribuent beaucoup à laver Chimène de l'affront que les critiques injustes lui ont fait de se conduire en fille dénaturée : car le spectateur est du parti d'Elvire contre Chimène; il trouve, comme Elvire, que Chimène en a fait assez, et qu'elle doit s'en remettre à l'événement du combat. (V.)

[3] VAR. Quoi ! l'objet de ma haine, ou bien de ma colère ! (1637-48.)

Et toi, puissant moteur du destin qui m'outrage,
Termine ce combat sans aucun avantage,
Sans faire aucun des deux ni vaincu, ni vainqueur.

ELVIRE.

Ce seroit vous traiter avec trop de rigueur.
Ce combat pour votre ame est un nouveau supplice,
S'il vous laisse obligée à demander justice,
A témoigner toujours ce haut ressentiment,
Et poursuivre toujours la mort de votre amant.
Madame, il vaut bien mieux que sa rare vaillance[1],
Lui couronnant le front, vous impose silence;
Que la loi du combat étouffe vos soupirs,
Et que le roi vous force à suivre vos desirs.

CHIMÈNE.

Quand il sera vainqueur, crois-tu que je me rende?
Mon devoir est trop fort, et ma perte trop grande;
Et ce n'est pas assez pour leur faire la loi,
Que celle du combat et le vouloir du roi.
Il peut vaincre don Sanche avec fort peu de peine,
Mais non pas avec lui la gloire de Chimène;
Et, quoi qu'à sa victoire un monarque ait promis,
Mon honneur lui fera mille autres ennemis.

ELVIRE.

Gardez, pour vous punir de cet orgueil étrange,
Que le ciel à la fin ne souffre qu'on vous venge.
Quoi! vous voulez encor refuser le bonheur
De pouvoir maintenant vous taire avec honneur?
Que prétend ce devoir, et qu'est-ce qu'il espère?
La mort de votre amant vous rendra-t-elle un père?

---

[1] Var. Non, non, il vaut bien mieux que sa rare vaillance,
Lui gagnant un laurier, vous impose silence. (1637-48.)

ACTE V, SCÈNE V.

Est-ce trop peu pour vous que d'un coup de malheur?
Faut-il perte sur perte, et douleur sur douleur?
Allez, dans le caprice où votre humeur s'obstine,
Vous ne méritez pas l'amant qu'on vous destine;
Et nous verrons du ciel l'équitable courroux [1]
Vous laisser, par sa mort, don Sanche pour époux.

CHIMÈNE.

Elvire, c'est assez des peines que j'endure;
Ne les redouble point par ce funeste augure.
Je veux, si je le puis, les éviter tous deux,
Sinon, en ce combat Rodrigue a tous mes vœux :
Non qu'une folle ardeur de son côté me penche [2];
Mais, s'il étoit vaincu, je serois à don Sanche :
Cette appréhension fait naître mon souhait....
Que vois-je! malheureuse! Elvire, c'en est fait.

SCÈNE V [3].

D. SANCHE, CHIMÈNE, ELVIRE.

D. SANCHE.

Obligé d'apporter à vos pieds cette épée [4]....

---

[1] VAR. Et le ciel, ennuyé d'un supplice si doux [v],
    Vous lairra, par sa mort, don Sanche pour époux. (1637-44.)

[2] *Me penche*, pour me *fasse pencher*. Nous avons déjà fait remarquer cette faute, qui, probablement, n'en était pas une du temps de Corneille. (Voyez ci-dessus la note de la page 137.) (A.-M.)

[3] L'Académie a condamné cette scène, et on peut voir les raisons qu'elle en rapporte; mais il n'y a point de lecteur sensé qui ne prévienne ce jugement, et qui ne voie qu'il n'est pas naturel

[4] VAR. Madame, à vos genoux j'apporte cette épée. (1637-48.)

[v] VAR. Et nous verrons le ciel, mû d'un juste courroux,
    Vous laisser.... (1648.)

CHIMÈNE.

Quoi! du sang de Rodrigue encor toute trempée!
Perfide, oses-tu bien te montrer à mes yeux,
Après m'avoir ôté ce que j'aimois le mieux?
 Éclate, mon amour, tu n'as plus rien à craindre;
Mon père est satisfait, cesse de te contraindre;
Un même coup a mis ma gloire en sûreté,
Mon ame au désespoir, ma flamme en liberté.

D. SANCHE.

D'un esprit plus rassis....

CHIMÈNE.
 Tu me parles encore,
Exécrable assassin d'un héros que j'adore!
Va, tu l'as pris en traître; un guerrier si vaillant
N'eût jamais succombé sous un tel assaillant [1].

que l'erreur de Chimène dure si long-temps. Ce qui n'est pas dans la nature ne peut toucher. Ce vain artifice affaiblit l'intérêt qu'on pourrait prendre à la scène suivante. Il ne reste que l'impression que Chimène a faite pendant toute la pièce : cette impression est si forte, qu'elle remue encore les cœurs, malgré toutes ces fautes. (V.) — L'erreur de Chimène est très naturelle, elle lui inspire un beau mouvement : *Éclate, mon amour!* C'est au génie de l'actrice chargée de ce rôle, à empêcher que les spectateurs ne trouvent la scène trop prolongée. (A.-M.)

[1] Après ce vers, se trouvaient, dans les éditions de 1637-48, les suivants, que Corneille a supprimés :

ELVIRE.

Mais, madame, écoutez.

CHIMÈNE.

 Que veux-tu que j'écoute?
Après ce que je vois, puis-je être encore en doute?
J'obtiens, pour mon malheur, ce que j'ai demandé,
Et ma juste poursuite a trop bien succédé.
Pardonne, cher amant, à sa rigueur sanglante;
Songe que je suis fille aussi bien comme amante.

ACTE V, SCÈNE VI.

N'espère rien de moi, tu ne m'as point servie;
En croyant me venger, tu m'as ôté la vie.

D. SANCHE.

Étrange impression qui, loin de m'écouter...

CHIMÈNE.

Veux-tu que de sa mort je t'écoute vanter ?
Que j'entende à loisir avec quelle insolence
Tu peindras son malheur, mon crime, et ta vaillance[1] ?

SCÈNE VI.

D. FERNAND, D. DIÈGUE, D. ARIAS, D. SANCHE,
D. ALONSE, CHIMÈNE, ELVIRE.

CHIMÈNE.

Sire, il n'est plus besoin de vous dissimuler
Ce que tous mes efforts ne vous ont pu celer.
J'aimois, vous l'avez su; mais, pour venger mon père,
J'ai bien voulu proscrire une tête si chère :
Votre majesté, sire, elle-même a pu voir
Comme j'ai fait céder mon amour au devoir.

> Si j'ai vengé mon père aux dépens de ton sang,
> Du mien, pour te venger, j'épuiserai mon flanc.
> Mon âme désormais n'a rien qui la retienne ;
> Elle ira recevoir ce pardon de la tienne.
> Et toi, qui me prétends acquérir par sa mort,
> Ministre déloyal de mon rigoureux sort,
> N'espère rien de moi.

[1] La scène se terminait d'abord par les quatre vers suivants, qui ne se trouvent que dans les éditions de 1637-48 :

> Qu'à tes yeux ce récit tranche mes tristes jours.
> Va, va, je mourrai bien sans ce cruel secours :
> Abandonne mon âme au mal qui la possède :
> Pour venger mon amant je ne veux point qu'on m'aide.

Enfin Rodrigue est mort, et sa mort m'a changée
D'implacable ennemie en amante affligée.
J'ai dû cette vengeance à qui m'a mise au jour,
Et je dois maintenant ces pleurs à mon amour.
Don Sanche m'a perdue en prenant ma défense ;
Et du bras qui me perd je suis la récompense !
   Sire, si la pitié peut émouvoir un roi,
De grace, révoquez une si dure loi !
Pour prix d'une victoire où je perds ce que j'aime,
[1] Je lui laisse mon bien ; qu'il me laisse à moi-même ;
Qu'en un cloître sacré je pleure incessamment,
Jusqu'au dernier soupir, mon père et mon amant.

D. DIÈGUE.

Enfin elle aime, sire, et ne croit plus un crime
D'avouer par sa bouche un amour légitime.

D. FERNAND.

Chimène, sors d'erreur, ton amant n'est pas mort ;
Et don Sanche vaincu t'a fait un faux rapport.

D. SANCHE.

Sire, un peu trop d'ardeur malgré moi l'a déçue :
Je venois du combat lui raconter l'issue.
Ce généreux guerrier dont son cœur est charmé,
« Ne crains rien (m'a-t-il dit, quand il m'a désarmé) :
« Je laisserois plutôt la victoire incertaine,
« Que de répandre un sang hasardé pour Chimène ;
« Mais puisque mon devoir m'appelle auprès du roi[2],

---

[1] IMIT. Conténtese con mi hacienda,
   Que mi persona, señor,
   Llevaréla á un monasterio.

[2] Quel devoir l'appelle auprès du roi, au temps de ce combat ? (V.) — Voltaire oublie qu'à la fin de l'acte IV, le roi a dit à don Arias :

   Ayez soin que tous deux fassent en gens de cœur,
   Et, le combat fini, m'amenez le vainqueur. (A.-M.)

« Va de notre combat l'entretenir pour moi,
« De la part du vainqueur lui porter ton épée¹. »
Sire, j'y suis venu : cet objet l'a trompée ;
Elle m'a cru vainqueur, me voyant de retour ;
Et soudain sa colère a trahi son amour
Avec tant de transport et tant d'impatience,
Que je n'ai pu gagner un moment d'audience.

Pour moi, bien que vaincu, je me répute heureux ;
Et, malgré l'intérêt de mon cœur amoureux,
Perdant infiniment, j'aime encor ma défaite,
Qui fait le beau succès d'une amour si parfaite.

D. FERNAND.

Ma fille, il ne faut point rougir d'un si beau feu,
Ni chercher les moyens d'en faire un désaveu :
Une louable honte en vain t'en sollicite ;
Ta gloire est dégagée, et ton devoir est quitte ;
Ton père est satisfait, et c'étoit le venger
Que mettre tant de fois ton Rodrigue en danger.
Tu vois comme le ciel autrement en dispose.
Ayant tant fait pour lui, fais pour toi quelque chose,
Et ne sois point rebelle à mon commandement,
Qui te donne un époux aimé si chèrement.

---

¹ « Le comte n'étoit pas obligé de prévoir que don Sanche seroit assez lâche pour vouloir racheter sa vie en acceptant la condition de porter son épée à sa maîtresse, de la part de son vainqueur. » (*Jugement de l'Académie.*) — Ce n'était ni une lâcheté, ni un déshonneur, de se soumettre, après le duel, aux volontés du vainqueur ; la chevalerie même en faisait une loi, et l'une des conditions les plus usitées du rachat de la vie et des armes était précisément d'aller annoncer l'issue du combat, soit au prince, soit à la dame que désignait le vainqueur. Voilà des choses que tout le monde savait à l'époque du *Cid*. (A.-M.)

Var. Offrir à ses genoux ta vie et ton épée. (1637-48.)

SCÈNE VII.

D. FERNAND, D. DIÈGUE, D. ARIAS, D. RODRIGUE, D. ALONSE, D. SANCHE, L'INFANTE, CHIMÈNE, LÉONOR, ELVIRE.

L'INFANTE.

Sèche tes pleurs, Chimène, et reçois sans tristesse
Ce généreux vainqueur des mains de ta princesse.

D. RODRIGUE.

Ne vous offensez point, sire, si devant vous
Un respect amoureux me jette à ses genoux.
Je ne viens point ici demander ma conquête ;
Je viens tout de nouveau vous apporter ma tête [1],
Madame ; mon amour n'emploiera point pour moi,
Ni la loi du combat, ni le vouloir du roi.
Si tout ce qui s'est fait est trop peu pour un père,
Dites par quels moyens il vous faut satisfaire.
Faut-il combattre encor mille et mille rivaux,
Aux deux bouts de la terre étendre mes travaux,
Forcer moi seul un camp, mettre en fuite une armée,
Des héros fabuleux passer la renommée ?
Si mon crime par-là se peut enfin laver,
J'ose tout entreprendre, et puis tout achever :
Mais si ce fier honneur, toujours inexorable,
Ne se peut apaiser sans la mort du coupable,

---

[1] Rodrigue a offert sa tête si souvent, que cette nouvelle offre ne peut plus produire le même effet. Les personnages doivent toujours conserver leur caractère, mais non pas dire toujours les mêmes choses. L'unité de caractère n'est belle que par la variété des idées. (V.)

ACTE V, SCÈNE VII.

N'armez plus contre moi le pouvoir des humains ;
Ma tête est à vos pieds, vengez-vous par vos mains ;
Vos mains seules ont droit de vaincre un invincible ;
Prenez une vengeance à tout autre impossible ;
Mais du moins que ma mort suffise à me punir.
Ne me bannissez point de votre souvenir ;
Et, puisque mon trépas conserve votre gloire,
Pour vous en revancher conservez ma mémoire [1],
Et dites quelquefois, en déplorant mon sort [2] :
« S'il ne m'avoit aimée, il ne seroit pas mort. »

CHIMÈNE.

Relève-toi, Rodrigue. Il faut l'avouer, sire,
Je vous en ai trop dit pour m'en pouvoir dédire [3].
Rodrigue a des vertus que je ne puis haïr ;
Et quand un roi commande on lui doit obéir.
Mais, à quoi que déjà vous m'ayez condamnée,
Pourrez-vous à vos yeux souffrir cet hyménée ?
Et quand de mon devoir vous voulez cet effort,
Toute votre justice en est-elle d'accord ?
Si Rodrigue à l'état devient si nécessaire,
De ce qu'il fait pour vous dois-je être le salaire,

---

[1] Le mot de *revancher* est devenu bas ; on dirait aujourd'hui : *pour m'en récompenser*. (V.)

[2] VAR. Et dites quelquefois, en songeant à mon sort. (1637-48.)

[3] VAR. Mon amour a paru, je ne puis m'en dédire.
. . . .
Et vous êtes mon roi, je vous dois obéir.
. . . .
Sire, quelle apparence, à ce triste hyménée,
Qu'un même jour commence et finisse mon deuil,
Mette en mon lit Rodrigue, et mon père au cercueil ?
C'est trop d'intelligence avec son homicide ;
Vers ses mânes sacrés c'est me rendre perfide,
Et souiller mon honneur d'un reproche éternel. (1637-48.)

Et me livrer moi-même au reproche éternel
D'avoir trempé mes mains dans le sang paternel[1]?
D. FERNAND.
Le temps assez souvent a rendu légitime
Ce qui sembloit d'abord ne se pouvoir sans crime.
Rodrigue t'a gagnée, et tu dois être à lui.
Mais, quoique sa valeur t'ait conquise aujourd'hui,
Il faudroit que je fusse ennemi de ta gloire
Pour lui donner sitôt le prix de sa victoire.
Cet hymen différé ne rompt point une loi
Qui, sans marquer de temps, lui destine ta foi.
Prends un an, si tu veux, pour essuyer tes larmes.
  Rodrigue, cependant il faut prendre les armes.
Après avoir vaincu les Maures sur nos bords,
Renversé leurs desseins, repoussé leurs efforts,
Va jusqu'en leur pays leur reporter la guerre,
Commander mon armée, et ravager leur terre.
A ce seul nom de Cid ils trembleront d'effroi,
Ils t'ont nommé seigneur, et te voudront pour roi.
Mais parmi tes hauts faits sois-lui toujours fidèle:

---

[1] Il semble que ces derniers beaux vers que dit Chimène la justifient entièrement. Elle n'épouse point le Cid; elle fait même des remontrances au roi. J'avoue que je ne conçois pas comment on a pu l'accuser d'indécence, au lieu de la plaindre et de l'admirer. Elle dit, à la vérité, au roi : *C'est à moi d'obéir;* mais elle ne dit point : *J'obéirai.* Le spectateur sent bien pourtant qu'elle obéira; et c'est en cela, ce me semble, que consiste la beauté du dénouement.

La réponse du roi et les derniers vers qu'il prononce achèvent de justifier Corneille. Comment pourrait-on dire que Chimène était une fille dénaturée, quand le roi lui-même n'espère rien pour Rodrigue que du temps, de sa protection, et de la valeur de ce héros? (V.)

ACTE V, SCÈNE VII.

Reviens-en, s'il se peut, encor plus digne d'elle;
Et par tes grands exploits fais-toi si bien priser,
Qu'il lui soit glorieux alors de t'épouser.

D. RODRIGUE.

Pour posséder Chimène, et pour votre service,
Que peut-on m'ordonner que mon bras n'accomplisse?
Quoi qu'absent de ses yeux il me faille endurer,
Sire, ce m'est trop d'heur de pouvoir espérer.

D. FERNAND.

Espère en ton courage, espère en ma promesse;
Et possédant déjà le cœur de ta maîtresse,
Pour vaincre un point d'honneur qui combat contre toi,
Laisse faire le temps, ta vaillance, et ton roi [1].

---

[1] « Il est difficile d'imaginer avec quelle approbation *le Cid* fut reçu de la cour et du public. On ne se pouvoit lasser de le voir; ou n'entendoit autre chose dans les compagnies; chacun en savoit quelque partie par cœur; on le faisoit apprendre aux enfants, et en plusieurs endroits de la France il étoit passé en proverbe de dire : *Cela est beau comme le Cid.* Il ne faut pas demander si la gloire de M. Corneille donna de la jalousie à ses concurrents. Plusieurs ont voulu croire que le cardinal lui-même n'en avoit pas été exempt, et qu'encore qu'il estimât fort M. Corneille et qu'il lui donnât pension, il vit avec déplaisir le reste des travaux de cette nature, et surtout ceux où il avoit quelque part, entièrement effacé par celui-là. » Tel est l'hommage que Pellisson rendait à Corneille (dans son *Histoire de l'Académie françoise*), soixante-cinq ans après la représentation du *Cid*, et moins de soixante ans après la mort du cardinal de Richelieu. Le grand poëte et le grand ministre reposaient alors dans la même poussière; mais le chef-d'œuvre était resté; et la puissance du cardinal, les cabales des envieux, les rodomontades de Scudéry, les appels menaçants des Mairet et des Claveret, et la critique vulgaire, mais polie, de l'Académie française en corps, tout avait échoué contre un peuple d'admirateurs. Enfin, après tant de persécutions et de violences, *le Cid*,

vainqueur du temps, avait reçu sa dernière consécration de Voltaire. Le goût si délicat, la plume si acérée de ce critique, n'avaient pu signaler que deux ou trois légers défauts dans l'œuvre du maître, l'inutilité du rôle de l'Infante et l'invraisemblance de la scène où Chimène se persuade que son amant a été tué par don Sanche. Rien de capital, c'est-à-dire, rien qui détruise l'intérêt, rien qui puisse empêcher de signaler, avec La Bruyère, la tragédie du *Cid* comme l'un des plus beaux ouvrages qui aient illustré notre théâtre. (A.-M.)

FIN.

EXAMEN DU CID.

Ce poëme a tant d'avantages du côté du sujet et des pensées brillantes dont il est semé, que la plupart de ses auditeurs n'ont pas voulu voir les défauts de sa conduite, et ont laissé enlever leurs suffrages au plaisir que leur a donné sa représentation. Bien que ce soit celui de tous mes ouvrages réguliers où je me suis permis le plus de licence, il passe encore pour le plus beau auprès de ceux qui ne s'attachent pas à la dernière sévérité des règles; et depuis cinquante ans qu'il tient sa place sur nos théâtres, l'histoire ni l'effort de l'imagination n'y ont rien fait voir qui en ait effacé l'éclat. Aussi a-t-il les deux grandes conditions que demande Aristote aux tragédies parfaites, et dont l'assemblage se rencontre si rarement chez les anciens ni chez les modernes; il les assemble même plus fortement et plus noblement que les espèces que pose ce philosophe. Une maîtresse que son devoir force à poursuivre la mort de son amant, qu'elle tremble d'obtenir, a les passions plus vives et plus allumées que tout ce qui peut se passer entre un mari et sa femme, une mère et son fils, un frère et sa sœur; et la haute vertu dans un naturel sensible à ces passions, qu'elle dompte sans les affoiblir, et à qui elle laisse toute leur force pour en triompher plus glorieusement, a quelque chose de plus touchant, de plus élevé et de plus aimable que cette médiocre bonté, capable d'une foiblesse, et même d'un crime, où nos anciens étoient contraints d'arrêter le caractère le plus parfait des rois et des princes dont ils faisoient leurs héros, afin que ces taches et ces forfaits, défigurant ce qu'ils leur laissoient de vertu, s'accommodât [1]

---

[1] Sans chercher à justifier l'emploi de ces verbes au singulier, nous

au goût et aux souhaits de leurs spectateurs, et fortifiât l'horreur qu'ils avoient conçue de leur domination et de la monarchie.

Rodrigue suit ici son devoir sans rien relâcher de sa passion : Chimène fait la même chose à son tour, sans laisser ébranler son dessein par la douleur où elle se voit abymée par-là; et si la présence de son amant lui fait faire quelque faux pas, c'est une glissade dont elle se relève à l'heure même; et non seulement elle connoît si bien sa faute, qu'elle nous en avertit; mais elle fait un prompt désaveu de tout ce qu'une vue si chère lui a pu arracher. Il n'est point besoin qu'on lui reproche qu'il lui est honteux de souffrir l'entretien de son amant après qu'il a tué son père; elle avoue que c'est la seule prise que la médisance aura sur elle. Si elle s'emporte jusqu'à lui dire qu'elle veut bien qu'on sache qu'elle l'adore et le poursuit, ce n'est point une résolution si ferme, qu'elle l'empêche de cacher son amour de tout son possible lorsqu'elle est en la présence du roi. S'il lui échappe de l'encourager au combat contre don Sanche par ces paroles :

Sors vainqueur d'un combat dont Chimène est le prix,

elle ne se contente pas de s'enfuir de honte au même moment, mais sitôt qu'elle est avec Elvire, à qui elle ne déguise rien de ce qui se passe dans son ame, et que la vue de ce cher objet ne lui fait plus de violence, elle forme un souhait plus raisonnable, qui satisfait sa vertu et son amour tout ensemble, et demande au ciel que le combat se termine

Sans faire aucun des deux ni vaincu, ni vainqueur.

Si elle ne dissimule point qu'elle penche du côté de Ro-

ferons remarquer que nous donnons la phrase de Corneille telle qu'elle se trouve dans toutes les éditions publiées de son vivant. (Par.)

drigue, de peur d'être à don Sanche, pour qui elle a de l'aversion, cela ne détruit point la protestation qu'elle a faite un peu auparavant que, malgré la loi de ce combat, et les promesses que le roi a faites à Rodrigue, elle lui fera mille autres ennemis, s'il en sort victorieux. Ce grand éclat même qu'elle laisse faire à son amour après qu'elle le croit mort est suivi d'une opposition vigoureuse à l'exécution de cette loi qui la donne à son amant, et elle ne se tait qu'après que le roi l'a différée, et lui a laissé lieu d'espérer qu'avec le temps il y pourra survenir quelque obstacle. Je sais bien que le silence passe d'ordinaire pour une marque de consentement; mais, quand les rois parlent, c'en est une de contradiction : on ne manque jamais à leur applaudir quand on entre dans leurs sentiments; et le seul moyen de leur contredire avec le respect qui leur est dû, c'est de se taire, quand leurs ordres ne sont pas si pressants qu'on ne puisse remettre à s'excuser de leur obéir lorsque le temps en sera venu, et conserver cependant une espérance légitime d'un empêchement qu'on ne peut encore déterminément prévoir.

Il est vrai que, dans ce sujet, il faut se contenter de tirer Rodrigue de péril, sans le pousser jusqu'à son mariage avec Chimène. Il est historique, et a plu en son temps; mais bien sûrement il déplairoit au nôtre; et j'ai peine à voir que Chimène y consente chez l'auteur espagnol, bien qu'il donne plus de trois ans de durée à la comédie qu'il en a faite. Pour ne pas contredire l'histoire, j'ai cru ne me pouvoir dispenser d'en jeter quelque idée, mais avec incertitude de l'effet; et ce n'étoit que par-là que je pouvois accorder la bienséance du théâtre avec la vérité de l'événement.

Les deux visites que Rodrigue fait à sa maîtresse ont quelque chose qui choque cette bienséance de la part de celle qui les souffre; la rigueur du devoir vouloit qu'elle refusât de lui parler, et s'enfermât dans son cabinet au lieu de l'écouter : mais permettez-moi de dire avec un des premiers esprits de notre siècle, «que leur conversation est «remplie de si beaux sentiments, que plusieurs n'ont pas «connu ce défaut, et que ceux qui l'ont connu l'ont toléré.» J'irai plus outre, et dirai que presque tous ont souhaité que ces entretiens se fissent; et j'ai remarqué aux premières représentations qu'alors que ce malheureux amant se présentoit devant elle, il s'élevoit un certain frémissement dans l'assemblée, qui marquoit une curiosité merveilleuse, et un redoublement d'attention pour ce qu'ils avoient à se dire dans un état si pitoyable. Aristote dit «qu'il y a des absurdités qu'il faut «laisser dans un poëme, quand on peut espérer qu'elles seront «bien reçues; et il est du devoir du poëte, en ce cas, de les «couvrir de tant de brillants, qu'elles puissent éblouir.» Je laisse au jugement de mes auditeurs si je me suis assez bien acquitté de ce devoir pour justifier par-là ces deux scènes. Les pensées de la première des deux sont quelquefois trop spirituelles pour partir de personnes fort affligées; mais, outre que je n'ai fait que la paraphraser de l'espagnol, si nous ne nous permettions quelque chose de plus ingénieux que le cours ordinaire de la passion, nos poëmes ramperoient souvent, et les grandes douleurs ne mettroient dans la bouche de nos acteurs que des exclamations et des hélas. Pour ne déguiser rien, cette offre que fait Rodrigue de son épée à Chimène, et cette protestation de se laisser tuer par don Sanche, ne me plairoient pas maintenant. Ces beautés étoient de mise en ce temps-là, et ne le seroient plus en celui-ci. La première est dans l'original espagnol; et l'autre est tirée sur ce modèle. Toutes les deux ont fait leur effet en ma faveur; mais je ferois scrupule d'en étaler de pareilles à l'avenir sur notre théâtre.

J'ai dit ailleurs ma pensée touchant l'infante et le roi; il reste néanmoins quelque chose à examiner sur la manière dont ce dernier agit, qui ne paroît pas assez vigoureuse, en ce qu'il ne fait pas arrêter le comte après le soufflet donné, et n'envoie pas des gardes à don Diègue et à son fils. Sur quoi on peut considérer que don Fernand étant le premier roi de Castille, et ceux qui en avoient été maîtres auparavant lui n'ayant eu titre que de comtes, il n'étoit peut-être pas assez absolu sur les grands seigneurs de son royaume pour le pouvoir faire. Chez don Guillem de Castro, qui a traité ce sujet avant moi, et qui devoit mieux connoître que moi quelle étoit l'autorité de ce premier monarque de son pays, le soufflet se donne en sa présence, et en celle de deux ministres d'état, qui lui conseillent, après que le comte s'est retiré fièrement et avec bravade, et que don Diègue a fait la même chose en soupirant, de ne le pousser point à bout, parcequ'il a quantité d'amis dans les Asturies, qui se pourroient révolter, et prendre parti avec les Maures dont son état est environné : ainsi il se résout d'accommoder l'afaire sans bruit, et recommande le secret à ses deux ministres, qui ont été seuls témoins de l'action. C'est sur cet exemple que je me suis cru bien fondé à le faire agir plus mollement qu'on ne feroit en ce temps-ci, où l'autorité royale est plus absolue. Je ne pense pas non plus qu'il fasse une faute bien grande de ne jeter point l'alarme, de nuit, dans sa ville, sur l'avis incertain qu'il a du dessein des Maures, puisqu'on faisoit bonne garde sur les murs et sur le port; mais il est inexcusable de n'y donner aucun ordre après leur arrivée, et de laisser tout faire à Rodrigue. La loi du combat qu'il propose à Chimène avant que de le permettre à don Sanche contre Rodrigue n'est pas si injuste que quelques uns ont voulu le dire, parcequ'elle est plutôt une menace pour la faire dédire de la demande de ce combat, qu'un arrêt qu'il lui veuille faire exécuter. Cela paroît en ce qu'après la victoire de Rodrigue il n'en exige pas précisément l'effet de sa parole, et la laisse en état d'espérer que cette condition n'aura point de lieu.

Je ne puis dénier que la règle des vingt et quatre heures presse trop les incidents de cette pièce. La mort du comte et l'arrivée des Maures s'y pouvoient entresuivre d'aussi près qu'elles font, parceque cette arrivée est une surprise qui n'a point de communication, ni de mesures à prendre avec le reste; mais il n'en va pas ainsi du combat de don Sanche, dont le roi étoit le maître, et pouvoit lui choisir un autre temps que deux heures après la fuite des Maures. Leur défaite avoit assez fatigué Rodrigue toute la nuit pour mériter deux ou trois jours de repos; et même il y avoit quelque apparence qu'il n'en étoit pas échappé sans blessures, quoique je n'en aie rien dit, parcequ'elles n'auroient fait que nuire à la conclusion de l'action.

Cette même règle presse aussi trop Chimène de demander justice au roi la seconde fois. Elle l'avoit fait le soir d'auparavant, et n'avoit aucun sujet d'y retourner le lendemain matin pour en importuner le roi, dont elle n'avoit encore aucun lieu de se plaindre, puisqu'elle ne pouvoit encore dire qu'il lui eût manqué de promesse. Le roman lui auroit donné sept ou huit jours de patience avant que de l'en presser de nouveau; mais les vingt et quatre heures ne l'ont pas permis; c'est l'incommodité de la règle. Passons à celle de l'unité de lieu, qui ne m'a pas donné moins de gêne en cette pièce.

Je l'ai placé dans Séville, bien que don Fernand n'en ait jamais été le maître; et j'ai été obligé à cette falsification, pour former quelque vraisemblance à la descente des Maures, dont l'armée ne pouvoit venir si vite par terre que par eau. Je ne voudrois pas assurer toutefois que le flux de la mer monte effectivement jusque-là; mais, comme dans notre Seine, il fait encore plus de chemin qu'il ne lui en faut faire sur le Guadalquivir pour battre les murailles de cette ville, cela peut suffire à fonder quelque probabilité parmi nous, pour ceux qui n'ont point été sur le lieu même.

Cette arrivée des Maures ne laisse pas d'avoir ce défaut que j'ai marqué ailleurs, qu'ils se présentent d'eux-mêmes, sans être appelés dans la pièce directement ni indirectement par aucun acteur du premier acte. Ils ont plus de justesse dans l'irrégularité de l'auteur espagnol. Rodrigue n'osant plus se montrer à la cour, les va combattre sur la frontière, et ainsi le premier acteur les va chercher, et leur donne place dans le poëme; au contraire de ce qui arrive ici, où ils semblent se venir faire de fête exprès pour en être battus, et lui donner moyen de rendre à son roi un service d'importance qui lui fasse obtenir sa grace. C'est une seconde incommodité de la règle dans cette tragédie.

Tout s'y passe donc dans Séville, et garde ainsi quelque espèce d'unité de lieu en général; mais le lieu particulier change de scène en scène, et tantôt c'est le palais du roi, tantôt l'appartement de l'infante, tantôt la maison de Chimène, et tantôt une rue ou place publique. On le détermine aisément pour les scènes détachées; mais pour celles qui ont leur liaison ensemble, comme les quatre dernières du premier acte, il est malaisé d'en choisir un qui convienne à toutes. Le comte et don Diègue se querellent au sortir du palais; cela se peut passer dans une rue; mais, après le soufflet reçu, don Diègue ne peut pas demeurer en cette rue à faire ses plaintes, attendant que son fils survienne, qu'il ne soit tout aussitôt environné de peuple, et ne reçoive l'offre de quelques amis. Ainsi il serait plus à propos qu'il se plaignît dans sa maison, où le met l'espagnol, pour laisser aller ses sentiments en liberté; mais, en ce cas, il faudroit délier les scènes comme il a fait. En l'état où elles sont ici, on peut dire qu'il faut quelquefois aider au théâtre, et suppléer favorablement ce qui ne s'y peut représenter. Deux personnes s'y arrêtent pour parler, et quelquefois il faut présumer qu'ils marchent, ce qu'on ne peut exposer sensiblement à la vue, parcequ'ils échapperoient aux yeux avant que d'avoir pu dire ce qu'il est nécessaire qu'ils fassent savoir à l'auditeur. Ainsi, par une fiction de théâtre, on peut s'imaginer que don Diègue et le comte, sortant du palais du roi, avancent toujours en se querellant, et sont arrivés devant la maison de ce premier lorsqu'il reçoit le soufflet qui l'oblige à y entrer pour y chercher du secours. Si cette fiction poétique ne vous satisfait point, laissons-le dans la place publique, et disons que le concours du peuple autour de lui après cette offense, et les offres de service que lui font les premiers amis qui s'y rencontrent, sont des circonstances que le roman ne doit pas oublier, mais que ces menues actions ne servant de rien à la principale, il n'est pas besoin que le poëte s'en embarrasse sur la scène. Horace l'en dispense par ces vers :

> Hoc amet, hoc spernat promissi carminis author;
> Pleraque negligat.

Et ailleurs,

> Semper ad eventum festinet.

C'est ce qui m'a fait négliger, au troisième acte, de donner à don Diègue, pour aide à chercher son fils, aucun des cinq cents amis qu'il avoit chez lui. Il y a grande apparence que quelques uns d'eux l'y accompagnoient, et même que quelques autres le cherchoient pour lui d'un autre côté; mais ces accompagnements inutiles de personnes qui n'ont rien à dire, puisque celui qu'ils accompagnent a seul tout l'intérêt à l'action, ces sortes d'accompagnements, dis-je, ont toujours mauvaise grace au théâtre, et d'autant plus que les comédiens n'emploient à ces personnages muets que leurs moucheurs de chandelles et leurs valets, qui ne savent quelle posture tenir.

Les funérailles du comte étoient encore une chose fort embarrassante, soit qu'elles se soient faites avant la fin de la pièce, soit que le corps ait demeuré en présence dans son hôtel, attendant qu'on y donnât ordre. Le moindre mot que j'en eusse laissé dire, pour en prendre soin, eût rompu toute la chaleur de l'attention, et rempli l'auditeur d'une fâcheuse idée. J'ai cru plus à propos de les dérober à son imagination par mon silence, aussi bien que le lieu précis de ces quatre scènes du premier acte dont je viens de parler; et je m'assure que cet artifice m'a si bien réussi, que peu de personnes ont pris garde à l'un ni à l'autre, et que la plupart des spectateurs, laissant emporter leurs esprits à ce qu'ils ont vu et entendu de pathétique en ce poëme, ne se sont point avisés de réfléchir sur ces deux considérations.

J'achève par une remarque sur ce que dit Horace, que ce qu'on expose à la vue touche bien plus que ce qu'on n'apprend que par un récit [1].

C'est sur quoi je me suis fondé pour faire voir le soufflet que reçoit don Diègue, et cacher aux yeux la mort du comte, afin d'acquérir et conserver à mon premier acteur l'amitié des auditeurs, si nécessaire pour réussir au théâtre. L'indignité d'un affront fait à un vieillard, chargé d'années et de victoires, les jette aisément dans le parti de l'offensé; et cette mort, qu'on vient dire au roi tout simplement sans aucune narration touchante, n'excite point en eux la commisération qu'y eût fait naître le spectacle de son sang, et ne leur donne aucune aversion pour ce malheureux amant, qu'ils ont vu forcé, par ce qu'il devoit à son honneur, d'en venir à cette extrémité, malgré l'intérêt et la tendresse de son amour.

[1] Segnius irritant animos demissa per aurem,
Quam quæ sunt oculis subjecta fidelibus.
De Arte poetica, v. 180.

HORACE,

TRAGÉDIE.

1639.

A MONSEIGNEUR LE CARDINAL

DUC DE RICHELIEU.

M<small>ONSEIGNEUR</small>,

Je n'aurois jamais eu la témérité de présenter à Votre Éminence ce mauvais portrait d'Horace, si je n'eusse considéré qu'après tant de bienfaits[1] que j'ai reçus d'elle, le silence où mon respect m'a retenu jusqu'à présent passeroit pour ingratitude, et que, quelque juste défiance que j'aie de mon travail, je dois avoir encore plus de confiance en votre bonté. C'est d'elle que je tiens tout ce que je suis; et ce n'est pas sans rougir que, pour toute reconnoissance, je vous fais un présent si peu digne de vous, et si peu proportionné à ce que je vous dois. Mais, dans cette confusion, qui m'est commune avec tous ceux qui écrivent, j'ai cet avantage qu'on ne peut, sans quelque injustice, condamner mon choix, et que ce généreux Romain, que je mets aux pieds de V. É., eût pu paroître devant elle avec moins de honte, si les forces de l'artisan eussent répondu à la dignité de la matière : j'en ai pour garant l'auteur dont je l'ai tirée, qui commence à décrire cette fameuse histoire par ce glorieux éloge, « qu'il n'y a presque aucune chose plus noble dans

[1] Ce mot *bienfaits* fait voir que le cardinal de Richelieu savait récompenser en premier ministre ce même talent qu'il avait un peu persécuté dans l'auteur du *Cid*. (V.)

« toute l'antiquité. » Je voudrois que ce qu'il a dit de l'action se pût dire de la peinture que j'en ai faite, non pour en tirer plus de vanité, mais seulement pour vous offrir quelque chose un peu moins indigne de vous être offert. Le sujet étoit capable de plus de graces, s'il eût été traité d'une main plus savante; mais du moins il a reçu de la mienne toutes celles qu'elle étoit capable de lui donner, et qu'on pouvoit raisonnablement attendre d'une muse de province[1], qui, n'étant pas assez heureuse pour jouir souvent des regards de V. É., n'a pas les mêmes lumières à se conduire qu'ont celles qui en sont continuellement éclairées. Et certes, Monseigneur, ce changement visible qu'on remarque en mes ouvrages depuis que j'ai l'honneur d'être[2] à V. É., qu'est-ce autre chose qu'un effet des grandes idées qu'elle m'inspire quand elle daigne souffrir que je lui rende mes devoirs; et à quoi peut-on attribuer ce qui s'y mêle de mauvais, qu'aux teintures grossières que je reprends quand je demeure abandonné à ma

---

[1] Corneille demeurait à Rouen, et ne venait à Paris que pour y faire jouer ses pièces, dont il tirait un profit qui ne répondait point du tout à leur gloire, et à l'utilité dont elles étaient aux comédiens. (V.)

[2] Je ne sais ce qu'on doit entendre par ces mots, *être à Votre Éminence*. Le cardinal de Richelieu fesait au grand Corneille une pension de cinq cents écus, non pas au nom du roi, mais de ses propres deniers. Cela ne se pratiquerait pas aujourd'hui : peu de gens de lettres voudraient accepter une pension d'un autre que de Sa Majesté, ou d'un prince. Mais il faut considérer que le cardinal de Richelieu était roi en quelque façon; il en avait la puissance et l'appareil. (V.)

propre foiblesse? Il faut, Monseigneur, que tous ceux qui donnent leurs veilles au théâtre publient hautement avec moi que nous vous avons deux obligations très signalées : l'une, d'avoir ennobli le but de l'art; l'autre, de nous en avoir facilité les connoissances. Vous avez ennobli le but de l'art, puisque, au lieu de celui de plaire au peuple, que nous prescrivent nos maîtres, et dont les deux plus honnêtes gens de leur siècle, Scipion et Lælie, ont autrefois protesté de se contenter, vous nous avez donné celui de vous plaire et de vous divertir; et qu'ainsi nous ne rendons pas un petit service à l'état, puisque, contribuant à vos divertissements, nous contribuons à l'entretien d'une santé qui lui est si précieuse et si nécessaire. Vous nous en avez facilité les connoissances, puisque nous n'avons plus besoin d'autre étude pour les acquérir que d'attacher nos yeux sur V. É. quand elle honore de sa présence et de son attention le récit de nos poëmes. C'est là que, lisant sur son visage ce qui lui plaît et ce qui ne lui plaît pas, nous nous instruisons avec certitude de ce qui est bon et de ce qui est mauvais, et tirons des règles infaillibles de ce qu'il faut suivre et de ce qu'il faut éviter; c'est là que j'ai souvent appris en deux heures ce que mes livres n'eussent pu m'apprendre en dix ans; c'est là que j'ai puisé ce qui m'a valu l'applaudissement du public; et c'est là qu'avec votre faveur j'espère puiser assez pour être un jour une œuvre digne de vos mains. Ne trouvez donc pas mauvais, Monseigneur, que, pour vous remercier de ce que j'ai de réputation, dont je vous suis entièrement redevable, j'emprunte quatre vers d'un autre Horace que celui que je vous présente, et que je vous exprime par eux les plus véritables sentiments de mon ame :

> Totum muneris hoc tui est,
> Quod monstror digito prætereuntium
> Scenæ non levis artifex :
> Quod spiro et placeo, si placeo, tuum est.

Je n'ajouterai qu'une vérité à celle-ci, en vous suppliant de croire que je suis et serai toute ma vie, très passionnément,

MONSEIGNEUR,

DE VOTRE ÉMINENCE,

Le très humble, très obéissant,
et très fidèle serviteur,
CORNEILLE.

EXCERPTA E TITO LIVIO.

Titus Livius, lib. *primo*, cap. 23 *et seqq.*

Bellum utrinque summa ope parabatur, civili simillimum bello, prope inter parentes natosque, Trojanam utramque prolem, cum Lavinium ab Troja, ab Lavinio Alba, ab Albanorum stirpe regum oriundi Romani essent. Eventus tamen belli minus miserabilem dimicationem fecit, quod nec acie certatum est, et tectis modo dirutis alterius urbis, duo populi in unum confusi sunt. Albani priores ingenti exercitu in agrum Romanum impetum fecere : castra ab urbe haud plus quinque millia passuum locant, fossa circumdant. Fossa Cluilia ab nomine ducis per aliquot secula appellata est, donec cum re nomen quoque vetustate abolevit. In his castris Cluilius Albanus rex moritur. Dictatorem Albani Metium Suffetium creant. Interim Tullus ferox præcipue morte regis magnumque deorum numen ab ipso capite orsum, in omne nomen Albanum expetiturum pœnas ob bellum impium dictitans, nocte præteritis hostium castris, infesto exercitu in agrum Albanum pergit. Ea res ab stativis excivit Metium, is ducit exercitum quam proxime ad hostem potest, inde legatum præmissum nuntiare Tullo jubet, priusquam dimicent, opus esse colloquio : si secum congressus sit, satis scire ea se allaturum, quæ nihilo minus ad rem Romanam, quam ad Albanam pertineant. Haud aspernatus Tullus, tametsi vana afferrentur, suos in aciem ducit; exeunt contra et Albani. Postquam instructi utrinque stabant, cum paucis procerum in medium duces procedunt. Ibi infit Albanus : « Injurias, et non « redditas res ex fœdere quæ repetitæ sunt; et, ego regem « nostrum Cluilium causam hujusce esse belli audisse videor, « nec te dubito, Tulle, eadem præ te ferre. Sed si vera potius

« quam dictu speciosa dicenda sunt, cupido imperii duos co-
« gnatos vicinosque populos ad arma stimulat; neque recte an
« perperam interpretor, fuerit ista ejus deliberatio qui bellum
« suscepit; me Albani gerendo bello ducem creavere. Illud te,
« Tulle, monitum velim : Etrusca res quanta circa nos teque
« maxime sit, quo propior es Volscis, hoc magis scis : multum
« illi terra, plurimum mari pollent. Memor esto, jam cum si-
« gnum pugnæ dabis, has duas acies spectaculo fore, ut fessos
« confectosque, simul victorem ac victum aggrediantur. Itaque,
« si nos dii amant, quoniam non contenti libertate certa, in
« dubiam imperii, servitiique aleam imus, ineamus aliquam
« viam, qua utri utris imperent, sine magna clade, sine multo
« sanguine utriusque populi decerni possit. » Haud displicet res
Tullo, quamquam tum indole animi, tum spe victoriæ ferocior
erat. Quærentibus utrinque ratio initur, cui et fortuna ipsa
præbuit materiam.

Forte in duobus tum exercitibus erant tergemini fratres, nec
ætate, nec viribus dispares. Horatios Curiatiosque fuisse satis
constat, NEC FERME RES ANTIQUA ALIA EST NOBILIOR; tamen in
re tam clara nominum error manet, utrius populi Horatii,
utrius Curiatii fuerint. Auctores utroque trahunt : plures tamen
invenio, qui Romanos Horatios vocent : hos ut sequar, inclinat
animus. Cum tergeminis agunt reges, ut pro sua quisque patria
dimicet ferro, ibi imperium fore, unde victoria fuerit. Nihil re-
cusatur, tempus et locus convenit. Priusquam dimicarent, fœ-
dus ictum inter Romanos et Albanos est his legibus : Ut cujus
populi cives eo certamine vicissent, is alteri populo cum bona
pace imperitaret.....

Fœdere icto, tergemini (sicut convenerat) arma capiunt.
Cum sui utrosque abhortarentur, deos patrios, patriam ac parentes, quicquid civium domi, quicquid in exercitu sit, illorum
tunc arma, illorum intueri manus, feroces et suopte ingenio,
et pleni adhortantium vocibus, in medium inter duas acies procedunt. Consederant utrinque pro castris duo exercitus, periculi
magis præsentis, quam curæ expertes : quippe imperium age-

batur, in tam paucorum virtute atque fortuna positum. Itaque erecti suspensique in minime gratum spectaculum animo intenduntur. Datur signum : infestisque armis, velut acies, terni juvenes magnorum exercituum animos gerentes concurrunt. Nec his, nec illis periculum suum sed publicum imperium, servitiumque observatur animo, futuraque ea deinde patriæ fortuna, quam ipsi fecissent. Ut primo statim concursu increpuere arma, micantesque fulsere gladii, horror ingens spectantes perstringit, et neutro inclinata spe, torpebat vox spiritusque. Consertis deinde manibus, cum jam non motus tantum corporum, agitatioque anceps telorum armorumque, sed vulnera quoque et sanguis spectaculo essent, duo Romani, super alium alius, vulneratis tribus Albanis, expirantes corruerunt. Ad quorum casum cum clamasset gaudio Albanus exercitus, Romanas legiones jam spes tota, nondum tamen cura deseruerat, exanimes vice unius, quem tres Curiatii circumsteterant. Forte is integer fuit, ut universis solus nequaquam par, sic adversus singulos ferox. Ergo ut segregaret pugnam eorum, capescit fugam, ita ratus secuturos, ut quemque vulnere affectum corpus sineret. Jam aliquantum spatii ex eo loco, ubi pugnatum est, aufugerat, cum respiciens videt magnis intervallis, sequentes, unum haud procul ab sese abesse, in eum magno impetu rediit. Et dum Albanus exercitus inclamat Curiatiis, uti opem ferant fratri, jam Horatius cæso hoste victor secundam pugnam petebat. Tunc clamore (qualis ex insperato faventium solet) Romani adjuvant militem suum : et ille defungi prælio festinat. Prius itaque quam alter, qui nec procul aberat, consequi posset, et alterum Curiatium conficit. Jamque æquato Marte singuli supererant, sed nec spe, nec viribus pares : alterum intactum ferro corpus, et geminata victoria ferocem in certamen tertium dabant, alter fessum vulnere, fessum cursu trahens corpus, victusque fratrum ante se strage, victori objicitur hosti. Nec illud prælium fuit. Romanus exsultans, « Duos, inquit, fratrum manibus dedi, « tertium causæ belli hujusce, ut Romanus Albano imperet, dabo. » Male sustinenti arma gladium superne jugulo defigit, jacentem spoliat. Romani ovantes ac gratulantes Horatium accipiunt: eo majore cum gaudio, quo propius metum res fuerat. Ad sepulturam inde suorum nequaquam paribus animis vertuntur: quippe imperio alteri aucti, alteri ditionis alienæ facti. Sepulcra exstant, quo quisque loco cecidit : duo Romana uno loco propius Albam, tria Albana, Romam versus : sed distantia locis, et ut pugnatum est.

Priusquam inde digrederentur, roganti Metio ex fœdere icto, quid imperaret, imperat Tullus, uti juventutem in armis habeat, usurum se eorum opera, si bellum cum Vejentibus foret. Ita exercitus inde domos abducti. Princeps Horatius ibat tergemina spolia præ se gerens, cui soror virgo, quæ desponsata uni ex Curiatiis fuerat, obviam ante portam Capenam fuit; cognitoque super humeros fratris paludamento sponsi, quod ipsa confecerat, solvit crines, et flebiliter nomine sponsum mortuum appellat. Movet feroci juveni animum comploratio sororis in victoria sua, tantoque gaudio publico. Stricto itaque gladio, simul verbis increpans, transfigit puellam. « Abi hinc cum im- « maturo amore ad sponsum, inquit, oblita fratrum mortuo- « rum vivique, oblita patriæ. Sic eat, quæcumque Romana « lugebit hostem. » Atrox visum id facinus patribus, plebique, sed recens meritum facto obstabat : tamen raptus in jus ad regem. Rex, ne ipse tam tristis ingratique ad vulgus judicii, aut secundum judicium supplicii auctor esset, concilio populi advocato, « Duumviros, inquit, qui Horatio perduellionem judi- « cent secundum legem, facio. *Lex horrendi carminis erat*, « duumviri perduellionem judicent. Si a duumviris provocarit, « provocatione certato : si vincent, caput obnubito, infelici ar- « bori reste suspendito, verberato, vel intra pomœrium, vel « extra pomœrium. » Hac lege duumviri creati, qui se absolvere non rebantur ea lege ne innoxium quidem posse. Cum condemnassent, tum alter ex his, « P. Horati, tibi perduellionem ju- « dico, inquit : I lictor, colliga manus. » Accesserat lictor, injiciebatque laqueum : tum Horatius, auctore Tullo, clemente legis interprete : Provoco, inquit. Ita de provocatione certa-

tum ad populum est. Moti homines sunt in eo judicio, maxime
P. Horatio patre proclamante se filiam jure cæsam judicare : ni
ita esset, patrio jure in filium animadversurum fuisse. Orabat
deinde, ne se, quem paulo ante cum egregia stirpe conspexis-
sent, orbum liberis facerent. Inter hæc senex juvenem am-
plexus, spolia Curiatiorum fixa eo loco, qui nunc Pila Horatia
appellatur, ostentans : « Hunccine, aiebat, quem modo decora-
« tum, ovantemque victoria, incedentem vidistis, Quirites,
« eum sub furca vinctum inter verbera et cruciatus videre po-
« testis? quod vix Albanorum oculi tam deforme spectaculum
« ferre possent. I, lictor, colliga manus, quæ paulo ante ar-
« matæ, imperium populo Romano pepererunt. I, caput ob-
« nube liberatoris urbis hujus : arbori infelici suspende : verbera,
« vel intra pomœrium, modo inter illa pila et spolia hostium :
« vel extra pomœrium, modo inter sepulcra Curatiorum. Quo
« enim ducere hunc juvenem potestis, ubi non sua decora eum
« a tanta fœditate supplicii vindicent? » Non tulit populus nec
patris lacrymas, nec ipsius parem in omni periculo animum :
absolveruntque admiratione magis virtutis, quam jure causæ.
Itaque ut cædes manifesta aliquo tamen piaculo lueretur, im-
peratum patri, ut filium expiaret pecunia publica. Is quibus-
dam piacularibus sacrificiis factis, quæ deinde genti Horatiæ
tradita sunt, transmisso per viam tigillo, capite adoperto, velut sub jugum misit juvenem. Id hodie publice quoque semper
refectum manet : Sororium tigillum vocant. Horatiæ sepulcrum,
quo loco corruerat icta, constructum est saxo quadrato.

ACTEURS.

TULLE, roi de Rome.
LE VIEIL HORACE, chevalier romain [1].
HORACE, son fils [2].
CURIACE, gentilhomme d'Albe, amant de Camille [3].
VALÈRE, chevalier romain, amoureux de Camille.
SABINE, femme d'Horace et sœur de Curiace [4].
CAMILLE, amante de Curiace et sœur d'Horace [5].
JULIE, dame romaine, confidente de Sabine et de Camille.
FLAVIAN, soldat de l'armée d'Albe.
PROCULE, soldat de l'armée de Rome.

La scène est à Rome, dans une salle de la maison d'Horace.

NOMS DES ACTEURS QUI ONT JOUÉ D'ORIGINAL DANS HORACE :

[1] BARON père. — [2] MONTFLEURY. — [3] BELLEROSE. — [4] Mlle DE VILLIERS. — [5] Mlle BEAUPRÉ.

Bayalos pinxit. Moret sc.

HORACE.

CAMILLE.

Qu'elle même sur soi renverse ses murailles,
Et de ses propres mains déchire ses entrailles!

Acte 4. Sc. 5.

Publié par Furne, à Paris.

HORACE[1].

ACTE PREMIER.

SCÈNE I.

SABINE[2], JULIE.

SABINE.

Approuvez ma foiblesse, et souffrez ma douleur;
Elle n'est que trop juste en un si grand malheur :

---

[1] C'est le titre que Corneille donna toujours à cette tragédie. Celui des *Horaces* a prévalu depuis dans la conversation et sur les affiches des spectacles. Ainsi, l'usage étend son empire même sur des objets qui ne sont pas de sa compétence. (P.) — Si on reprocha à Corneille d'avoir pris dans des Espagnols les beautés les plus touchantes du *Cid*, on dut le louer d'avoir transporté sur la scène française, dans les *Horaces*, les morceaux les plus éloquents de Tite-Live, et même de les avoir embellis. On sait que quand on le menaça d'une seconde critique sur la tragédie des *Horaces*, semblable à celle du *Cid*, il répondit : « Horace fut condamné « par les duumvirs, mais il fut absous par le peuple. » *Horace* n'est point encore une tragédie régulière, mais on y verra des beautés d'un genre supérieur. (V.) — La noble réponse à la menace d'une critique semblable à celle du *Cid* est tirée d'une lettre de Corneille, citée par Pellisson dans l'*Histoire de l'Académie françoise*. (A.-M.)

[2] Corneille, dans l'examen des *Horaces*, dit que le personnage

282 HORACE.

Si près de voir sur soi fondre de tels orages,
L'ébranlement sied bien aux plus fermes courages;
Et l'esprit le plus mâle et le moins abattu
Ne sauroit sans désordre exercer sa vertu.
Quoique le mien s'étonne à ces rudes alarmes,
Le trouble de mon cœur ne peut rien sur mes larmes [1],

de Sabine est heureusement inventé; mais qu'il ne sert pas plus à l'action que l'Infante à celle du *Cid*. Il est vrai que ce rôle n'est pas nécessaire à la pièce; mais j'ose ici être moins sévère que Corneille; ce rôle est du moins incorporé à la tragédie : c'est une femme qui tremble pour son mari et pour son frère. Elle ne cause aucun événement, il est vrai; c'est un défaut sur un théâtre aussi perfectionné que le nôtre; mais elle prend part à tous les événements, et c'est beaucoup pour un temps où l'art venait de naître. Observez que ce personnage débite souvent de très beaux vers, et qu'il fait l'exposition du sujet d'une manière très intéressante et très noble. Mais observez sur-tout que les beaux vers de Corneille nous enseignèrent à discerner les mauvais. Le goût du public se forma insensiblement par la comparaison des beautés et des défauts. On désapprouve aujourd'hui cet amas de sentences, ces idées générales retournées en tant de manières, l'ébranlement qui sied aux *fermes* courages, l'esprit le *plus mâle*, le *moins abattu* : c'est l'auteur qui parle, et c'est le personnage qui doit parler. (V.) — Voltaire accorde trop à Corneille, en disant comme lui que le rôle de *Sabine* n'est pas nécessaire. Voyez la scène VI de l'acte II. Le seul point vulnérable d'Horace, le seul par lequel il tient encore à l'humanité, c'est Sabine qui le découvre. Sans Sabine il ne remplirait pas la condition imposée aux héros tragiques, qui est d'avoir quelque faiblesse. Et ici quelle est cette faiblesse? Un simple sentiment d'humanité que lui arrache le désespoir de Sabine. C'est tout ce qu'on pouvait espérer de ce caractère inflexible. Et quel prodige encore que de l'y amener! Certes, c'est là une grande idée, et qui dessine tout un caractère. (A.-M.)

[1] *Un trouble qui a du pouvoir sur des larmes* : cela est louche et mal exprimé. (V.)

ACTE I, SCÈNE I.

Et, parmi les soupirs qu'il pousse vers les cieux,
Ma constance du moins règne encor sur mes yeux :
Quand on arrête là les déplaisirs d'une ame,
Si l'on fait moins qu'un homme, on fait plus qu'une femme ;
Commander à ses pleurs en cette extrémité,
C'est montrer, pour le sexe, assez de fermeté.

JULIE.

C'en est peut-être assez pour une ame commune [1]
Qui du moindre péril se fait une infortune ;
Mais de cette foiblesse un grand cœur est honteux ;
Il ose espérer tout dans un succès douteux.
Les deux camps sont rangés au pied de nos murailles ;
Mais Rome ignore encor comme on perd des batailles.
Loin de trembler pour elle, il lui faut applaudir :
Puisqu'elle va combattre, elle va s'agrandir.
Bannissez, bannissez une frayeur si vaine,
Et concevez des vœux dignes d'une Romaine.

SABINE.

Je suis Romaine, hélas! puisque Horace est Romain [2] ;
J'en ai reçu le titre en recevant sa main ;
Mais ce nœud me tiendroit en esclave enchaînée,
S'il m'empêchoit de voir en quels lieux je suis née.
Albe, où j'ai commencé de respirer le jour,
Albe, mon cher pays, et mon premier amour [3] ;

---

[1] VAR. C'en est assez et trop pour une ame commune
    Qui du moindre péril n'attend qu'une infortune ;
    D'un tel abaissement un grand cœur est honteux. (1641-48.)

[2] VAR. Je suis Romaine, hélas! puisque mon époux l'est.
    L'hymen me fait de Rome embrasser l'intérêt ;
    Mais il tiendroit mon ame en esclave enchaînée,
    S'il m'ôtoit le penser des lieux où je suis née. (1641-48.)

[3] Voyez comme ces vers sont supérieurs à ceux du commencement ; c'est ici un sentiment vrai ; il n'y a point là de lieux com-

Lorsqu'entre nous et toi je vois la guerre ouverte [1],
Je crains notre victoire autant que notre perte.
  Rome, si tu te plains que c'est là te trahir,
Fais-toi des ennemis que je puisse haïr [2].
Quand je vois de tes murs leur armée et la nôtre,
Mes trois frères dans l'une, et mon mari dans l'autre,
Puis-je former des vœux, et sans impiété
Importuner le ciel pour ta félicité?
Je sais que ton état, encore en sa naissance,
Ne sauroit, sans la guerre, affermir sa puissance;
Je sais qu'il doit s'accroître, et que tes grands destins [3]
Ne le borneront pas chez les peuples latins;
Que les dieux t'ont promis l'empire de la terre,
Et que tu n'en peux voir l'effet que par la guerre [4] :
Bien loin de m'opposer à cette noble ardeur
Qui suit l'arrêt des dieux et court à ta grandeur,
Je voudrois déjà voir tes troupes couronnées,
D'un pas victorieux franchir les Pyrénées.
Va jusqu'en l'Orient pousser tes bataillons;
Va sur les bords du Rhin planter tes pavillons;

muns, point de vaines sentences, rien de recherché, ni dans les idées, ni dans les expressions. *Albe, mon cher pays*, c'est la nature seule qui parle : cette comparaison de Corneille avec lui-même formera mieux le goût que toutes les dissertations et les poétiques. (V.)

[1] Var. Quand entre nous et toi je vois la guerre ouverte. (1641-48.)

[2] Ce vers est resté en proverbe. (V.)

[3] Var. Je sais qu'il doit s'accroître, et que tes bons destins. (1641-48.)

[4] *En* se rapporte ici au substantif *promesse* qui est virtuellement compris dans les mots *l'ont promis*. C'est une licence qu'on ne peut plus se permettre depuis que les grammairiens l'ont ainsi décidé, et décidé peut-être trop légèrement; car la phrase ne manque ni d'élégance ni de clarté. (A.-M.)

ACTE I, SCÈNE I.

Fais trembler sous tes pas les colonnes d'Hercule,
Mais respecte une ville à qui tu dois Romule.
Ingrate, souviens-toi que du sang de ses rois
Tu tiens ton nom, tes murs, et tes premières lois.
Albe est ton origine; arrête, et considère
Que tu portes le fer dans le sein de ta mère.
Tourne ailleurs les efforts de tes bras triomphants;
Sa joie éclatera dans l'heur de ses enfants [1];
Et, se laissant ravir à l'amour maternelle [2],
Ses vœux seront pour toi, si tu n'es plus contre elle.

JULIE.

Ce discours me surprend, vu que depuis le temps [3]

---

[1] Ce mot *heur*, qui favorisait la versification, et qui ne choque point l'oreille, est aujourd'hui banni de notre langue. Il serait à souhaiter que la plupart des termes dont Corneille s'est servi fussent en usage : son nom devrait consacrer ceux qui ne sont pas rebutants. (V.) — *Heur*, employé dans le sens de *bonheur*, est la seule expression vieillie dans cette longue suite de beaux vers. Corneille se sert du calme de l'exposition théâtrale pour représenter pompeusement la destinée entière de la république. Il use habilement de l'éloquence des passions pour agrandir son sujet en retraçant l'image des révolutions romaines. (LEMERCIER.)

[2] Cette phrase est équivoque, et n'est pas française. Le mot de *ravir*, quand il signifie *joie*, ne prend point un datif : on n'est point ravi à quelque chose; c'est un solécisme de phrase. (V.) — Voltaire se trompe : ce datif n'est pas gouverné par *ravir*, mais par *se laissant*. C'est ainsi que l'on dit fort bien : *se laisser séduire aux charmes de l'éloquence*. Il est clair que le sens de Corneille est celui-ci :

Et se laissant séduire à l'amour maternelle.

Le mot *ravi* seul est mal choisi, à cause de l'équivoque; mais la construction est bien française. (A.-M.)

[3] Ce *vu que* est une expression peu noble, même en prose : s'il y en avait beaucoup de pareilles, la poésie serait basse et ram-

Qu'on a contre son peuple armé nos combattants,
Je vous ai vu pour elle autant d'indifférence
Que si d'un sang romain vous aviez pris naissance [1].
J'admirois la vertu qui réduisoit en vous
Vos plus chers intérêts à ceux de votre époux;
Et je vous consolois au milieu de vos plaintes,
Comme si notre Rome eût fait toutes vos craintes [2].

SABINE.

Tant qu'on ne s'est choqué qu'en de légers combats,
Trop foibles pour jeter un des partis à bas [3],
Tant qu'un espoir de paix a pu flatter ma peine,
Oui, j'ai fait vanité d'être toute Romaine.
Si j'ai vu Rome heureuse avec quelque regret,
Soudain j'ai condamné ce mouvement secret;
Et si j'ai ressenti, dans ses destins contraires,
Quelque maligne joie en faveur de mes frères [4],

pante : mais jusqu'ici vous ne trouvez guère que ce mot indigne du style de la tragédie. (V.)

[1] VAR. Que si dedans nos murs vous aviez pris naissance. (1641-48.)

[2] On ne fait pas une *crainte*, on la cause, on l'inspire, on l'excite, on la fait naître. (V.) — C'est une ellipse : Eût fait *le sujet* de toutes vos craintes. (A.-M.)

[3] *Jeter à bas* est une expression familière qui ne serait pas même admise dans la prose. Corneille, n'ayant aucun rival qui écrivît avec noblesse, se permettait ces négligences dans les petites choses, et s'abandonnait à son génie dans les grandes. (V.)

[4] La joie des succès de sa patrie et d'un frère peut-elle être appelée *maligne*? Elle est naturelle : on pouvait dire, *une secrète joie en faveur de mes frères*. Ce mot de *maligne joie* est bien plus à sa place dans ces deux admirables vers de *la Mort de Pompée* :

> Une maligne joie en son cœur s'élevoit,
> Dont sa gloire indignée à peine le sauvoit.

Il faut toujours avoir devant les yeux ce passage de Boileau :

> D'un mot mis en sa place enseigna le pouvoir.

ACTE I, SCÈNE I. 287

Soudain, pour l'étouffer rappelant ma raison,
J'ai pleuré quand la gloire entroit dans leur maison.
Mais aujourd'hui qu'il faut que l'une ou l'autre tombe,
Qu'Albe devienne esclave, ou que Rome succombe,
Et qu'après la bataille il ne demeure plus
Ni d'obstacle aux vainqueurs, ni d'espoir aux vaincus,
J'aurois pour mon pays une cruelle haine,
Si je pouvois encore être toute Romaine,
Et si je demandois votre triomphe aux dieux,
Au prix de tant de sang qui m'est si précieux [1].
Je m'attache un peu moins aux intérêts d'un homme;
Je ne suis point pour Albe, et ne suis plus pour Rome;
Je crains pour l'une et l'autre en ce dernier effort,
Et serai du parti qu'affligera le sort.
Égale à tous les deux jusques à la victoire [2],
Je prendrai part aux maux sans en prendre à la gloire;
Et je garde, au milieu de tant d'âpres rigueurs [3],
Mes larmes aux vaincus, et ma haine aux vainqueurs [4].

C'est ce mot propre qui distingue les orateurs et les poëtes de ceux qui ne sont que diserts et versificateurs. (V.)

[1] Ce n'est pas ce *tant* qui est précieux, c'est le *sang*; c'est *au prix d'un sang qui m'est si précieux*. Le *tant* est inutile, et corrompt un peu la pureté de la phrase et la beauté du vers : c'est une très petite faute. (V.) — Le *tant* n'est pas inutile, il rend une idée qui répond au latin *tam multo et tam caro sanguine*. (A.-M.)

[2] *Égale à* n'est pas français en ce sens. L'auteur veut dire, *juste envers tous les deux*; car Sabine doit être juste, et non pas indifférente. (V.) — Il ne s'agit pas pour Sabine d'être juste : le cœur sent, et ne juge pas. Elle ne saurait non plus, comme le dit Voltaire, être indifférente; donc elle sera *égale*, c'est-à-dire *également intéressée* au sort des uns et des autres. L'ellipse est admissible. (A.-M.)

[3] Var. Et garde, en attendant ses funestes rigueurs. (1641-48.)

[4] Elle ne doit pas haïr son mari, ses enfants, s'ils sont victo-

JULIE.

Qu'on voit naître souvent de pareilles traverses [1],
En des esprits divers, des passions diverses,
Et qu'à nos yeux Camille agit bien autrement [2] !
Son frère est votre époux, le vôtre est son amant :
Mais elle voit d'un œil bien différent du vôtre
Son sang dans une armée, et son amour dans l'autre.
   Lorsque vous conserviez un esprit tout romain,
Le sien irrésolu, le sien tout incertain [3],
De la moindre mêlée appréhendoit l'orage,
De tous les deux partis détestoit l'avantage,
Au malheur des vaincus donnoit toujours ses pleurs,

rieux; ce sentiment n'est pas permis : elle devrait plutôt dire, *sans haïr les vainqueurs*. (V.) — Sabine ne parle ici ni de son mari, ni de ses frères, par la raison toute simple qu'ils ne sont pas choisis pour combattre. Elle pense à *Rome* et *Albe*, ces deux *patries* ennemies l'une de l'autre, entre lesquelles, se croyant obligée de prendre un parti, elle se propose noblement de prendre celui des vaincus. (A.-M.)

[1] Le lecteur se sent arrêter à ces deux vers; ces *de des* embarrassent l'esprit. *Traverses* n'est point le mot propre : les passions ici ne sont point *diverses*. Sabine et Camille se trouvent dans une situation à-peu-près semblable. Le sens de l'auteur est probablement que *les mêmes malheurs produisent quelquefois des sentiments différents*. (V.)

[2] VAR. Et qu'en ceci Camille agit bien autrement! (1641-48.)

[3] VAR. Le sien irrésolu, tremblotant, incertain. (1641-48.)

Tremblotant n'est pas du style noble, et on doit en avertir les étrangers, pour qui principalement ces remarques sont faites. Corneille changea :

Le sien irrésolu, le sien tout incertain.

Mais, comme *incertain* ne dit pas plus qu'*irrésolu*, ce changement n'est pas heureux. Ce redoublement de *sien* fait attendre une idée forte qu'on ne trouve pas. (V.)

ACTE I, SCÈNE I.

Et nourrissoit ainsi d'éternelles douleurs.
Mais hier, quand elle sut qu'on avoit pris journée [1],
Et qu'enfin la bataille alloit être donnée,
Une soudaine joie éclatant sur son front [2]...

SABINE.

Ah! que je crains, Julie, un changement si prompt!
Hier dans sa belle humeur elle entretint Valère [3] ;
Pour ce rival, sans doute, elle quitte mon frère [4] ;

[1] On prend *jour*, et on ne prend point *journée*, parceque *jour* signifie *temps*, et que *journée* signifie *bataille*. La journée d'Ivry, la journée de Fontenoy. (V.) — *Journée* ne signifie pas seulement *bataille*; ce mot se dit de l'espace de temps qui s'écoule depuis l'heure où on se lève jusqu'à l'heure où on se couche; on dit: Il a bien employé sa *journée*, il a fait une bonne *journée*, etc. La distinction établie par Voltaire est incomplète, et cependant il est douteux qu'elle ait été connue du temps de Corneille, car Vaugelas n'aurait pas manqué d'en parler. (A.-M.)

[2] VAR. Une soudaine joie éclata sur son front. (1641-48.)

[3] *Hier*, comme on l'a déjà dit, est maintenant de deux syllabes : la prononciation serait trop gênée en le faisant d'une seule, comme s'il y avait *her*. *Belle humeur* ne peut se dire que dans la comédie. (V.) — Remarquez cependant que, par un singulier caprice des grammairiens, *hier*, dont on fait deux syllabes lorsqu'il est seul, devient d'une syllabe dans le mot composé *avant-hier*. (A.-M.)

[4] Sabine ne doit point dire que sans doute Camille est volage et infidèle, sur cela seul que Camille a parlé civilement à Valère, et paraissait être dans sa belle humeur. Ces petits moyens, ces soupçons, peuvent produire quelquefois de grands mouvements et des intérêts tragiques, comme la méprise peu vraisemblable d'Acomat dans la tragédie de *Bajazet*. Le plus léger incident peut causer de grands troubles : mais c'est ici tout le contraire; il ne s'agit que de savoir si Camille a quitté Curiace pour Valère.

Sur de trop vains objets c'est arrêter la vue.

Cela serait un peu froid, même dans une comédie. (V.) — Ce

Son esprit, ébranlé par les objets présents [1],
Ne trouve point d'absent aimable après deux ans.
Mais excusez l'ardeur d'une amour fraternelle;
Le soin que j'ai de lui me fait craindre tout d'elle :
Je forme des soupçons d'un trop léger sujet [2].
Près d'un jour si funeste on change peu d'objet.
Les ames rarement sont de nouveau blessées;
Et dans un si grand trouble on a d'autres pensées :
Mais on n'a pas aussi de si doux entretiens,
Ni de contentements qui soient pareils aux siens [3].

JULIE.

Les causes, comme à vous, m'en semblent fort obscures;
Je ne me satisfais d'aucunes conjectures.
C'est assez de constance en un si grand danger

petit incident n'est pas inutile, puisqu'il prépare le rôle que doit jouer plus tard Valère. C'est d'ailleurs un moyen de nous instruire qu'il est l'amant de Camille. (A. M.)

[1] Ces deux vers appartiennent plutôt au genre de la comédie qu'à la tragédie. (V.)

[2] Ces mots font voir que l'auteur sentait que Sabine a tort; mais il valait mieux supprimer ces soupçons de Sabine que vouloir les justifier, puisque en effet Sabine semble se contredire en prétendant que Camille a sans doute quitté son frère, et en disant ensuite que les ames sont rarement blessées de nouveau. Tout cet examen du sujet de la joie de Camille n'est nullement héroïque. (V.)

VAR. Je forme des soupçons d'un sujet trop léger;
Le jour d'une bataille est mal propre à changer :
D'un nouveau trait alors peu d'ames sont blessées.
. . . .
Mais on n'a pas aussi de si gais entretiens. (1641-48.)

[3] Mais on n'a pas aussi de si doux entretiens,
Ni de contentements qui soient pareils aux siens,

sont de la comédie de ce temps-là. L'art de dire noblement les petites choses n'était pas encore trouvé. (V.)

ACTE I, SCÈNE I.

Que de le voir, l'attendre, et ne point s'affliger;
Mais certes c'en est trop d'aller jusqu'à la joie.

SABINE.

Voyez qu'un bon génie à propos nous l'envoie [1].
Essayez sur ce point à la faire parler [2];
Elle vous aime assez pour ne vous rien celer.
Je vous laisse. Ma sœur, entretenez Julie [3] :
J'ai honte de montrer tant de mélancolie,
Et mon cœur, accablé de mille déplaisirs,
Cherche la solitude à cacher ses soupirs [4].

[1] Ce tour a vieilli : c'est un malheur pour la langue; il est vif et naturel, et mérite, je crois, d'être imité. (V.)

[2] On essaie *de*, on s'essaie *à*. Ce vers d'ailleurs est trop comique. (V.) — Corneille pouvait également employer le *de* sans nuire à son vers. L'usage permettait alors l'un et l'autre. Ce vers n'est pas trop comique; il est trop familier. (P.)

[3] *Ma sœur, entretenez Julie*, est de la comédie; mais il y a ici un plus grand défaut, c'est qu'il semble que Camille vienne sans aucun intérêt, et seulement pour faire conversation. On peut dire aussi que Sabine n'a pas une raison assez forte pour s'en aller; que cette sortie rend son personnage plus inutile et plus froid; que c'était à Sabine, et non à une confidente, à écouter les choses importantes que Camille va annoncer; que cette idée d'entretenir Julie diminue l'intérêt; qu'un simple entretien ne doit jamais entrer dans la tragédie; que les principaux personnages ne doivent paraître que pour avoir quelque chose d'important à dire ou à entendre; qu'enfin il eût été plus théâtral et plus intéressant que Sabine eût reproché à Camille sa joie, et que Camille lui en eût appris la cause. (V.)

[4] Cela n'est pas français : on cherche la solitude pour cacher ses soupirs, et une solitude propre à les cacher. On ne dit point *une solitude, une chambre à pleurer, à gémir, à réfléchir*, comme on dit *une chambre à coucher, une salle à manger*; mais, du temps de Corneille, presque personne ne s'étudiait à parler purement. (V.) — Du temps de Corneille, au contraire, on ne songeait qu'à cela; jamais la langue ne fut plus étudiée ni plus travaillée.

SCÈNE II.

CAMILLE, JULIE.

CAMILLE.

Qu'elle a tort de vouloir que je vous entretienne [1]!
Croit-elle ma douleur moins vive que la sienne,
Et que, plus insensible à de si grands malheurs,
A mes tristes discours je mêle moins de pleurs?
De pareilles frayeurs mon ame est alarmée;
Comme elle je perdrai dans l'une et l'autre armée.
Je verrai mon amant, mon plus unique bien [2],
Mourir pour son pays, ou détruire le mien;
Et cet objet d'amour devenir, pour ma peine,
Digne de mes soupirs, ou digne de ma haine [3].
Hélas!

JULIE.
Elle est pourtant plus à plaindre que vous.

On croyait la fixer, et elle n'existait pas encore. Le purisme fut donc le caractère de l'époque; époque d'académies, de grammaires et de dictionnaires, époque de Vaugelas, de Bouhours, de Ménage, et des précieuses. Comment comprendre après cela le mot de Voltaire? Quant à sa critique, si on se reporte à 1639, il est impossible de l'admettre; car alors la préposition *à* s'employait souvent au lieu de *pour*, et l'usage s'en perpétua jusqu'à Racine, qui en offre plusieurs exemples. (A.-M.)

[1] Cette formule de conversation ne doit jamais entrer dans la tragédie, où les personnages doivent, pour ainsi dire, parler malgré eux, emportés par la passion qui les anime. (V.)

VAR. Pourquoi fuir, et vouloir que je vous entretienne? (1641-48.)

[2] *Plus unique* ne peut se dire; *unique* n'admet ni de plus, ni de moins. (V.)

[3] VAR. Ou digne de mes pleurs, ou digne de ma haine. (1641-48.)

ACTE I, SCÈNE II. 293

On peut changer d'amant, mais non changer d'époux[1].
Oubliez Curiace, et recevez Valère;
Vous ne tremblerez plus pour le parti contraire,
Vous serez toute nôtre, et votre esprit remis[2]
N'aura plus rien à perdre au camp des ennemis.

CAMILLE.

Donnez-moi des conseils qui soient plus légitimes,
Et plaignez mes malheurs sans m'ordonner des crimes.
Quoiqu'à peine à mes maux je puisse résister,
J'aime mieux les souffrir que de les mériter.

JULIE.

Quoi! vous appelez crime un change raisonnable?

CAMILLE.

Quoi! le manque de foi vous semble pardonnable?

JULIE.

Envers un ennemi, qui peut nous obliger[3]?

CAMILLE.

D'un serment solennel, qui peut nous dégager?

JULIE.

Vous déguisez en vain une chose trop claire :

---

[1] Ce vers porte entièrement le caractère de la comédie. Corneille, en ayant fait plusieurs, en conserva souvent le style. Cela était permis de son temps; on ne distinguait pas assez les bornes qui séparent le familier du simple : le simple est nécessaire, le familier ne peut être souffert. Peut-être une attention trop scrupuleuse aurait éteint le feu du génie; mais, après avoir écrit avec la rapidité du génie, il faut corriger avec la lenteur scrupuleuse de la critique. (V.)

[2] *Vous serez toute nôtre*..... n'est pas du style noble. Ces familiarités étaient encore d'usage. (V.)

[3] VAR. Envers un ennemi, qui nous peut obliger?
CAMILLE.
Envers un ennemi, qui nous peut dégager? (1641-48.)

Je vous vis encore hier entretenir Valère ;
Et l'accueil gracieux qu'il recevoit de vous
Lui permet de nourrir un espoir assez doux [1].

CAMILLE.

Si je l'entretins hier et lui fis bon visage,
N'en imaginez rien qu'à son désavantage [2] ;
De mon contentement un autre étoit l'objet :
Mais pour sortir d'erreur sachez-en le sujet ;
Je garde à Curiace une amitié trop pure
Pour souffrir plus long-temps qu'on m'estime parjure.

Il vous souvient qu'à peine on voyoit de sa sœur
Par un heureux hymen mon frère possesseur,
Quand, pour comble de joie, il obtint de mon père [3]
Que de ses chastes feux je serois le salaire.
Ce jour nous fut propice et funeste à-la-fois ;
Unissant nos maisons, il désunit nos rois ;
Un même instant conclut notre hymen et la guerre,
Fit naître notre espoir et le jeta par terre [4],

---

[1] Var. Lui permet de nourrir un espoir bien plus doux. (1641-48.)

[2] Tout cela est d'un style un peu trop bourgeois, qui était admis alors. Il ne serait pas permis aujourd'hui qu'une fille dît que c'est un désavantage de ne lui pas plaire. (V.)

[3] Il y avait dans les premières éditions, 1641-48 :

> Quelque cinq ou six mois après que de sa sœur
> L'hyménée eut rendu mon frère possesseur
> (Vous le savez, Julie), il obtint de mon père.

Corneille changea heureusement ces trois vers de cette façon. Il a corrigé beaucoup de ses vers au bout de vingt années dans ses pièces immortelles ; et d'autres auteurs laissent subsister une foule de barbarismes dans des pièces qui ont eu quelques succès passagers. (V.)

[4] Non seulement un *espoir jeté par terre* est une expression vicieuse, mais la même idée est exprimée ici en quatre façons

Nous ôta tout, sitôt qu'il nous eut tout promis ;
Et, nous faisant amants, il nous fit ennemis.
Combien nos déplaisirs parurent lors extrêmes !
Combien contre le ciel il vomit de blasphèmes,
Et combien de ruisseaux coulèrent de mes yeux !
Je ne vous le dis point, vous vîtes nos adieux ;
Vous avez vu depuis les troubles de mon ame :
Vous savez pour la paix quels vœux a faits ma flamme,
Et quels pleurs j'ai versés à chaque événement,
Tantôt pour mon pays, tantôt pour mon amant.
Enfin mon désespoir, parmi ces longs obstacles,
M'a fait avoir recours à la voix des oracles.
Écoutez si celui qui me fut hier rendu
Eut droit de rassurer mon esprit éperdu.
Ce Grec si renommé, qui depuis tant d'années
Au pied de l'Aventin prédit nos destinées,
Lui qu'Apollon jamais n'a fait parler à faux [1],
Me promit par ces vers la fin de mes travaux :
« Albe et Rome demain prendront une autre face [2] ;

différentes ; ce qui est un vice plus grand. Il faut, autant qu'on
le peut, éviter ces pléonasmes ; c'est une abondance stérile : je
ne crois pas qu'il y en ait un seul exemple dans Racine. (V.)

[1] *Parler à faux* n'est pas sans doute assez noble, ni même assez juste. Un coup porte à faux, on est accusé à faux, dans le style familier ; mais on ne peut dire, *il parle à faux*, dans un discours tant soit peu relevé. (V.)

[2] On pourrait souhaiter que cet oracle eût été plutôt rendu dans un temple que par un Grec qui fait des prédictions au pied d'une montagne. Remarquons encore qu'un oracle doit produire un événement et servir au nœud de la pièce, et qu'ici il ne sert presque à rien qu'à donner un moment d'espérance. J'oserais encore dire que ces mots à double entente, *sans qu'aucun mauvais sort l'en sépare jamais*, paraissent seulement une plaisanterie amère,

« Tes vœux sont exaucés, elles auront la paix,
« Et tu seras unie avec ton Curiace,
« Sans qu'aucun mauvais sort t'en sépare jamais. »
Je pris sur cet oracle une entière assurance;
Et, comme le succès passoit mon espérance,
J'abandonnai mon ame à des ravissements
Qui passoient les transports des plus heureux amants.
Jugez de leur excès : je rencontrai Valère,
Et, contre sa coutume, il ne put me déplaire [1];
Il me parla d'amour sans me donner d'ennui :
Je ne m'aperçus pas que je parlois à lui;
Je ne lui pus montrer de mépris ni de glace :
Tout ce que je voyois me sembloit Curiace;
Tout ce qu'on me disoit me parloit de ses feux;

une équivoque cruelle sur la destinée malheureuse de Camille. Le plus grand défaut de cette scène, c'est son inutilité. Cet entretien de Camille et de Julie roule sur un objet trop mince, et qui ne sert en rien ni au nœud, ni au dénouement. Julie veut pénétrer le secret de Camille, et savoir si elle aime un autre que Curiace : rien n'est moins tragique. (V.) — Voltaire dit : « On pourrait souhaiter que cet oracle eût été rendu dans un temple. » Il oublie que la scène se passe à Rome, où il n'y avait pas d'oracle proprement dit. Les aruspices étaient des prêtres officiels qui n'interrogeaient les dieux que par ordre du roi et dans les grandes occasions. Camille consulte un devin célèbre par la véracité de ses prédictions, cela suffit pour justifier la crédulité d'une Romaine à cette époque. Quant à la règle : *Un oracle doit produire un événement*, elle est de Voltaire, qui ne s'appuie d'aucun exemple. L'histoire même est contre lui, car elle offre peu d'événements produits par des oracles. Et quant à l'art dramatique, je ne vois que le songe d'Athalie, c'est-à-dire une exception, qui puisse justifier cette règle; et encore est-ce un songe, et non un oracle. (A.-M.)

[1] Var. Et, contre sa coutume, il ne me put déplaire. (1641-48.)

Tout ce que je disois l'assuroit de mes vœux.
Le combat général aujourd'hui se hasarde ;
J'en sus hier la nouvelle, et je n'y pris pas garde [1] :
Mon esprit rejetoit ces funestes objets,
Charmé des doux pensers d'hymen et de la paix.
La nuit a dissipé des erreurs si charmantes ;
Mille songes affreux, mille images sanglantes,
Ou plutôt mille amas de carnage et d'horreur,
M'ont arraché ma joie et rendu ma terreur.
J'ai vu du sang, des morts, et n'ai rien vu de suite [2] ;
Un spectre en paroissant prenoit soudain la fuite ;
Ils s'effaçoient l'un l'autre ; et chaque illusion
Redoubloit mon effroi par sa confusion.

[1] Elle ne prend pas garde à une bataille qui va se donner ! Le spectacle de deux armées prêtes à combattre, et le danger de son amant, ne devaient-ils pas autant l'alarmer que le discours d'un Grec au pied du mont Aventin a dû la rassurer ? Le premier mouvement, dans une telle occasion, n'est-il pas de dire : *Ce Grec m'a trompée ; c'est un faux prophète ?* Avait-elle besoin d'un songe pour craindre ce que deux armées rangées en bataille devaient assez lui faire redouter ? (V.) — Voltaire juge avec l'esprit de son siècle, Corneille écrit dans l'esprit du siècle des Horaces ; et il a raison de compter pour beaucoup l'influence des superstitions à une époque de superstitions. (A.-M.)

[2] Ce songe est beau, en ce qu'il alarme un esprit rassuré par un oracle. Je remarquerai ici qu'en général un songe, ainsi qu'un oracle, doit servir au nœud de la pièce ; tel est le songe admirable d'Athalie : elle voit un enfant en songe, elle trouve ce même enfant dans le temple ; c'est là que l'art est poussé à sa perfection. Un rêve qui ne sert qu'à faire craindre ce qui doit arriver ne peut avoir que des beautés de détail, n'est qu'un ornement passager. C'est ce qu'on appelle aujourd'hui un *remplissage*. *Mille* songes, *mille* images, *mille* amas, sont d'un style trop négligé, et ne disent rien d'assez positif. (V.)

JULIE.

C'est en contraire sens qu'un songe s'interprète[1].

CAMILLE.

Je le dois croire ainsi, puisque je le souhaite;
Mais je me trouve enfin, malgré tous mes souhaits,
Au jour d'une bataille, et non pas d'une paix.

JULIE.

Par-là finit la guerre, et la paix lui succède.

CAMILLE.

Dure à jamais le mal, s'il y faut ce remède!
Soit que Rome y succombe, ou qu'Albe ait le dessous[2],
Cher amant, n'attends plus d'être un jour mon époux;
Jamais, jamais ce nom ne sera pour un homme[3]
Qui soit, ou le vainqueur, ou l'esclave de Rome.
Mais quel objet nouveau se présente en ces lieux?
Est-ce toi, Curiace? en croirai-je mes yeux?

---

[1] Pourquoi un songe s'interprète-t-il en sens contraire? Voyez les songes expliqués par Joseph, par Daniel; ils sont funestes par eux-mêmes et par leur explication. (V.) — Encore une erreur! Il a été souvent question d'interpréter les songes en sens contraire; c'est même un adage de vieille femme. Voyez à ce sujet les dissertations sur les visions et les songes, de Lenglet-Dufresnoy. (A.-M.)

[2] *Avoir le dessus ou le dessous*, ne se dit que dans la poésie burlesque; c'est le *di sopra* et le *di sotto* des Italiens. L'Arioste emploie cette expression lorsqu'il se permet le comique; le Tasse ne s'en sert jamais. (V.) — Racine a dit dans *Phèdre* :

Votre frère l'emporte, et Phèdre a le dessus,

et Racine ne crut pas faire un vers burlesque. En général, Voltaire est trop tranchant dans les exclusions qu'il donne à de certains mots, et dans ses décisions grammaticales; son génie l'appelait à de plus grandes choses. (P.)

[3] Var. Mon cœur (quelque grand feu qui pour toi le consomme)
Ne veut ni le vainqueur ni l'esclave de Rome. (1641.)

SCÈNE III.

CURIACE, CAMILLE, JULIE.

CURIACE.

N'en doutez point, Camille, et revoyez un homme
Qui n'est ni le vainqueur ni l'esclave de Rome [1];
Cessez d'appréhender de voir rougir mes mains
Du poids honteux des fers ou du sang des Romains [2].
J'ai cru que vous aimiez assez Rome et la gloire
Pour mépriser ma chaîne et haïr ma victoire;
Et comme également en cette extrémité
Je craignois la victoire et la captivité....

CAMILLE.

Curiace, il suffit, je devine le reste :
Tu fuis une bataille à tes vœux si funeste [3],

---

[1] Camille vient de dire à la fin de la scène précédente :

> . . . . Jamais ce nom (d'époux) ne sera pour un homme
> Qui soit, ou le vainqueur, ou l'esclave de Rome.'

On ne permet plus de répéter ainsi un vers. (V.) — Cette répétition est la liaison des deux scènes, liaison à laquelle Voltaire a raison de tenir beaucoup. (A.-M.)

[2] *Rougir* est employé ici en deux acceptions différentes. Les mains *rouges de sang*; elles ne sont rouges en un autre sens que quand elles sont meurtries par le poids des fers; mais cette figure ne manque pas de justesse, parcequ'en effet il y a de la rougeur dans l'un et dans l'autre cas. (V.)

[3] Il est bien étrange que Camille interrompe Curiace pour le soupçonner et le louer d'être un lâche. Ce défaut est grand, et il était aisé de l'éviter. Il était naturel que Curiace dit d'abord ce qu'il doit dire; qu'il ne commençât point par répéter les vers de Camille, par lui dire qu'*il a cru que Camille aimait Rome et la*

Et ton cœur, tout à moi, pour ne me perdre pas,
Dérobe à ton pays le secours de ton bras.
Qu'un autre considère ici ta renommée,
Et te blâme, s'il veut, de m'avoir trop aimée [1],
Ce n'est point à Camille à t'en mésestimer ;
Plus ton amour paroît, plus elle doit t'aimer ;
Et, si tu dois beaucoup aux lieux qui t'ont vu naître,
Plus tu quittes pour moi, plus tu le fais paroître.
Mais as-tu vu mon père? et peut-il endurer [2]
Qu'ainsi dans sa maison tu t'oses retirer?
Ne préfère-t-il point l'état à sa famille ?
Ne regarde-t-il point Rome plus que sa fille?
Enfin notre bonheur est-il bien affermi?
T'a-t-il vu comme gendre, ou bien comme ennemi?

CURIACE.

Il m'a vu comme gendre, avec une tendresse
Qui témoignoit assez une entière allégresse ;
Mais il ne m'a point vu, par une trahison,
Indigne de l'honneur d'entrer dans sa maison.
Je n'abandonne point l'intérêt de ma ville,
J'aime encor mon honneur en adorant Camille.
Tant qu'a duré la guerre, on m'a vu constamment

gloire, qu'elle mépriserait sa chaîne, et haïrait sa victoire; et que, comme il craint la victoire et la captivité..... etc. De tels propos ne sont pas à leur place; il faut aller au fait : *Semper ad eventum festinet.* (V.)

[1] Ces vers condamnent trop l'idée de Camille, que son amant est traître à son pays. Il fallait supprimer toute cette tirade. (V.)

[2] Ce mot *endurer* est du style de la comédie : on ne dit que dans le discours le plus familier, *j'endure que, je n'endure pas que.* Le terme *endurer* ne s'admet dans le style noble qu'avec un accusatif, *les peines que j'endure.* (V.)

ACTE I, SCÈNE III. 301

Aussi bon citoyen que véritable amant ¹.
D'Albe avec mon amour j'accordois la querelle ;
Je soupirois pour vous en combattant pour elle ;
Et, s'il falloit encor que l'on en vînt aux coups,
Je combattrois pour elle en soupirant pour vous ².
Oui, malgré les desirs de mon ame charmée,
Si la guerre duroit, je serois dans l'armée :
C'est la paix qui chez vous me donne un libre accès,
La paix à qui nos feux doivent ce beau succès.

CAMILLE.

La paix ! Et le moyen de croire un tel miracle?

JULIE.

Camille, pour le moins croyez-en votre oracle ³,
Et sachons pleinement par quels heureux effets
L'heure d'une bataille a produit cette paix.

CURIACE.

L'auroit-on jamais cru? Déja les deux armées ⁴,
D'une égale chaleur au combat animées,
Se menaçoient des yeux, et, marchant fièrement,
N'attendoient, pour donner, que le commandement ;
Quand notre dictateur devant les rangs s'avance,
Demande à votre prince un moment de silence ;
Et, l'ayant obtenu : « Que faisons-nous, Romains,

---

¹ VAR. Aussi bon citoyen comme fidèle amant. (1641-48.)

² Je soupirois pour vous en combattant pour elle ;
Je combattrois pour elle en soupirant pour vous.

Ce jeu de mots sent un peu les précieuses, et serait mieux placé dans un madrigal. Il n'y a rien là de Romain. (A.-M.)

³ On sent ici combien Sabine ferait un meilleur effet que la confidente Julie. Ce n'est point à Julie à dire, *sachons pleinement ;* c'est toujours à la personne la plus intéressée à interroger. (V.)

⁴ VAR. Dieux ! qui l'eût jamais cru? Déja les deux armées. (1641-48.)

« Dit-il, et quel démon nous fait venir aux mains [1] ?
« Souffrons que la raison éclaire enfin nos ames :
« Nous sommes vos voisins, nos filles sont vos femmes,
« Et l'hymen nous a joints par tant et tant de nœuds,
« Qu'il est peu de nos fils qui ne soient vos neveux;
« Nous ne sommes qu'un sang et qu'un peuple en deux villes :
« Pourquoi nous déchirer par des guerres civiles,
« Où la mort des vaincus affoiblit les vainqueurs,
« Et le plus beau triomphe est arrosé de pleurs?
« Nos ennemis communs attendent avec joie
« Qu'un des partis défait leur donne l'autre en proie,
« Lassé, demi-rompu, vainqueur, mais, pour tout fruit,
« Dénué d'un secours par lui-même détruit.
« Ils ont assez long-temps joui de nos divorces [2] ;
« Contre eux dorénavant joignons toutes nos forces,
« Et noyons dans l'oubli ces petits différents
« Qui de si bons guerriers font de mauvais parents.
« Que si l'ambition de commander aux autres
« Fait marcher aujourd'hui vos troupes et les nôtres,
« Pourvu qu'à moins de sang nous voulions l'apaiser,
« Elle nous unira, loin de nous diviser.
« Nommons des combattants pour la cause commune;

[1] J'ose dire que dans ce discours, imité de Tite-Live, l'auteur français est au-dessus du romain, plus nerveux, plus touchant; et quand on songe qu'il était gêné par la rime et par une langue embarrassée d'articles, et qui souffre peu d'inversions, qu'il a surmonté toutes ces difficultés, qu'il n'a employé le secours d'aucune épithète, que rien n'arrête l'éloquente rapidité de son discours, c'est là qu'on reconnaît le grand Corneille. Il n'y a que *tant et tant de nœuds* à reprendre. (V.)

[2] Ce mot de *divorces*, s'il ne signifiait que des querelles, serait impropre : mais ici il dénote les querelles de deux peuples unis; et par-là il est juste, nouveau, et excellent. (V.)

ACTE I, SCÈNE III.

« Que chaque peuple aux siens attache sa fortune ;
« Et, suivant ce que d'eux ordonnera le sort,
« Que le foible parti prenne loi du plus fort[1] :
« Mais, sans indignité pour des guerriers si braves,
« Qu'ils deviennent sujets sans devenir esclaves,
« Sans honte, sans tribut, et sans autre rigueur
« Que de suivre en tous lieux les drapeaux du vainqueur.
« Ainsi nos deux états ne feront qu'un empire. »
Il semble qu'à ces mots notre discorde expire[2] :
Chacun, jetant les yeux dans un rang ennemi,
Reconnoît un beau-frère, un cousin, un ami ;
Ils s'étonnent comment leurs mains, de sang avides,
Voloient, sans y penser, à tant de parricides[3],
Et font paroître un front couvert tout à-la-fois
D'horreur pour la bataille, et d'ardeur pour ce choix.
Enfin l'offre s'accepte, et la paix désirée
Sous ces conditions est aussitôt jurée :
Trois combattront pour tous ; mais, pour les mieux choisir,
Nos chefs ont voulu prendre un peu plus de loisir :
Le vôtre est au sénat, le nôtre dans sa tente.

CAMILLE.

O dieux, que ce discours rend mon ame contente!

CURIACE.

Dans deux heures au plus, par un commun accord,
Le sort de nos guerriers réglera notre sort.
Cependant tout est libre, attendant qu'on les nomme :

---

[1] VAR. Que le parti plus foible obéisse au plus fort. (1641-48.)

[2] VAR. A ces mots il se tait ; d'aise chacun soupire. (1641-48.)

[3] *Des mains avides, des mains qui volent,* et qui volent *sans y penser* : quelles hardiesses ! Mais elles sont amenées si naturellement, qu'elles passent inaperçues. L'émotion du spectateur ne lui permet, pour ainsi dire, que d'entendre les idées. (A.-M.)

Rome est dans notre camp, et notre camp dans Rome;
D'un et d'autre côté l'accès étant permis,
Chacun va renouer avec ses vieux amis [1].
Pour moi, ma passion m'a fait suivre vos frères;
Et mes desirs ont eu des succès si prospères,
Que l'auteur de vos jours m'a promis à demain [2]
Le bonheur sans pareil de vous donner la main [3].
Vous ne deviendrez pas rebelle à sa puissance?

CAMILLE.

Le devoir d'une fille est dans l'obéissance [4].

CURIACE.

Venez donc recevoir ce doux commandement [5],
Qui doit mettre le comble à mon contentement.

CAMILLE.

Je vais suivre vos pas, mais pour revoir mes frères,

---

[1] On doit avouer que *renouer avec ses vieux amis* est de la prose familière, qu'il faut éviter dans le style tragique; bien entendu qu'on ne sera jamais ampoulé. (V.) — Ce bon, cet excellent *vieux vers* qui réchauffe le cœur, vous ne le trouvez pas assez noble! Et qu'est-ce donc que la noblesse, si ce n'est une pensée grande, généreuse, exprimée avec force et simplicité? (A.-M.)

[2] *A demain* est trop du style de la comédie. Je fais souvent cette observation; c'était un des vices du temps. La *Sophonisbe* de Mairet est tout entière dans ce style; et Corneille s'y livrait quand les grandes images ne le soutenaient pas. (V.)

[3] *Le bonheur sans pareil* n'était pas si ridicule qu'aujourd'hui. Ce fut Boileau qui proscrivit toutes ces expressions communes de *sans pareil, sans seconde, à nul autre pareil, à nulle autre seconde.* (V.)

[4] VAR. Le devoir d'une fille est en l'obéissance. (1641-48.)

[5] Ce vers et le précédent sont de pure comédie : aussi les retrouve-t-on mot à mot dans la comédie du *Menteur* : mais l'auteur aurait dû les retrancher de la tragédie des *Horaces*. (V.)

Et savoir d'eux encor la fin de nos misères [1].

JULIE.

Allez, et cependant au pied de nos autels
J'irai rendre pour vous graces aux immortels.

[1] Il n'est pas inutile de dire aux étrangers que *misère* est, en poésie, un terme noble, qui signifie *calamité*, et non pas *indigence*.

> Hécube près d'Ulysse acheva sa *misère*. . . .
> Peut-être je devrois, plus humble en ma *misère*.
> RACINE. (V.)

FIN DU PREMIER ACTE.

ACTE SECOND.

SCÈNE I.

HORACE, CURIACE.

CURIACE.

Ainsi Rome n'a point séparé son estime;
Elle eût cru faire ailleurs un choix illégitime [1] :
Cette superbe ville en vos frères et vous
Trouve les trois guerriers qu'elle préfère à tous;
Et son illustre ardeur d'oser plus que les autres [2],
D'une seule maison brave toutes les nôtres :
Nous croirons, à la voir tout entière en vos mains [3],

---

[1] *Illégitime* pourrait n'être pas le mot propre en prose; on dirait : *un mauvais choix, un choix dangereux*, etc. *Illégitime* non seulement est pardonné à la rime, mais devient une expression forte, et signifie qu'il y aurait de l'injustice à ne point choisir les trois plus braves. (V.)

[2] *Illustre ardeur d'oser* n'est pas français. *D'une maison braver les autres* n'est pas une expression heureuse; mais le sens est fort beau. (V.) — Il y avait dans les éditions de 1641-1648 :

Et ne nous opposant d'autres bras que les vôtres, etc.

Ni l'une ni l'autre manière n'est élégante. (A.-M.) — *D'une seule maison brave toutes les autres* nous paraît d'un très beau sens, et même un beau vers. Celui qui le précède valait mieux dans les premières éditions; il était plus naturel, plus simple, et Corneille eut tort de le changer. (P.)

[3] VAR. Nous croirons, la voyant tout entière en vos mains. (1641-48.)

Que hors les fils d'Horace il n'est point de Romains.
Ce choix pouvoit combler trois familles de gloire,
Consacrer hautement leurs noms à la mémoire [1] :
Oui, l'honneur que reçoit la vôtre par ce choix [2]
En pouvoit à bon titre immortaliser trois ;
Et puisque c'est chez vous que mon heur et ma flamme
M'ont fait placer ma sœur et choisir une femme,
Ce que je vais vous être et ce que je vous suis [3]
Me font y prendre part autant que je le puis :
Mais un autre intérêt tient ma joie en contrainte,
Et parmi ses douceurs mêle beaucoup de crainte :
La guerre en tel éclat a mis votre valeur,
Que je tremble pour Albe et prévois son malheur :
Puisque vous combattez, sa perte est assurée ;
En vous faisant nommer, le destin l'a jurée.
Je vois trop dans ce choix ses funestes projets,
Et me compte déjà pour un de vos sujets.

HORACE.

Loin de trembler pour Albe, il vous faut plaindre Rome,
Voyant ceux qu'elle oublie, et les trois qu'elle nomme [4].
C'est un aveuglement pour elle bien fatal

---

[1] Remarquez que *hautement* fait languir le vers, parceque ce mot est inutile. (V.)

[2] Cette répétition, *oui, l'honneur*, est très vicieuse. *Omne supervacuum pleno de pectore manat.* C'est ici ce qu'on appelle une battologie : il est permis de répéter dans la passion, mais non pas dans un compliment. (V.)

[3] Var. Ce que je vous dois être et ce que je vous suis. (1641-48.)

[4] Il nous semble que Corneille s'écarte un peu ici de la vérité des mœurs antiques. La modestie est une vertu toute moderne ; de plus, elle est antipathique au caractère d'Horace. Ouvrez *l'Iliade*, ouvrez les tragiques grecs, vous n'y trouverez pas un seul héros modeste ; et dans Virgile, le pauvre Énée ne fait nulle

D'avoir tant à choisir, et de choisir si mal.
Mille de ses enfants beaucoup plus dignes d'elle
Pouvoient bien mieux que nous soutenir sa querelle :
Mais quoique ce combat me promette un cercueil,
La gloire de ce choix m'enfle d'un juste orgueil ;
Mon esprit en conçoit une mâle assurance ;
J'ose espérer beaucoup de mon peu de vaillance ;
Et du sort envieux quels que soient les projets,
Je ne me compte point pour un de vos sujets.
Rome a trop cru de moi ; mais mon ame ravie
Remplira son attente, ou quittera la vie.
Qui veut mourir, ou vaincre, est vaincu rarement ;
Ce noble désespoir périt malaisément [1].
Rome, quoi qu'il en soit, ne sera point sujette
Que mes derniers soupirs n'assurent ma défaite.

CURIACE.

Hélas ! c'est bien ici que je dois être plaint.
Ce que veut mon pays, mon amitié le craint.
Dures extrémités, de voir Albe asservie,
Ou sa victoire au prix d'une si chère vie,
Et que l'unique bien où tendent ses desirs
S'achète seulement par vos derniers soupirs !
Quels vœux puis-je former, et quel bonheur attendre ?
De tous les deux côtés j'ai des pleurs à répandre ;

---

difficulté de parler ainsi de lui-même : *Je suis le pieux Énée, célèbre par delà les astres.* (A.-M.)

VAR. Vu ceux qu'elle rejette, et les trois qu'elle nomme. (1641-48.)

[1] Un *désespoir* qui *périt malaisément* n'a pas un sens clair ; de plus, Horace n'a point de désespoir. Ce vers est le seul qu'on puisse reprendre dans cette belle tirade. (V.) — Et même la critique est sévère. *Noble désespoir qui périt* est employé pour *celui qui désespère noblement périt*, etc. (A.-M.)

De tous les deux côtés mes desirs sont trahis.
HORACE.
Quoi! vous me pleureriez mourant pour mon pays!
Pour un cœur généreux ce trépas a des charmes;
La gloire qui le suit ne souffre point de larmes,
Et je le recevrois en bénissant mon sort,
Si Rome et tout l'état perdoient moins en ma mort [1].
CURIACE.
A vos amis pourtant permettez de le craindre;
Dans un si beau trépas ils sont les seuls à plaindre :
La gloire en est pour vous, et la perte pour eux;
Il vous fait immortel, et les rend malheureux :
On perd tout quand on perd un ami si fidèle [2].
Mais Flavian m'apporte ici quelque nouvelle.

SCÈNE II.

HORACE, CURIACE, FLAVIAN.

CURIACE.
Albe de trois guerriers a-t-elle fait le choix?
FLAVIAN.
Je viens pour vous l'apprendre.
CURIACE.
                     Eh bien, qui sont les trois?
FLAVIAN.
Vos deux frères et vous.
CURIACE.
    Qui?

---

[1] Var. Si Rome et tout l'état perdoient moins à ma mort. (1641-48.)

[2] *Perte* suivie de deux fois *perd* est une faute bien légère. (V.)

FLAVIAN.

Vous et vos deux frères[1].
Mais pourquoi ce front triste et ces regards sévères?
Ce choix vous déplaît-il?

CURIACE.

Non, mais il me surprend;
Je m'estimois trop peu pour un honneur si grand.

FLAVIAN.

Dirai-je au dictateur, dont l'ordre ici m'envoie,
Que vous le recevez avec si peu de joie?
Ce morne et froid accueil me surprend à mon tour.

CURIACE.

Dis-lui que l'amitié, l'alliance et l'amour
Ne pourront empêcher que les trois Curiaces
Ne servent leur pays contre les trois Horaces.

FLAVIAN.

Contre eux! Ah! c'est beaucoup me dire en peu de mots.

CURIACE.

Porte-lui ma réponse, et nous laisse en repos.

SCÈNE III.

HORACE, CURIACE.

CURIACE.

Que desormais le ciel, les enfers et la terre
Unissent leurs fureurs à nous faire la guerre,

---

[1] Ce n'est pas ici une battologie; cette répétition, *vous et vos deux frères*, est sublime par la situation. Voilà la première scène au théâtre où un simple messager ait fait un effet tragique en croyant apporter des nouvelles ordinaires. J'ose croire que c'est la perfection de l'art. (V.)

ACTE II, SCÈNE III. 311

Que les hommes, les dieux, les démons et le sort
Préparent contre nous un général effort[1];
Je mets à faire pis, en l'état où nous sommes,
Le sort, et les démons, et les dieux, et les hommes.
Ce qu'ils ont de cruel, et d'horrible, et d'affreux,
L'est bien moins que l'honneur qu'on nous fait à tous deux.

HORACE.

Le sort qui de l'honneur nous ouvre la barrière
Offre à notre constance une illustre matière;
Il épuise sa force à former un malheur
Pour mieux se mesurer avec notre valeur[2];
Et comme il voit en nous dès ames peu communes[3],
Hors de l'ordre commun il nous fait des fortunes[4].

---

[1] Cet entassement, cette répétition, cette combinaison de *ciel*, de *dieux*, d'*enfers*, de *démons*, de *terre*, et d'*hommes*; de *cruel*, d'*horrible*, d'*affreux*, est, je l'avoue, bien condamnable. Cependant le dernier vers fait presque pardonner ce défaut. (V.) — Voltaire se trompe. Rien de plus naturel que ces accumulations et ces répétitions; elles se présentent toujours à la colère ou au désespoir. Les anciens, ces grands observateurs de la nature, le savaient bien. Voyez l'*Œdipe roi* de Sophocle : « O Cithé-
« ron! ô Polybe! ô Corinthe! ô palais! ô chemin funeste! val-
« lée profonde! bois épais! sentier étroit qui avez bu le sang de
« mon père! » Voyez le commencement des *Géorgiques* et toutes les invocations et imprécations dans les auteurs anciens, jusqu'à la péroraison de Cicéron contre Verrès. Le passage de Corneille est donc bien dans le goût antique; il peint les mœurs, et il est l'expression de la nature. (A.-M.)

[2] *Le sort qui veut se mesurer avec la valeur* paraît bien recherché, bien peu naturel; mais que ce qui suit est admirable! (V.)

[3] VAR. Comme il ne nous prend pas pour des ames communes. (1641-48.)

[4] *Hors de l'ordre commun il nous fait des fortunes*, n'est pas une expression propre. Ce mot de *fortunes* au pluriel ne doit jamais être employé sans épithète : *bonnes* et *mauvaises fortunes*, *fortunes*

Combattre un ennemi pour le salut de tous,
Et contre un inconnu s'exposer seul aux coups,
D'une simple vertu c'est l'effet ordinaire,
Mille déja l'ont fait, mille pourroient le faire ;
Mourir pour le pays est un si digne sort,
Qu'on brigueroit en foule une si belle mort.
Mais vouloir au public immoler ce qu'on aime,
S'attacher au combat contre un autre soi-même,
Attaquer un parti qui prend pour défenseur
Le frère d'une femme et l'amant d'une sœur ;
Et, rompant tous ces nœuds, s'armer pour la patrie
Contre un sang qu'on voudroit racheter de sa vie ;
Une telle vertu n'appartenoit qu'à nous.
L'éclat de son grand nom lui fait peu de jaloux,
Et peu d'hommes au cœur l'ont assez imprimée
Pour oser aspirer à tant de renommée.

CURIACE.

Il est vrai que nos noms ne sauroient plus périr.
L'occasion est belle, il nous la faut chérir.
Nous serons les miroirs d'une vertu bien rare :
Mais votre fermeté tient un peu du barbare ;
Peu, même des grands cœurs, tireroient vanité
D'aller par ce chemin à l'immortalité :
A quelque prix qu'on mette une telle fumée,
L'obscurité vaut mieux que tant de renommée.
Pour moi, je l'ose dire, et vous l'avez pu voir,
Je n'ai point consulté pour suivre mon devoir ;
Notre longue amitié, l'amour, ni l'alliance,
N'ont pu mettre un moment mon esprit en balance ;

diverses, mais jamais *des fortunes.* Cependant le sens est si beau, et la poésie a tant de priviléges, que je ne crois pas qu'on puisse condamner ce vers. (V.)

ACTE II, SCÈNE III.

Et puisque par ce choix Albe montre en effet
Qu'elle m'estime autant que Rome vous a fait [1],
Je crois faire pour elle autant que vous pour Rome ;
J'ai le cœur aussi bon, mais enfin je suis homme :
Je vois que votre honneur demande tout mon sang [2],
Que tout le mien consiste à vous percer le flanc,
Près d'épouser la sœur, qu'il faut tuer le frère,
Et que pour mon pays j'ai le sort si contraire.
Encor qu'à mon devoir je coure sans terreur,
Mon cœur s'en effarouche, et j'en frémis d'horreur ;
J'ai pitié de moi-même, et jette un œil d'envie
Sur ceux dont notre guerre a consumé la vie [3],
Sans souhait toutefois de pouvoir reculer.
Ce triste et fier honneur m'émeut sans m'ébranler :
J'aime ce qu'il me donne, et je plains ce qu'il m'ôte [4] :
Et si Rome demande une vertu plus haute,
Je rends graces aux dieux de n'être pas Romain,
Pour conserver encor quelque chose d'humain [5].

HORACE.
Si vous n'êtes Romain, soyez digne de l'être ;

---

[1] *Albe montre en effet qu'elle m'estime autant que Rome vous a fait*, n'est pas français. On peut dire en prose, et non en vers : *J'ai dû vous estimer autant que je fais*, ou *autant que je le fais ;* mais non pas *autant que je vous fais ;* et le mot *faire*, qui revient immédiatement après, est encore une faute : mais ce sont des fautes légères qui ne peuvent gâter une si belle scène. (V.)

[2] VAR. Je vois que votre honneur gît à verser mon sang. (1641-48.)

[3] VAR. Sur ceux dont notre guerre a consommé la vie. (1641.)

[4] On ne plaint pas ce dont on est privé. Il fallait : *je regrette ce qu'il m'ôte*. (A.-M.)

[5] Cette tirade fit un effet surprenant sur tout le public, et les deux derniers vers sont devenus un proverbe, ou plutôt une maxime admirable. (V.)

Et, si vous m'égalez, faites-le mieux paroître.
　　La solide vertu dont je fais vanité [1]
N'admet point de foiblesse avec sa fermeté ;
Et c'est mal de l'honneur entrer dans la carrière
Que dès le premier pas regarder en arrière.
Notre malheur est grand ; il est au plus haut point ;
Je l'envisage entier ; mais je n'en frémis point :
Contre qui que ce soit que mon pays m'emploie,
J'accepte aveuglément cette gloire avec joie ;
Celle de recevoir de tels commandements
Doit étouffer en nous tous autres sentiments.
Qui, près de le servir, considère autre chose,
A faire ce qu'il doit lâchement se dispose ;
Ce droit saint et sacré rompt tout autre lien.
Rome a choisi mon bras, je n'examine rien.
Avec une allégresse aussi pleine et sincère
Que j'épousai la sœur, je combattrai le frère ;
Et, pour trancher enfin ces discours superflus,
Albe vous a nommé, je ne vous connois plus [2].

CURIACE.

Je vous connois encore, et c'est ce qui me tue ;
Mais cette âpre vertu ne m'étoit pas connue ;
Comme notre malheur elle est au plus haut point :

---

[1] Il y a ici une sorte de contradiction dans les termes. On ne peut faire vanité de ce qui est *solide* ; il falloit : *Dont je me fais un devoir*, ou *dont je fais gloire*. (La H.)

[2] A ces mots, *je ne vous connais plus*, — *je vous connais encore*, on se récria d'admiration ; on n'avait jamais rien vu de si sublime : il n'y a pas dans Longin un seul exemple d'une pareille grandeur. Ce sont ces traits qui ont mérité à Corneille le nom de grand, non seulement pour le distinguer de son frère, mais du reste des hommes. Une telle scène fait pardonner mille défauts. (V.)

ACTE II, SCÈNE III.

Souffrez que je l'admire et ne l'imite point.
HORACE.
Non, non, n'embrassez pas de vertu par contrainte [1];
Et, puisque vous trouvez plus de charmes à la plainte,
En toute liberté goûtez un bien si doux.
Voici venir ma sœur pour se plaindre avec vous [2].
Je vais revoir la vôtre, et résoudre son ame
A se bien souvenir qu'elle est toujours ma femme [3],
A vous aimer encor, si je meurs par vos mains,

[1] Un des excellents esprits de nos jours (Vauvenargues) trouvait dans ces vers un outrage odieux qu'Horace ne devait pas faire à son beau-frère : je lui dis que cela préparait au meurtre de Camille, et il ne se rendit pas. Voici ce qu'il en dit dans son *Introduction à la Connaissance de l'esprit humain* : « Corneille apparemment veut peindre ici une valeur féroce; mais s'exprime-t-on ainsi avec un ami et un guerrier modeste? La fierté est une passion fort théâtrale; mais elle dégénère en vanité et en petitesse sitôt qu'on la montre sans y être provoqué. » J'ajouterai à cette réflexion de l'homme du monde qui pensait le plus noblement, qu'outre la fierté déplacée d'Horace, il y a une ironie, une amertume, un mépris dans sa réponse, qui sont plus déplacés encore. (V.) — L'observation de Vauvenargues est juste, mais sa critique ne l'est pas; car précisément Horace ici est *provoqué*. En effet, il ne faut pas oublier que Curiace vient de *rendre grâces aux dieux* de n'être pas Romain, c'est-à-dire d'*être plus humain* que son beau-frère. N'a-t-il pas ajouté, en parlant de *l'âpre vertu* d'Horace, *souffrez que je l'admire et ne l'imite point*? La provocation est flagrante, elle justifie Horace, et surtout le peintre d'Horace. (A.-M.)

[2] *Voici venir* ne se dit plus. Pourquoi fait-il un si bel effet en italien, *Ecce venir la barbara reina*, et qu'il en fait un si mauvais en français? N'est-ce point parceque l'italien fait toujours usage de l'infinitif? *Un bel tacer;* nous ne disons pas *un beau taire*. C'est dans ces exemples que se découvre le génie des langues. (V.)

[3] Var. A se ressouvenir qu'elle est toujours ma femme. (1641-48.)

Et prendre en son malheur des sentiments romains¹.

SCÈNE IV.

HORACE, CURIACE, CAMILLE.

HORACE.
Avez-vous su l'état qu'on fait de Curiace²,
Ma sœur?

CAMILLE.
Hélas! mon sort a bien changé de face.

HORACE.
Armez-vous de constance, et montrez-vous ma sœur;
Et si par mon trépas il retourne vainqueur,
Ne le recevez point en meurtrier d'un frère,
Mais en homme d'honneur qui fait ce qu'il doit faire,
Qui sert bien son pays, et sait montrer à tous,
Par sa haute vertu, qu'il est digne de vous.
Comme si je vivois, achevez l'hyménée;
Mais si ce fer aussi tranche sa destinée,
Faites à ma victoire un pareil traitement,
Ne me reprochez point la mort de votre amant.
Vos larmes vont couler, et votre cœur se presse.
Consumez avec lui toute cette foiblesse³,

---

¹ Que tout ce qui précède est énergique, et que ce vers est beau! Horace va jusqu'à comprendre la *faiblesse* de sa sœur; mais il croit qu'elle peut la *consumer* en un moment. C'est là tout son caractère, et ce qu'il accorde et ce qu'il exige fait déjà pressentir le dénouement. (A.-M.)

² *L'état* ne se dit plus, et je voudrais qu'on le dît. Notre langue n'est pas assez riche pour bannir tant de termes dont Corneille s'est servi heureusement. (V.)

³ On sent, à ce premier entretien des deux guerriers, quel est

Querellez ciel et terre, et maudissez le sort;
Mais après le combat ne pensez plus au mort.
      (à Curiace.)
Je ne vous laisserai qu'un moment avec elle,
Puis nous irons ensemble où l'honneur nous appelle.

SCÈNE V.

CURIACE, CAMILLE.

CAMILLE.
Iras-tu, Curiace? et ce funeste honneur [1]
Te plaît-il aux dépens de tout notre bonheur?
CURIACE.
Hélas! je vois trop bien qu'il faut, quoi que je fasse,
Mourir, ou de douleur, ou de la main d'Horace.
Je vais comme au supplice à cet illustre emploi;
Je maudis mille fois l'état qu'on fait de moi;
Je hais cette valeur qui fait qu'Albe m'estime;
Ma flamme au désespoir passe jusques au crime,
Elle se prend au ciel, et l'ose quereller [2].
Je vous plains, je me plains; mais il y faut aller.

celui qui vaincra l'autre, et leurs physionomies sont d'avance marquées par les traits ineffaçables qu'ils gardent durant toute l'action. Les attaques réitérées de la nature, de l'hymen et de l'amour, n'ébranleront pas de telles ames. (LEMERCIER.)

   VAR. Consommez avec lui toute cette foiblesse. (1641.)

[1] Corneille avait mis d'abord : *Iras-tu, ma chère ame? Chère ame* ne révoltait point en 1639, et ces expressions tendres rendaient encore la situation plus haute. Depuis peu même, une grande actrice (mademoiselle Clairon) a rétabli cette expression, *ma chère ame*. (V.)

[2] VAR. Elle se prend aux dieux, qu'elle ose quereller. (1641-48.)

CAMILLE.

Non, je te connois mieux, tu veux que je te prie,
Et qu'ainsi mon pouvoir t'excuse à ta patrie[1].
Tu n'es que trop fameux par tes autres exploits :
Albe a reçu par eux tout ce que tu lui dois.
Autre n'a mieux que toi soutenu cette guerre ;
Autre de plus de morts n'a couvert notre terre[2] :
Ton nom ne peut plus croître, il ne lui manque rien ;
Souffre qu'un autre aussi puisse ennoblir le sien.

CURIACE.

Que je souffre à mes yeux qu'on ceigne une autre tête
Des lauriers immortels que la gloire m'apprête,
Ou que tout mon pays reproche à ma vertu
Qu'il auroit triomphé si j'avois combattu,
Et que sous mon amour ma valeur endormie[3]
Couronne tant d'exploits d'une telle infamie !
Non, Albe, après l'honneur que j'ai reçu de toi,
Tu ne succomberas ni vaincras que par moi[4] ;
Tu m'as commis ton sort, je t'en rendrai bon compte,
Et vivrai sans reproche, ou périrai sans honte[5].

CAMILLE.

Quoi ! tu ne veux pas voir qu'ainsi tu me trahis !

---

[1] *Mon pouvoir t'excuse à ta patrie*, n'est pas français ; il faut *envers ta patrie*, *auprès de ta patrie*. (V.)

[2] Ces *autre* ne seraient plus soufferts, même dans le style comique. Telle est la tyrannie de l'usage ; *nul autre* donne peut-être moins de rapidité et de force au discours. (V.)

VAR. Autre de plus de morts n'a couvert cette terre. (1641-48.)

[3] VAR. Et que par mon amour ma valeur endormie. (1641-48.)

[4] Il faudrait aujourd'hui répéter la négation : *Tu ne succomberas ni* NE *vaincras que par moi*. (A.-M.).

[5] VAR. Et vivrai sans reproche, ou finirai sans honte. (1641-48.)

ACTE II, SCÈNE V.

CURIACE.
Avant que d'être à vous je suis à mon pays.

CAMILLE.
Mais te priver pour lui toi-même d'un beau-frère,
Ta sœur de son mari !

CURIACE.
Telle est notre misère,
Le choix d'Albe et de Rome ôte toute douceur
Aux noms jadis si doux de beau-frère et de sœur.

CAMILLE.
Tu pourras donc, cruel, me présenter sa tête,
Et demander ma main pour prix de ta conquête?

CURIACE.
Il n'y faut plus penser; en l'état où je suis,
Vous aimer sans espoir, c'est tout ce que je puis.
Vous en pleurez, Camille [1] ?

CAMILLE.
Il faut bien que je pleure :
Mon insensible amant ordonne que je meure;
Et quand l'hymen pour nous allume son flambeau [2],
Il l'éteint de sa main pour m'ouvrir le tombeau.
Ce cœur impitoyable à ma perte s'obstine,
Et dit qu'il m'aime encore alors qu'il m'assassine.

CURIACE.
Que les pleurs d'une amante ont de puissants discours [3] !

---

[1] Var. Vous pleurez, ma chère ame? (1641-48.)

[2] Var. Et lorsque notre hymen allume son flambeau. (1641-48.)

[3] Remarquez qu'on peut dire *le langage des pleurs*, comme on dit *le langage des yeux*; pourquoi? parceque les regards et les pleurs expriment le sentiment; mais on ne peut dire *le discours des pleurs*, parceque ce mot *discours* tient au raisonnement. Les pleurs n'ont point de discours; et, de plus, *avoir des discours* est un barbarisme. (V.)

Et qu'un bel œil est fort avec un tel secours[1] !
Que mon cœur s'attendrit à cette triste vue !
Ma constance contre elle à regret s'évertue.
　　N'attaquez plus ma gloire avec tant de douleurs[2],
Et laissez-moi sauver ma vertu de vos pleurs ;
Je sens qu'elle chancelle et défend mal la place.
Plus je suis votre amant, moins je suis Curiace.
Foible d'avoir déja combattu l'amitié,
Vaincroit-elle à-la-fois l'amour et la pitié?
Allez, ne m'aimez plus, ne versez plus de larmes,
Ou j'oppose l'offense à de si fortes armes ;
Je me défendrai mieux contre votre courroux,
Et, pour le mériter, je n'ai plus d'yeux pour vous :
Vengez-vous d'un ingrat, punissez un volage[3].
Vous ne vous montrez point sensible à cet outrage !
Je n'ai plus d'yeux pour vous, vous en avez pour moi !
En faut-il plus encor ? je renonce à ma foi.
　　Rigoureuse vertu dont je suis la victime,
Ne peux-tu résister sans le secours d'un crime?

[1] Ces réflexions générales font rarement un bon effet ; on sent que c'est le poëte qui parle, c'est à la passion du personnage à parler. Un *bel œil* n'est ni noble ni convenable : il n'est pas question ici de savoir si Camille a un *bel œil*, et si un bel œil est fort ; il s'agit de perdre une femme qu'on adore, et qu'on va épouser. Retranchez ces quatre premiers vers, le discours en devient plus rapide et plus pathétique. (V.)

[2] Var. N'attaquez plus ma gloire avecque vos douleurs. (1641-48.)

[3] J'ose penser qu'il y a ici plus d'artifice et de subtilité que de naturel. On sent trop que Curiace ne parle pas sérieusement. Ce trait de rhéteur refroidit ; mais Camille répond avec des sentiments si vrais, qu'elle couvre tout d'un coup ce petit défaut. (V.)

ACTE II, SCÈNE VI.

CAMILLE.

Ne fais point d'autre crime, et j'atteste les dieux
Qu'au lieu de t'en haïr, je t'en aimerai mieux ;
Oui, je te chérirai, tout ingrat et perfide,
Et cesse d'aspirer au nom de fratricide.
Pourquoi suis-je Romaine, ou que n'es-tu Romain ?
Je te préparerois des lauriers de ma main ;
Je t'encouragerois, au lieu de te distraire ;
Et je te traiterois comme j'ai fait mon frère.
Hélas ! j'étois aveugle en mes vœux aujourd'hui,
J'en ai fait contre toi quand j'en ai fait pour lui.
 Il revient : quel malheur, si l'amour de sa femme
Ne peut non plus sur lui que le mien sur ton ame[1] ?

SCÈNE VI.

HORACE, SABINE, CURIACE, CAMILLE.

CURIACE.

Dieux ! Sabine le suit ! Pour ébranler mon cœur,
Est-ce peu de Camille ? y joignez-vous ma sœur ?
Et, laissant à ses pleurs vaincre ce grand courage,
L'amenez-vous ici chercher même avantage ?

SABINE.

Non, non, mon frère, non, je ne viens en ce lieu
Que pour vous embrasser et pour vous dire adieu.

---

[1] La grammaire demande, *ne peut pas plus sur lui*. Ces deux vers ne sont pas bien faits. Il ne faut pas s'attendre à trouver dans Corneille la pureté, la correction, l'élégance du style : ce mérite ne fut connu que dans les beaux jours du siècle de Louis XIV. C'est une réflexion que les lecteurs doivent faire souvent pour justifier Corneille, et pour excuser la multitude des notes du commentateur. (V.)

Votre sang est trop bon, n'en craignez rien de lâche,
Rien dont la fermeté de ces grands cœurs se fâche[1] :
Si ce malheur illustre ébranloit l'un de vous,
Je le désavouerois pour frère ou pour époux.
Pourrai-je toutefois vous faire une prière
Digne d'un tel époux, et digne d'un tel frère?
Je veux d'un coup si noble ôter l'impiété,
A l'honneur qui l'attend rendre sa pureté,
La mettre en son éclat sans mélange de crimes;
Enfin, je vous veux faire ennemis légitimes.

Du saint nœud qui vous joint je suis le seul lien :
Quand je ne serai plus, vous ne vous serez rien.
Brisez votre alliance, et rompez-en la chaîne ;
Et, puisque votre honneur veut des effets de haine,
Achetez par ma mort le droit de vous haïr :
Albe le veut et Rome, il faut leur obéir.
Qu'un de vous deux me tue, et que l'autre me venge[2] :
Alors votre combat n'aura plus rien d'étrange,

---

[1] *Se fâche* est trop faible, trop du style familier ; mais le lecteur doit examiner quelque chose de plus important : il verra que cette scène de Sabine n'était pas nécessaire, qu'elle ne fait pas un coup de théâtre, que le discours de Sabine est trop artificieux, que sa douleur est trop étudiée, que ce n'est qu'un effort de rhétorique. Cette proposition qu'un des deux la tue, et que l'autre la venge, n'a pas l'air sérieux; et d'ailleurs, cela n'empêchera pas que Curiace ne combatte le frère de sa maitresse, et qu'Horace ne combatte l'époux promis à sa sœur. De plus, Camille est un personnage nécessaire, et Sabine ne l'est pas; c'est sur Camille que roule l'intrigue. Épousera-t-elle son amant? ne l'épousera-t-elle pas? Ce sont les personnages dont le sort peut changer, et dont les passions doivent être heureuses ou malheureuses, qui sont l'ame de la tragédie. Sabine n'est introduite dans la pièce que pour se plaindre. (V.)

[2] Cette proposition *n'a pas l'air sérieux*, dit Voltaire dans la note précédente. Est-ce donc que Voltaire s'imagine que Sabine

ACTE II, SCÈNE VI.

Et du moins l'un des deux sera juste agresseur,
Ou pour venger sa femme, ou pour venger sa sœur.
Mais, quoi? vous souilleriez une gloire si belle,
Si vous vous animiez par quelque autre querelle :
Le zèle du pays vous défend de tels soins [1];
Vous feriez peu pour lui si vous vous étiez moins.
Il lui faut, et sans haine, immoler un beau-frère.
Ne différez donc plus ce que vous devez faire;
Commencez par sa sœur à répandre son sang,
Commencez par sa femme à lui percer le flanc,
Commencez par Sabine à faire de vos vies
Un digne sacrifice à vos chères patries :
Vous êtes ennemis en ce combat fameux,
Vous d'Albe, vous de Rome, et moi de toutes deux.
Quoi! me réservez-vous à voir une victoire
Où, pour haut appareil d'une pompeuse gloire,
Je verrai les lauriers d'un frère ou d'un mari
Fumer encor d'un sang que j'aurai tant chéri [2]?

vient sérieusement proposer ce petit moyen d'arranger les choses? Il est vrai qu'en lisant les six premiers vers, on peut croire qu'elle va se montrer plus Romaine que son mari, ce qui serait une faute; mais les deux vers suivants montrent assez le caractère ironique de toute la tirade. Elle va, dit-elle, leur adresser une prière digne d'un tel époux et digne d'un tel frère. Or, comme ce qu'elle va proposer est infâme, il en résulte que tout ce qui précède est ironique comme la prière qu'elle leur adresse. Sans doute elle sait bien que son mari ne l'égorgera pas; mais peut-être le forcera-t-elle de reculer devant un double crime, résultat fatal, inévitable, du combat qui se prépare. C'est ici l'inspiration du désespoir, plutôt que le calcul d'une adroite combinaison; aussi produit-elle son effet sur l'ame d'Horace, et Camille s'écrie : *Courage! ils s'amollissent!* (A.-M.)

[1] Var. Votre zèle au pays vous défend de tels soins. (1641-48.)

[2] *Des lauriers fumant encor d'un sang :* que de choses, que de

Pourrai-je entre vous deux régler alors mon ame?
Satisfaire aux devoirs et de sœur et de femme?
Embrasser le vainqueur en pleurant le vaincu?
Non, non, avant ce coup Sabine aura vécu :
Ma mort le préviendra, de qui que je l'obtienne;
Le refus de vos mains y condamne la mienne.
Sus donc, qui vous retient? Allez, cœurs inhumains,
J'aurai trop de moyens pour y forcer vos mains;
Vous ne les aurez point au combat occupées,
Que ce corps au milieu n'arrête vos épées;
Et, malgré vos refus, il faudra que leurs coups
Se fassent jour ici pour aller jusqu'à vous.

HORACE.

O ma femme!

CURIACE.

O ma sœur!

CAMILLE.

Courage! ils s'amollissent.

SABINE.

Vous poussez des soupirs! vos visages pâlissent!
Quelle peur vous saisit? Sont-ce là ces grands cœurs,
Ces héros qu'Albe et Rome ont pris pour défenseurs?

HORACE.

Que t'ai-je fait, Sabine? et quelle est mon offense[1]
Qui t'oblige à chercher une telle vengeance?
Que t'a fait mon honneur? et par quel droit viens-tu[2]

---

sentiments s'accumulent sous cette image hardie! et aussi quelle pureté de langage! On croit entendre Racine. (A.-M.)

[1] Var. Femme*, que t'ai-je fait, et quelle est mon offense? (1641-48.)

[2] Var. Que t'a fait mon honneur, femme, et pourquoi viens-tu? (1641-48.)

* *Femme.* La naïveté qui régnait encore en ce temps-là dans les écrits permettait ce mot; la rudesse romaine y paraît même tout entière. (V.)

Avec toute la force attaquer ma vertu?
Du moins contente-toi de l'avoir étonnée,
Et me laisse achever cette grande journée.
Tu me viens de réduire en un étrange point [1];
Aime assez ton mari pour n'en triompher point,
Va-t'en, et ne rends plus la victoire douteuse;
La dispute déjà m'en est assez honteuse :
Souffre qu'avec honneur je termine mes jours [2].

SABINE.

Va, cesse de me craindre; on vient à ton secours.

SCÈNE VII.

LE VIEIL HORACE, HORACE, CURIACE, SABINE, CAMILLE.

LE VIEIL HORACE.

Qu'est-ce-ci, mes enfants? écoutez-vous vos flammes,

---

[1] Notre malheureuse rime arrache quelquefois de ces mauvais vers : ils passent à la faveur des bons; mais ils feraient tomber un ouvrage médiocre dans lequel ils seraient en grand nombre. (V.)

[2] Voilà l'homme *à l'âpre vertu* qui demande grâce. Il a fléchi, sans cesser d'être lui-même, sous l'effrayante ironie de Sabine. C'est là cependant le but de ce discours, qui, suivant Voltaire, n'est qu'*un effort de rhétorique*, l'*effet d'une douleur trop étudiée*. Non, non, il n'y a ici ni effort de rhétorique, ni douleur étudiée; il y a l'inspiration du désespoir, et une inspiration si puissante et si vraie, qu'elle va droit au cœur d'Horace, et qu'elle lui arrache presque l'aveu de sa faiblesse :

Aime assez ton mari pour n'en triompher point.

Et Voltaire a osé dire que cette scène n'est pas nécessaire, et que le personnage de Sabine est inutile à la pièce! (A.-M.)

Et perdez-vous encor le temps avec des femmes ¹?
Prêts à verser du sang, regardez-vous des pleurs ²?
Fuyez, et laissez-les déplorer leurs malheurs.
Leurs plaintes ont pour vous trop d'art et de tendresse :
Elles vous feroient part enfin de leur foiblesse,
Et ce n'est qu'en fuyant qu'on pare de tels coups.
SABINE.
N'appréhendez rien d'eux, ils sont dignes de vous.
Malgré tous nos efforts vous en devez attendre
Ce que vous souhaitez et d'un fils, et d'un gendre;
Et si notre foiblesse ébranloit leur honneur ³,
Nous vous laissons ici pour leur rendre du cœur.
Allons, ma sœur, allons, ne perdons plus de larmes;
Contre tant de vertus ce sont de foibles armes.
Ce n'est qu'au désespoir qu'il nous faut recourir :
Tigres, allez combattre, et nous, allons mourir.

SCÈNE VIII.
LE VIEIL HORACE, HORACE, CURIACE.

HORACE.
Mon père, retenez des femmes qui s'emportent,

¹ *Avec des femmes* serait comique en toute autre occasion; mais je ne sais si cette expression commune ne va pas ici jusqu'à la noblesse, tant elle peint bien le vieil Horace. (V.)

² Vers frappant, et rendu plus terrible par la naïveté du vieux style. Du reste, l'inflexible Romain n'aura pas un langage outré, les mouvements intérieurs de sa paternité rehausseront encore ceux de son patriotisme. Il va bientôt s'écrier : *Moi-même en cet adieu j'ai les larmes aux yeux.* Tout cela est sublime. (LEMERCIER.)

³ VAR. Et si notre foiblesse avoit pu les changer,
  Nous vous laissons ici pour les encourager.
  Allons, ma sœur, allons, ne perdons point de larmes. (1641-48.)

Et, de grace, empêchez sur-tout qu'elles ne sortent :
Leur amour importun viendroit avec éclat
Par des cris et des pleurs troubler notre combat ;
Et ce qu'elles nous sont feroit qu'avec justice
On nous imputeroit ce mauvais artifice ;
L'honneur d'un si beau choix seroit trop acheté,
Si l'on nous soupçonnoit de quelque lâcheté.

LE VIEIL HORACE.

J'en aurai soin. Allez : vos frères vous attendent ;
Ne pensez qu'aux devoirs que vos pays demandent [1].

CURIACE.

Quel adieu vous dirai-je ? et par quels compliments....

LE VIEIL HORACE.

Ah ! n'attendrissez point ici mes sentiments ;
Pour vous encourager ma voix manque de termes ;
Mon cœur ne forme point de pensers assez fermes ;
Moi-même en cet adieu j'ai les larmes aux yeux.
Faites votre devoir, et laissez faire aux dieux [2].

---

[1] Des pays ne demandent point *des devoirs*; la patrie impose *des devoirs*; elle en demande l'accomplissement. (V.)

[2] J'ai cherché dans tous les anciens et dans tous les théâtres étrangers une situation pareille, un pareil mélange de grandeur d'ame, de douleur, de bienséance, et je ne l'ai point trouvé : je remarquerai sur-tout que chez les Grecs il n'y a rien dans ce goût. (V.)

FIN DU SECOND ACTE.

ACTE TROISIÈME.

SCÈNE I[1].

SABINE.

Prenons parti, mon ame, en de telles disgraces ;
Soyons femme d'Horace, ou sœur des Curiaces ;
Cessons de partager nos inutiles soins ;
Souhaitons quelque chose, et craignons un peu moins.
Mais, las ! quel parti prendre en un sort si contraire !
Quel ennemi choisir, d'un époux, ou d'un frère !
La nature ou l'amour parle pour chacun d'eux,
Et la loi du devoir m'attache à tous les deux.
Sur leurs hauts sentiments réglons plutôt les nôtres ;
Soyons femme de l'un ensemble et sœur des autres ;
Regardons leur honneur comme un souverain bien ;
Imitons leur constance, et ne craignons plus rien.
La mort qui les menace est une mort si belle,
Qu'il en faut sans frayeur attendre la nouvelle.
N'appelons point alors les destins inhumains ;

---

[1] Ce monologue de Sabine est absolument inutile, et fait languir la pièce. Les comédiens voulaient alors des monologues. La déclamation approchait du chant, sur-tout celle des femmes ; les auteurs avaient cette complaisance pour elles. Sabine s'adresse sa pensée, la retourne, répète ce qu'elle a dit, oppose parole à parole ; tout cela n'est pas dans la passion. (V.)

Songeons pour quelle cause, et non par quelles mains;
Revoyons les vainqueurs, sans penser qu'à la gloire
Que toute leur maison reçoit de leur victoire;
Et, sans considérer aux dépens de quel sang
Leur vertu les élève en cet illustre rang [1],
Faisons nos intérêts de ceux de leur famille :
En l'une je suis femme, en l'autre je suis fille;
Et tiens à toutes deux par de si forts liens,
Qu'on ne peut triompher que par les bras des miens.
Fortune, quelques maux que ta rigueur m'envoie,
J'ai trouvé les moyens d'en tirer de la joie,
Et puis voir aujourd'hui le combat sans terreur [2],
Les morts sans désespoir, les vainqueurs sans horreur.

Flatteuse illusion, erreur douce et grossière,
Vain effort de mon ame, impuissante lumière,
De qui le faux brillant prend droit de m'éblouir,
Que tu sais peu durer, et tôt t'évanouir!
Pareille à ces éclairs qui, dans le fort des ombres,
Poussent un jour qui fuit et rend les nuits plus sombres [3],
Tu n'as frappé mes yeux d'un moment de clarté
Que pour les abymer dans plus d'obscurité.
Tu charmois trop ma peine, et le ciel, qui s'en fâche,
Me vend déja bien cher ce moment de relâche.

[1] Il ne s'agit point ici de rang : l'auteur a voulu rimer à *sang*. La plus grande difficulté de la poésie française et son plus grand mérite, est que la rime ne doit jamais empêcher d'employer le mot propre. (V.)

[2] Var. Et puis voir maintenant le combat sans terreur. (1641-48.)

[3] La tragédie admet les métaphores, mais non pas les comparaisons; pourquoi? parceque la métaphore, quand elle est naturelle, appartient à la passion; les comparaisons n'appartiennent qu'à l'esprit. (V.)

Je sens mon triste cœur percé de tous les coups
Qui m'ôtent maintenant un frère, ou mon époux.
Quand je songe à leur mort, quoi que je me propose,
Je songe par quels bras, et non pour quelle cause,
Et ne vois les vainqueurs en leur illustre rang
Que pour considérer aux dépens de quel sang.
La maison des vaincus touche seule mon ame;
En l'une je suis fille, en l'autre je suis femme,
Et tiens à toutes deux par de si forts liens,
Qu'on ne peut triompher que par la mort des miens.
C'est là donc cette paix que j'ai tant souhaitée !
Trop favorables dieux, vous m'avez écoutée !
Quels foudres lancez-vous quand vous vous irritez,
Si même vos faveurs ont tant de cruautés ?
Et de quelle façon punissez-vous l'offense,
Si vous traitez ainsi les vœux de l'innocence[1] ?

SCÈNE II.

SABINE, JULIE.

SABINE.

En est-ce fait, Julie ? et que m'apportez-vous[2] ?
Est-ce la mort d'un frère, ou celle d'un époux ?

---

[1] Ces quatre derniers vers semblent dignes de la tragédie; mais ce monologue ne semble qu'une amplification. (V.)

[2] Autant la première scène a refroidi les esprits, autant cette seconde les échauffe; pourquoi ? c'est qu'on y apprend quelque chose de nouveau et d'intéressant : il n'y a point de vaine déclamation, et c'est là le grand art de la tragédie, fondé sur la connaissance du cœur humain, qui veut toujours être remué. (V.)

ACTE III, SCÈNE II. 331

Le funeste succès de leurs armes impies[1]
De tous les combattants a-t-il fait des hosties[2]?
Et, m'enviant l'horreur que j'aurois des vainqueurs,
Pour tous tant qu'ils étoient demande-t-il mes pleurs[3]?

JULIE.

Quoi! ce qui s'est passé, vous l'ignorez encore?

SABINE.

Vous faut-il étonner de ce que je l'ignore?
Et ne savez-vous point que de cette maison
Pour Camille et pour moi l'on fait une prison?
Julie, on nous renferme, on a peur de nos larmes;
Sans cela nous serions au milieu de leurs armes,
Et, par les désespoirs[4] d'une chaste amitié,
Nous aurions des deux camps tiré quelque pitié.

JULIE.

Il n'étoit pas besoin d'un si tendre spectacle;
Leur vue à leur combat apporte assez d'obstacle.

---

[1] Var. Ou si le triste sort de leurs armes impies
De tous les combattants a fait autant d'hosties. (1641-48.)

[2] *Hostie* ne se dit plus, et c'est dommage; il ne reste plus que le mot de *victime*. Plus on a de termes pour exprimer la même chose, plus la poésie est variée. (V.)

[3] Var. Pour tous tant qu'ils étoient, m'a condamnée aux pleurs. (1641-48.)

[4] On n'emploie plus aujourd'hui *désespoir* au pluriel; il fait pourtant un très bel effet. *Mes déplaisirs, mes craintes, mes douleurs, mes ennuis,* disent plus que *mon déplaisir, ma crainte,* etc. Pourquoi ne pourrait-on pas dire *mes désespoirs,* comme on dit *mes espérances?* Ne peut-on pas désespérer de plusieurs choses, comme on peut en espérer plusieurs? (V.) — Il y a une raison pour qu'en prose du moins on ne dise pas *désespoirs* au pluriel : c'est que le désespoir est l'état de celui qui n'espère *rien*. Mais une si rigoureuse justesse ne devrait pas être imposée à la poésie; et enfin il y a dans notre langue plusieurs mots auxquels le pluriel n'ajoute rien, c'est-à-dire qui ne diffèrent pas numérique-

Sitôt qu'ils ont paru prêts à se mesurer,
On a dans les deux camps entendu murmurer[1] :
A voir de tels amis, des personnes si proches,
Venir pour leur patrie aux mortelles approches,
L'un s'émeut de pitié, l'autre est saisi d'horreur,
L'autre d'un si grand zèle admire la fureur;
Tel porte jusqu'aux cieux leur vertu sans égale,
Et tel l'ose nommer sacrilége et brutale.
Ces divers sentiments n'ont pourtant qu'une voix;
Tous accusent leurs chefs, tous détestent leur choix;
Et, ne pouvant souffrir un combat si barbare,
On s'écrie, on s'avance, enfin on les sépare.

SABINE.
Que je vous dois d'encens, grands dieux, qui m'exaucez!

JULIE.
Vous n'êtes pas, Sabine, encore où vous pensez :
Vous pouvez espérer, vous avez moins à craindre;
Mais il vous reste encore assez de quoi vous plaindre.
En vain d'un sort si triste on les veut garantir;
Ces cruels généreux n'y peuvent consentir :
La gloire de ce choix leur est si précieuse,
Et charme tellement leur ame ambitieuse,
Qu'alors qu'on les déplore ils s'estiment heureux,
Et prennent pour affront la pitié qu'on a d'eux.
Le trouble des deux camps souille leur renommée;
Ils combattront plutôt et l'une et l'autre armée,
Et mourront par les mains qui leur font d'autres lois,
Que pas un d'eux renonce aux honneurs d'un tel choix[2].

ment pour le sens : le *ciel*, les *cieux*; l'*onde*, les *ondes*; la *cendre*,
les *cendres*, etc. (A.-M.)

[1] Var. Et l'un et l'autre camp s'est mis à murmurer. (1641-48.)

[2] Var. Et mourront par les mains qui les ont séparés,

ACTE III, SCÈNE II.

SABINE.

Quoi! dans leur dureté ces cœurs d'acier s'obstinent!

JULIE.

Oui; mais d'autre côté les deux camps se mutinent,
Et leurs cris des deux parts poussés en même temps
Demandent la bataille, ou d'autres combattants.
La présence des chefs à peine est respectée,
Leur pouvoir est douteux, leur voix mal écoutée;
Le roi même s'étonne; et, pour dernier effort,
« Puisque chacun, dit-il, s'échauffe en ce discord[1],
« Consultons des grands dieux la majesté sacrée,
« Et voyons si ce change à leurs bontés agrée.
« Quel impie osera se prendre à leur vouloir,
« Lorsqu'en un sacrifice ils nous l'auront fait voir? »
Il se tait, et ces mots semblent être des charmes;
Même aux six combattants ils arrachent les armes;
Et ce desir d'honneur qui leur ferme les yeux,
Tout aveugle qu'il est, respecte encor les dieux.
Leur plus bouillante ardeur cède à l'avis de Tulle;
Et, soit par déférence, ou par un prompt scrupule,
Dans l'une et l'autre armée on s'en fait une loi,
Comme si toutes deux le connoissoient pour roi[2].

Que quitter les honneurs qui leur sont déférés [*].

SABINE.

Quoi! dans leur dureté ces cœurs de fer s'obstinent!

JULIE.

Ils le font; mais, d'ailleurs, les deux camps se mutinent. (1641-48.)

[1] *En ce discord* ne se dit plus, mais il est à regretter. (V.)

[2] C'est une petite faute: le sens est, *comme si toutes deux voyaient en lui leur roi. Connaître un homme pour roi* ne signifie pas le re-

---

[*] Comme il y a ici une faute évidente de langage, *mourront que quitter*, et que l'auteur avait oublié le mot *plutôt*, qu'il ne pouvait pourtant répéter parcequ'il est au vers précédent, il changea ainsi cet endroit; par malheur, la même faute s'y trouve. Tout le reste de ce couplet est très bien écrit. (V.)

Le reste s'apprendra par la mort des victimes.
SABINE.
Les dieux n'avoueront point un combat plein de crimes;
J'en espère beaucoup, puisqu'il est différé,
Et je commence à voir ce que j'ai desiré.

SCÈNE III.

CAMILLE, SABINE, JULIE.

SABINE.
Ma sœur, que je vous die une bonne nouvelle [1].
CAMILLE.
Je pense la savoir, s'il faut la nommer telle;
On l'a dite à mon père, et j'étois avec lui;
Mais je n'en conçois rien qui flatte mon ennui :
Ce délai de nos maux rendra leurs coups plus rudes;
Ce n'est qu'un plus long terme à nos inquiétudes;
Et, tout l'allégement qu'il en faut espérer,
C'est de pleurer plus tard ceux qu'il faudra pleurer.

connaître pour son souverain. On peut connaître un homme pour roi d'un autre pays; *connaître* ne veut pas dire *reconnaître*. (V.)

[1] Au lieu de *die*, on a imprimé *dise* dans l'édition de 1692. *Die* n'est plus qu'une licence; on ne l'emploie que pour la rime. *Une bonne nouvelle* est du style de la comédie : ce n'est là qu'une très légère inattention. Il était très aisé à Corneille de mettre, *Ah! ma sœur, apprenez une heureuse nouvelle*, et d'exprimer ce petit détail autrement; mais alors ces expressions familières étaient tolérées; elles ne sont devenues des fautes que quand la langue s'est perfectionnée; et c'est à Corneille même qu'elle doit en partie cette perfection. On fit bientôt une étude sérieuse d'une langue dans laquelle il avait écrit de si belles choses. (V.)

ACTE III, SCÈNE III.

SABINE.

Les dieux n'ont pas en vain inspiré ce tumulte.

CAMILLE.

Disons plutôt, ma sœur, qu'en vain on les consulte.
Ces mêmes dieux à Tulle ont inspiré ce choix;
Et la voix du public n'est pas toujours leur voix;
Ils descendent bien moins dans de si bas étages [1],
Que dans l'ame des rois, leurs vivantes images,
De qui l'indépendante et sainte autorité [2]
Est un rayon secret de leur divinité.

JULIE.

C'est vouloir sans raison vous former des obstacles
Que de chercher leur voix ailleurs qu'en leurs oracles;
Et vous ne vous pouvez figurer tout perdu
Sans démentir celui qui vous fut hier rendu.

CAMILLE.

Un oracle jamais ne se laisse comprendre;
On l'entend d'autant moins que plus on croit l'entendre;
Et, loin de s'assurer sur un pareil arrêt,
Qui n'y voit rien d'obscur doit croire que tout l'est.

SABINE.

Sur ce qui fait pour nous prenons plus d'assurance,
Et souffrons les douceurs d'une juste espérance.
Quand la faveur du ciel ouvre à demi ses bras,
Qui ne s'en promet rien ne la mérite pas;

---

[1] *Bas étages* est bien bas, et la pensée n'est que poétique. Cette contestation de Sabine et de Camille paraît froide dans un moment où l'on est si impatient de savoir ce qui se passe. Ce discours de Camille semble avoir un autre défaut : ce n'est point à une amante à dire que *les dieux inspirent toujours les rois*, qu'*ils sont des rayons de la Divinité*; c'est là de la déclamation d'un rhéteur dans un panégyrique. (V.)

[2] VAR. Et de qui l'absolue et sainte autorité. (1641-48.)

Il empêche souvent qu'elle ne se déploie;
Et lorsqu'elle descend, son refus la renvoie.

CAMILLE.

Le ciel agit sans nous en ces événements,
Et ne les règle point dessus nos sentiments.

JULIE.

Il ne vous a fait peur que pour vous faire grace.
Adieu : je vais savoir comme enfin tout se passe¹.
Modérez vos frayeurs; j'espère à mon retour
Ne vous entretenir que de propos d'amour,
Et que nous n'emploierons la fin de la journée
Qu'aux doux préparatifs d'un heureux hyménée.

SABINE.

J'ose encor l'espérer².

CAMILLE.

Moi, je n'espère rien.

JULIE.

L'effet vous fera voir que nous en jugeons bien.

SCÈNE IV.

SABINE, CAMILLE.

SABINE.

Parmi nos déplaisirs souffrez que je vous blâme ³ :

¹ Ce vers démontre l'inutilité de la scène. La nécessité de savoir comme tout se passe condamne tout ce froid dialogue. D'ailleurs ce discours est trop d'une soubrette de comédie. (V.)

² Var. Comme vous je l'espère.
CAMILLE.
Et je n'ose y songer.
JULIE.
L'effet nous fera voir qui sait mieux en juger. (1641-48.)

³ Cette scène est encore froide. On sent trop que Sabine et

ACTE III, SCÈNE IV.

Je ne puis approuver tant de trouble en votre ame [1] ;
Que feriez-vous, ma sœur, au point où je me vois,
Si vous aviez à craindre autant que je le dois,
Et si vous attendiez de leurs armes fatales
Des maux pareils aux miens, et des pertes égales?

CAMILLE.

Parlez plus sainement de vos maux et des miens :
Chacun voit ceux d'autrui d'un autre œil que les siens ;
Mais, à bien regarder ceux où le ciel me plonge,
Les vôtres auprès d'eux vous sembleront un songe.
 La seule mort d'Horace est à craindre pour vous.
Des frères ne sont rien à l'égal d'un époux ;
L'hymen qui nous attache en une autre famille [2]
Nous détache de celle où l'on a vécu fille ;
On voit d'un œil divers des nœuds si différents [3],

Julie ne sont là que pour amuser le peuple en attendant qu'il arrive un événement intéressant ; elles répètent ce qu'elles ont déja dit. Corneille manque à la grande règle, *Semper ad eventum festinet;* mais quel homme l'a toujours observée? J'avouerai que Shakespeare est, de tous les auteurs tragiques, celui où l'on trouve le moins de ces scènes de pure conversation : il y a presque toujours quelque chose de nouveau dans chacune de ses scènes ; c'est, à la vérité, aux dépens des règles et de la bienséance et de la vraisemblance ; c'est en entassant vingt années d'événements les uns sur les autres ; c'est en mêlant le grotesque au terrible ; c'est en passant d'un cabaret à un champ de bataille, et d'un cimetière à un trône ; mais enfin il attache. L'art serait d'attacher et de surprendre toujours, sans aucun de ces moyens irréguliers et burlesques tant employés sur les théâtres espagnols et anglais. (V.)

[1] Var. Je ne puis approuver tant de trouble en notre ame. (1641-48.)

[2] Il faut *attache à une autre famille :* d'ailleurs ces vers sont trop familiers. (V.)

[3] Var. On ne compare point des nœuds si différents. (1641-48.)

Et pour suivre un mari l'on quitte ses parents :
Mais, si près d'un hymen, l'amant que donne un père
Nous est moins qu'un époux, et non pas moins qu'un frère ;
Nos sentiments entre eux demeurent suspendus,
Notre choix impossible, et nos vœux confondus.
Ainsi, ma sœur, du moins vous avez dans vos plaintes
Où porter vos souhaits et terminer vos craintes ;
Mais, si le ciel s'obstine à nous persécuter,
Pour moi, j'ai tout à craindre, et rien à souhaiter.

SABINE.

Quand il faut que l'un meure et par les mains de l'autre,
C'est un raisonnement bien mauvais que le vôtre [1].
Quoique ce soient, ma sœur, des nœuds bien différents,
C'est sans les oublier qu'on quitte ses parents :
L'hymen n'efface point ces profonds caractères ;
Pour aimer un mari l'on ne hait pas ses frères ;
La nature en tout temps garde ses premiers droits ;
Aux dépens de leur vie on ne fait point de choix :
Aussi bien qu'un époux ils sont d'autres nous-mêmes ;
Et tous maux sont pareils alors qu'ils sont extrêmes [2].
Mais l'amant qui vous charme et pour qui vous brûlez
Ne vous est, après tout, que ce que vous voulez ;
Une mauvaise humeur, un peu de jalousie,

---

[1] Ce mot seul de *raisonnement* est la condamnation de cette scène et de toutes celles qui lui ressemblent. Tout doit être action dans une tragédie ; non que chaque scène doive être un événement, mais chaque scène doit servir à nouer ou à dénouer l'intrigue ; chaque discours doit être préparation ou obstacle. C'est en vain qu'on cherche à mettre des contrastes entre les caractères dans ces scènes inutiles, si ces contrastes ne produisent rien. (V.)

[2] Ce beau vers est d'une grande vérité ; il est triste qu'il soit perdu dans une amplification. (V.)

ACTE III, SCÈNE IV.

En fait assez souvent passer la fantaisie[1].
Ce que peut le caprice, osez-le par raison,
Et laissez votre sang hors de comparaison :
C'est crime qu'opposer des liens volontaires
A ceux que la naissance a rendus nécessaires.
Si donc le ciel s'obstine à nous persécuter,
Seule j'ai tout à craindre, et rien à souhaiter ;
Mais pour vous, le devoir vous donne, dans vos plaintes,
Où porter vos souhaits, et terminer vos craintes.

CAMILLE.

Je le vois bien, ma sœur, vous n'aimâtes jamais ;
Vous ne connoissez point ni l'amour ni ses traits [2] :
On peut lui résister quand il commence à naître,
Mais non pas le bannir quand il s'est rendu maître,
Et que l'aveu d'un père, engageant notre foi,
A fait de ce tyran un légitime roi :
Il entre avec douceur, mais il règne par force[3] ;
Et, quand l'ame une fois a goûté son amorce,
Vouloir ne plus aimer, c'est ce qu'elle ne peut,
Puisqu'elle ne peut plus vouloir que ce qu'il veut [4] :

---

[1] Ces vers comiques gâteraient la plus belle tirade. (V.)

VAR. Le peuvent mettre hors de votre fantaisie :
   Ce qu'elles font souvent, faites-le par raison. (1641-48.)

[2] Ce *point* est de trop ; il faut : *Vous ne connaissez ni l'amour ni ses traits.* (V.)

[3] Ces maximes détachées, qui sont un défaut quand la passion doit parler, avaient alors le mérite de la nouveauté ; on s'écriait : *C'est connaître le cœur humain !* Mais c'est le connaître bien mieux que de faire dire en sentiment ce qu'on n'exprimait guère alors qu'en sentences ; défaut éblouissant que les auteurs imitaient de Sénèque. (V.)

[4] Ces deux *peut*, ces syllabes dures, ces monosyllabes *veut* et *peut*, et cette idée de vouloir ce que l'amour veut, comme s'il

Ses chaînes sont pour nous aussi fortes que belles [1].

SCÈNE V.
LE VIEIL HORACE, SABINE, CAMILLE.

LE VIEIL HORACE.
Je viens vous apporter de fâcheuses nouvelles [2],
Mes filles ; mais en vain je voudrois vous celer
Ce qu'on ne vous sauroit long-temps dissimuler :
Vos frères sont aux mains, les dieux ainsi l'ordonnent.

SABINE.
Je veux bien l'avouer, ces nouvelles m'étonnent;
Et je m'imaginois dans la Divinité
Beaucoup moins d'injustice, et bien plus de bonté.
Ne nous consolez point : contre tant d'infortune [3]

était question ici du dieu d'amour, tout cela constitue deux des plus mauvais vers qu'on pût faire ; et c'était de tels vers qu'il fallait corriger. (V.)

[1] Toute cette scène est ce qu'on appelle du remplissage; défaut insupportable, mais devenu presque nécessaire dans nos tragédies, qui sont toutes trop longues, à l'exception d'un très petit nombre. (V.)

[2] Comme l'arrivée du vieil Horace rend la vie au théâtre qui languissait! quel moment et quelle noble simplicité! On pourrait objecter qu'Horace ne devait pas venir avertir des femmes que leur époux et leurs frères sont aux mains, que c'est venir les désespérer inutilement et sans raison, qu'on les a même renfermées pour ne point entendre leurs cris; qu'il ne résulte rien de cette nouvelle; mais il en résulte du plaisir pour le spectateur, qui, malgré cette critique, est très aise de voir le vieil Horace. (V.)

[3] Var. Ne nous consolez point : la raison importune
Quand elle ose combattre une telle infortune. (1641-48.)

La pitié parle en vain, la raison importune.
Nous avons en nos mains la fin de nos douleurs,
Et qui veut bien mourir peut braver les malheurs [1].
Nous pourrions aisément faire en votre présence
De notre désespoir une fausse constance [2];
Mais quand on peut sans honte être sans fermeté,
L'affecter au-dehors, c'est une lâcheté [3];
L'usage d'un tel art, nous le laissons aux hommes,
Et ne voulons passer que pour ce que nous sommes.
 Nous ne demandons point qu'un courage si fort
S'abaisse à notre exemple à se plaindre du sort.
Recevez sans frémir ces mortelles alarmes;
Voyez couler nos pleurs sans y mêler vos larmes;
Enfin, pour toute grace, en de tels déplaisirs,
Gardez votre constance, et souffrez nos soupirs.

LE VIEIL HORACE.

Loin de blâmer les pleurs que je vous vois répandre,
Je crois faire beaucoup de m'en pouvoir défendre,
Et céderois peut-être à de si rudes coups,
Si je prenois ici même intérêt que vous :
Non qu'Albe par son choix m'ait fait haïr vos frères,
Tous trois me sont encor des personnes bien chères;
Mais enfin l'amitié n'est pas du même rang,
Et n'a point les effets de l'amour ni du sang;

---

[1] Var. Qui peut vouloir mourir peut braver les malheurs. (1641-48.)

[2] *Faire une fausse constance de son désespoir* est du phébus, du galimatias : est-il possible que le mauvais se trouve ainsi presque toujours à côté du bon ! (V.)

[3] Ces sentences et ces raisonnements sont bien mal placés dans un moment si douloureux : c'est là le poëte qui parle et qui raisonne. (V.)

 Var. La vouloir contrefaire est une lâcheté. (1641-48.)

Je ne sens point pour eux la douleur qui tourmente
Sabine comme sœur, Camille comme amante :
Je puis les regarder comme nos ennemis,
Et donne sans regret mes souhaits à mes fils.
Ils sont, graces aux dieux, dignes de leur patrie ;
Aucun étonnement n'a leur gloire flétrie ;
Et j'ai vu leur honneur croître de la moitié
Quand ils ont des deux camps refusé la pitié.
Si par quelque foiblesse ils l'avoient mendiée,
Si leur haute vertu ne l'eût répudiée,
Ma main bientôt sur eux m'eût vengé hautement [1]
De l'affront que m'eût fait ce mol consentement.
Mais lorsqu'en dépit d'eux on en a voulu d'autres,
Je ne le cèle point, j'ai joint mes vœux aux vôtres.
Si le ciel pitoyable eût écouté ma voix,
Albe seroit réduite à faire un autre choix ;
Nous pourrions voir tantôt triompher les Horaces
Sans voir leurs bras souillés du sang des Curiaces,
Et de l'événement d'un combat plus humain
Dépendroit maintenant l'honneur du nom romain :
La prudence des dieux autrement en dispose ;
Sur leur ordre éternel mon esprit se repose :
Il s'arme en ce besoin de générosité,
Et du bonheur public fait sa félicité.
Tâchez d'en faire autant pour soulager vos peines,
Et songez toutes deux que vous êtes Romaines :
Vous l'êtes devenue, et vous l'êtes encor ;

[1] Ce discours du vieil Horace est plein d'un art d'autant plus beau, qu'il ne paraît pas : on ne voit que la hauteur d'un Romain, et la chaleur d'un vieillard qui préfère l'honneur à la nature. Mais cela même prépare tout ce qu'il dit dans la scène suivante ; c'est là qu'est le vrai génie. (V.)

Un si glorieux titre est un digne trésor ¹.
Un jour, un jour viendra que par toute la terre
Rome se fera craindre à l'égal du tonnerre,
Et que, tout l'univers tremblant dessous ses lois,
Ce grand nom deviendra l'ambition des rois :
Les dieux à notre Ænée ont promis cette gloire.

SCÈNE VI.

LE VIEIL HORACE, SABINE, CAMILLE, JULIE.

LE VIEIL HORACE.
Nous venez-vous, Julie, apprendre la victoire ² ?

---

¹ Notre malheureuse rime n'amène que trop souvent de ces expressions faibles ou impropres. *Un titre qui est un digne trésor* ne serait permis que dans le cas où il s'agirait d'opposer ce titre à la fortune; mais ici il ne forme pas de sens, et ce mot de *digne* achève de rendre ce vers intolérable. Quand les poëtes se trouvent ainsi gênés par une rime, ils doivent absolument en chercher deux autres. (V.)

² Il semble intolérable qu'une suivante ait vu le combat, et que ce père des trois champions de Rome reste inutilement avec des femmes pendant que ses enfants sont aux mains, lui qui a dit auparavant :

> Qu'est-ce-ci, mes enfants ? écoutez-vous vos flammes,
> Et perdez-vous encor le temps avec des femmes?

C'est une grande inconséquence ; c'est démentir son caractère. Quoi! cet homme qui se sent assez de force pour tuer ses trois enfants *hautement*, s'ils donnent un *mol consentement* à un nouveau choix que le peuple est en droit de faire, quitte le champ où ses trois fils combattent pour venir apprendre à des femmes une nouvelle qu'on doit leur cacher! Il ne prétexte pas même cette disparate sur l'horreur qu'il aurait de voir ses fils combattre contre son gendre! Il ne vient que comme messager, tandis que

JULIE.

Mais plutôt du combat les funestes effets.
Rome est sujette d'Albe, et vos fils sont défaits ;
Des trois les deux sont morts, son époux seul vous reste.

LE VIEIL HORACE.

O d'un triste combat effet vraiment funeste !
Rome est sujette d'Albe, et pour l'en garantir
Il n'a pas employé jusqu'au dernier soupir !
Non, non, cela n'est point, on vous trompe, Julie ;
Rome n'est point sujette, ou mon fils est sans vie :
Je connois mieux mon sang, il sait mieux son devoir.

JULIE.

Mille, de nos remparts, comme moi l'ont pu voir.
Il s'est fait admirer tant qu'ont duré ses frères ;
Mais, comme il s'est vu seul contre trois adversaires,
Près d'être enfermé d'eux, sa fuite l'a sauvé.

LE VIEIL HORACE.

Et nos soldats trahis ne l'ont point achevé[1] !
Dans leurs rangs à ce lâche ils ont donné retraite !

JULIE.

Je n'ai rien voulu voir après cette défaite.

Rome entière est sur le champ de bataille ; il reste les bras croisés, tandis qu'une soubrette a tout vu ! Ce défaut peut-il se pardonner ? On peut répondre qu'il est resté pour empêcher ces femmes d'aller séparer les combattants ; comme s'il n'y avait pas tant d'autres moyens ! (V.) — Et qu'a-t-il besoin de prétexte, qu'a-t-il besoin de justification. Il est resté, parcequ'il est père ? Il eût puni la lâcheté dans ses enfants, parcequ'il est Romain. Ce double sentiment est entré dans l'ame de tous les spectateurs ; et cela est si vrai, qu'à la représentation l'idée ne vient à personne de blâmer sa présence, ou seulement de s'en étonner. (A.-M.)

[1] Var. Et nos soldats trahis ne l'ont pas achevé ! (1641-48.)

ACTE III, SCÈNE VI.

CAMILLE.

O mes frères !

LE VIEIL HORACE.

Tout beau, ne les pleurez pas tous ;
Deux jouissent d'un sort dont leur père est jaloux.
Que des plus nobles fleurs leur tombe soit couverte ;
La gloire de leur mort m'a payé de leur perte :
Ce bonheur a suivi leur courage invaincu[1],
Qu'ils ont vu Rome libre autant qu'ils ont vécu,
Et ne l'auront point vue obéir qu'à son prince[2],
Ni d'un état voisin devenir la province.
Pleurez l'autre, pleurez l'irréparable affront
Que sa fuite honteuse imprime à notre front ;
Pleurez le déshonneur de toute notre race,
Et l'opprobre éternel qu'il laisse au nom d'Horace.

JULIE.

Que vouliez-vous qu'il fît contre trois ?

LE VIEIL HORACE.

Qu'il mourût[3],

---

[1] Ce mot *invaincu* n'a été employé que par Corneille, et devrait l'être, je crois, par tous nos poëtes. Une expression si bien mise à sa place dans *le Cid* et dans cette admirable scène ne doit jamais vieillir. (V.) — Voyez ci-dessus, p. 168, la note sur le mot *invaincu*. (A.-M.)

[2] Ce *point* est ici un solécisme ; il faut, *et ne l'auront vue obéir qu'à*. (V.)

[3] Voilà ce fameux *Qu'il mourût*, ce trait du plus grand sublime, ce mot auquel il n'en est aucun de comparable dans toute l'antiquité. Tout l'auditoire fut si transporté, qu'on n'entendit jamais le vers faible qui suit ; et le morceau, *n'eût-il que d'un moment retardé sa défaite*, étant plein de chaleur, augmente encore la force du *Qu'il mourût*. Que de beautés ! et d'où naissent-elles ? d'une simple méprise très naturelle, sans complication d'événements, sans aucune intrigue recherchée, sans aucun effort. Il y a d'autres

Ou qu'un beau désespoir alors le secourût.
N'eût-il que d'un moment reculé sa défaite,
Rome eût été du moins un peu plus tard sujette;
Il eût avec honneur laissé mes cheveux gris,
Et c'étoit de sa vie un assez digne prix.
Il est de tout son sang comptable à sa patrie;
Chaque goutte épargnée a sa gloire flétrie [1];
Chaque instant de sa vie, après ce lâche tour,
Met d'autant plus ma honte avec la sienne au jour.
J'en romprai bien le cours [2], et ma juste colère,
Contre un indigne fils usant des droits d'un père,
Saura bien faire voir, dans sa punition,
L'éclatant désaveu d'une telle action.

SABINE.
Écoutez un peu moins ces ardeurs généreuses,

beautés tragiques; mais celle-ci est au premier rang. (V.) — C'est Rome qui a prononcé *Qu'il mourût;* c'est la nature qui, ne renonçant jamais à l'espérance, a dit tout de suite :

Ou qu'un beau désespoir alors le secourût.

Je veux bien que Rome soit ici plus sublime que la nature : cela doit être. Mais la nature n'est pas *faible* quand elle dit ce qu'elle doit dire. (LA H.)

[1] *Chaque goutte* paraît être de trop. Il ne faut pas tant retourner sa pensée. *A sa gloire flétrie :* la sévérité de la grammaire ne permet point ce *flétrie*. Il faut, dans la rigueur, *a flétri sa gloire;* mais *a sa gloire flétrie* est plus beau, plus poétique, plus éloigné du langage ordinaire, sans causer d'obscurité. Dans le vers suivant, *après ce lâche tour* est une expression trop triviale. (V.)

[2] Ces derniers mots se rapportent naturellement à la honte; mais on ne rompt point le cours d'une honte : il faut donc qu'ils tombent sur *chaque instant de sa vie*, qui est plus haut; mais *je romprai bien le cours de chaque instant de sa vie*, ne peut se dire. *Bien* signifie, dans ces occasions, *fortement* ou *aisément :* je le punirai *bien*, je l'empêcherai *bien*. (V.)

ACTE III, SCÈNE VI.

Et ne nous rendez point tout-à-fait malheureuses.

LE VIEIL HORACE.

Sabine, votre cœur se console aisément ;
Nos malheurs jusqu'ici vous touchent foiblement.
Vous n'avez point encor de part à nos misères ;
Le ciel vous a sauvé votre époux et vos frères :
Si nous sommes sujets, c'est de votre pays :
Vos frères sont vainqueurs quand nous sommes trahis ;
Et, voyant le haut point où leur gloire se monte,
Vous regardez fort peu ce qui nous vient de honte.
Mais votre trop d'amour pour cet infame époux
Vous donnera bientôt à plaindre comme à nous :
Vos pleurs en sa faveur sont de foibles défenses ;
J'atteste des grands dieux les suprêmes puissances,
Qu'avant ce jour fini, ces mains, ces propres mains
Laveront dans son sang la honte des Romains.

SABINE.

Suivons-le promptement, la colère l'emporte.
Dieux! verrons-nous toujours des malheurs de la sorte[1]?
Nous faudra-t-il toujours en craindre de plus grands,
Et toujours redouter la main de nos parents[2]?

---

[1] Ce *de la sorte* est une expression du peuple, qui n'est pas convenable ; elle n'est pas même française. Il faudrait *de cette sorte*, ou *d'une telle sorte*. (V.)

[2] Ce dernier vers est de la plus grande beauté ; non seulement il dit ce dont il s'agit, mais il prépare ce qui doit suivre. (V.)

FIN DU TROISIÈME ACTE.

ACTE QUATRIÈME.

SCÈNE I.

LE VIEIL HORACE, CAMILLE.

LE VIEIL HORACE.
Ne me parlez jamais en faveur d'un infame [1] ;
Qu'il me fuie à l'égal des frères de sa femme :
Pour conserver un sang qu'il tient si précieux,
Il n'a rien fait encor s'il n'évite mes yeux.
Sabine y peut mettre ordre, ou derechef j'atteste
Le souverain pouvoir de la troupe céleste [2]....

CAMILLE.
Ah! mon père, prenez un plus doux sentiment [3],
Vous verrez Rome même en user autrement;
Et, de quelque malheur que le ciel l'ait comblée,
Excuser la vertu sous le nombre accablée.

---

[1] Il est très extraordinaire que le père n'ait pas été détrompé entre le troisième et le quatrième acte. Comment ne s'est-il pas mieux informé? Pourquoi ignore-t-il seul ce que tout Rome sait? Je ne sais de réponse à cette critique, sinon que ce défaut est presque excusable, puisqu'il amène de grandes beautés. (V.)

[2] *Derechef* et *la troupe céleste* sont hors d'usage. *La troupe céleste* est bannie du style noble, sur-tout depuis que Scarron l'a employée dans le style burlesque. (V.)

[3] VAR. Eh ! mon père, prenez un plus doux sentiment. (1641.)

ACTE IV, SCÈNE II.   349

LE VIEIL HORACE.

Le jugement de Rome est peu pour mon regard¹ ;
Camille, je suis père, et j'ai mes droits à part.
Je sais trop comme agit la vertu véritable :
C'est sans en triompher que le nombre l'accable ;
Et sa mâle vigueur, toujours en même point,
Succombe sous la force, et ne lui cède point.
Taisez-vous, et sachons ce que nous veut Valère.

SCÈNE II.

LE VIEIL HORACE, VALÈRE, CAMILLE.

VALÈRE.

Envoyé par le roi pour consoler un père,
Et pour lui témoigner....

LE VIEIL HORACE.

N'en prenez aucun soin :
C'est un soulagement dont je n'ai pas besoin ;
Et j'aime mieux voir morts que couverts d'infamie
Ceux que vient de m'ôter une main ennemie.
Tous deux pour leur pays sont morts en gens d'honneur ;
Il me suffit.

VALÈRE.

Mais l'autre est un rare bonheur ;
De tous les trois chez vous il doit tenir la place.

LE VIEIL HORACE.

Que n'a-t-on vu périr en lui le nom d'Horace² !

---

¹ *Pour mon regard* est suranné et hors d'usage ; c'est pourtant une expression nécessaire. (V.)

² VAR. Eût-il fait avec lui périr le nom d'Horace ! (1641-48.)

350   HORACE.
                 VALÈRE.
Seul vous le maltraitez après ce qu'il a fait.
             LE VIEIL HORACE.
C'est à moi seul aussi de punir son forfait [1].
                 VALÈRE.
Quel forfait trouvez-vous en sa bonne conduite?
             LE VIEIL HORACE.
Quel éclat de vertu trouvez-vous en sa fuite?
                 VALÈRE.
La fuite est glorieuse en cette occasion.
             LE VIEIL HORACE.
Vous redoublez ma honte et ma confusion [2].

[1] Si son fils est coupable d'un *forfait* envers Rome, pourquoi serait-ce au père seul à le punir? (V.) — Corneille ne dit pas *envers Rome*; et lorsque Valère dit : *vous seul le maltraitez après ce qu'il a fait*, le vieil Horace peut croire que Rome est contente de son champion, et qu'elle aussi a pensé qu'il ne pouvait pas se battre contre trois. Il ne s'agit donc plus de l'honneur de Rome, mais de celui d'Horace. Le guerrier qui a fait assez pour sa patrie n'a pas fait assez pour son père. Dès lors, c'est au *père seul* à le punir. Ce vers est beau, parcequ'il fait le vieil Horace plus grand que Rome. (A.-M.)

[2] Je ne sais s'il n'y a pas dans cette scène un artifice trop visible, une méprise trop long-temps soutenue. Il semble que l'auteur ait eu plus d'égards au jeu de théâtre qu'à la vraisemblance. C'est le même défaut que dans la scène de Chimène avec don Sanche, dans *le Cid*. Ce petit et faible artifice, dont Corneille se sert trop souvent, n'est pas la véritable tragédie. (V.) — L'artifice n'est point trop visible. Valère ne se hâte pas de désabuser le vieil Horace, comme Voltaire prétend que don Sanche eût dû faire à l'égard de Chimène ; et cela par une bonne raison, c'est qu'il suppose Horace informé de la victoire. Il vient pour le féliciter, pour l'honorer, et non pour l'instruire. Dans cette préoccupation, il ne comprend d'abord rien au courroux du vieillard ; et ce n'est que lorsque celui-ci parle clairement de la victoire d'Albe que

ACTE IV, SCÈNE II.

Certes, l'exemple est rare et digne de mémoire,
De trouver dans la fuite un chemin à la gloire.

VALÈRE.

Quelle confusion, et quelle honte à vous
D'avoir produit un fils qui nous conserve tous,
Qui fait triompher Rome, et lui gagne un empire!
A quels plus grands honneurs faut-il qu'un père aspire?

LE VIEIL HORACE.

Quels honneurs, quel triomphe, et quel empire enfin,
Lorsqu'Albe sous ses lois range notre destin[1]?

VALÈRE.

Que parlez-vous ici d'Albe et de sa victoire?
Ignorez-vous encor la moitié de l'histoire?

LE VIEIL HORACE.

Je sais que par sa fuite il a trahi l'état[2].

VALÈRE.

Oui, s'il eût en fuyant terminé le combat;
Mais on a bientôt vu qu'il ne fuyoit qu'en homme
Qui savoit ménager l'avantage de Rome.

LE VIEIL HORACE.

Quoi, Rome donc triomphe[3]!

Valère voit son erreur. La méprise n'est donc pas trop long-temps soutenue; et si cette scène est aussi bien jouée qu'elle est bien écrite, l'illusion doit être complète. (A.-M.)

[1] On ne range point ainsi un destin. (V.) — La phrase de Corneille est poétique, le sens en est très clair; et nous croyons qu'aujourd'hui même cette expression serait admise. (P.)

[2] VAR. Le combat par sa fuite est-il pas terminé?
VALÈRE.
Albe ainsi quelque temps se l'est imaginé;
Mais elle a bientôt vu que c'étoit fuir en homme. (1641-48.)

[3] Que ce mot est pathétique! comme il sort des entrailles d'un vieux Romain! (V.)

VALÈRE.

Apprenez, apprenez
La valeur de ce fils qu'à tort vous condamnez.
Resté seul contre trois, mais en cette aventure
Tous trois étant blessés, et lui seul sans blessure,
Trop foible pour eux tous, trop fort pour chacun d'eux,
Il sait bien se tirer d'un pas si hasardeux ;
Il fuit pour mieux combattre, et cette prompte ruse
Divise adroitement trois frères qu'elle abuse.
Chacun le suit d'un pas ou plus ou moins pressé,
Selon qu'il se rencontre ou plus ou moins blessé ;
Leur ardeur est égale à poursuivre sa fuite ;
Mais leurs coups inégaux séparent leur poursuite.
Horace, les voyant l'un de l'autre écartés,
Se retourne, et déja les croit demi domptés :
Il attend le premier, et c'étoit votre gendre.
L'autre, tout indigné qu'il ait osé l'attendre,
En vain en l'attaquant fait paroître un grand cœur,
Le sang qu'il a perdu ralentit sa vigueur.
Albe à son tour commence à craindre un sort contraire ;
Elle crie au second qu'il secoure son frère :
Il se hâte et s'épuise en efforts superflus ;
Il trouve en les joignant que son frère n'est plus.

CAMILLE.

Hélas !

VALÈRE.

Tout hors d'haleine il prend pourtant sa place,
Et redouble bientôt la victoire d'Horace [1] :

---

[1] *Redouble la victoire*, *geminata victoria*, expression plus latine que française. (LA H.) — Pourquoi ce mot ne serait-il pas français ? quelle règle, quelle analogie blesse-t-il ? Faut-il donc effacer de Corneille tout ce que d'autres n'ont pas dit ? (A.-M.)

ACTE IV, SCÈNE II.

Son courage sans force est un débile appui ;
Voulant venger son frère, il tombe auprès de lui.
L'air résonne des cris qu'au ciel chacun envoie ;
Albe en jette d'angoisse, et les Romains de joie [1].
  Comme notre héros se voit près d'achever,
C'est peu pour lui de vaincre, il veut encor braver [2] :
« J'en viens d'immoler deux aux mânes de mes frères,
« Rome aura le dernier de mes trois adversaires,
« C'est à ses intérêts que je vais l'immoler, »
Dit-il ; et tout d'un temps on le voit y voler.
La victoire entre eux deux n'étoit pas incertaine ;
L'Albain percé de coups ne se traînoit qu'à peine,
Et, comme une victime aux marches de l'autel,
Il sembloit présenter sa gorge au coup mortel :
Aussi le reçoit-il, peu s'en faut, sans défense,
Et son trépas de Rome établit la puissance.

LE VIEIL HORACE.

O mon fils ! ô ma joie ! ô l'honneur de nos jours !
O d'un état penchant l'inespéré secours !
Vertu digne de Rome, et sang digne d'Horace !
Appui de ton pays, et gloire de ta race !
Quand pourrai-je étouffer dans tes embrassements
L'erreur dont j'ai formé de si faux sentiments ?
Quand pourra mon amour baigner avec tendresse

---

[1] On ne dit plus guère *angoisse*, et pourquoi ? quel mot lui a-t-on substitué ? *Douleur, horreur, peine, affliction*, ne sont pas des équivalents : *angoisse* exprime la douleur pressante et la crainte à-la-fois. (V.) — Le mot *angoisse* n'a pas vieilli, et, malgré l'autorité de Voltaire, il est encore à la disposition de tout écrivain qui saura s'en bien servir. (A.-M.)

[2] *Braver* est un verbe actif qui demande toujours un régime ; de plus, ce n'est pas ici une bravade, c'est un sentiment généreux d'un citoyen qui venge ses frères et sa patrie. (V.)

Ton front victorieux de larmes d'allégresse?
VALÈRE.
Vos caresses bientôt pourront se déployer;
Le roi dans un moment vous le va renvoyer,
Et remet à demain la pompe qu'il prépare [1]
D'un sacrifice aux dieux pour un bonheur si rare;
Aujourd'hui seulement on s'acquitte vers eux
Par des chants de victoire et par de simples vœux.
C'est où le roi le mène [2], et tandis il m'envoie
Faire office vers vous de douleur et de joie [3];
Mais cet office encor n'est pas assez pour lui,
Il y viendra lui-même, et peut-être aujourd'hui :
Il croit mal reconnoître une vertu si pure [4]
Si de sa propre bouche il ne vous en assure [5],
S'il ne vous dit chez vous combien vous doit l'état.
LE VIEIL HORACE.
De tels remerciements ont pour moi trop d'éclat,

[1] Var. Et remet à demain le pompeux sacrifice
   Que nous devons aux dieux pour un tel bénéfice. (1641-48.)

[2] *Mener à des chants et à des vœux*, n'est ni noble ni juste; mais le récit de Valère a été si beau, qu'on pardonne aisément ces petites fautes. (V.)

[3] *Tandis*, sans un *que*, est absolument proscrit, et n'est plus permis que dans une espèce de style burlesque et naïf, qu'on nomme *marotique* : *Tandis la perdrix vire.* — *Faire office de douleur* n'est plus français, et je ne sais s'il l'a jamais été : on dit familièrement, *faire office d'ami, office de serviteur, office d'homme intéressé*; mais non *office de douleur et de joie.* (V.)

[4] Var. Cette belle action si puissamment le touche,
   Qu'il vous veut rendre grace, et de sa propre bouche,
   D'avoir donné vos fils au bien de son état. (1641-48.)

[5] Ici *en* tient lieu du complément, *qu'il la reconnaît*. C'était l'usage alors; aujourd'hui ce pronom ne peut plus représenter qu'un substantif. (A.-M.)

ACTE IV, SCÈNE III.

Et je me tiens déja trop payé par les vôtres
Du service d'un fils, et du sang des deux autres ¹.
VALÈRE.
Il ne sait ce que c'est d'honorer à demi ;
Et son sceptre arraché des mains de l'ennemi
Fait qu'il tient cet honneur qu'il lui plaît de vous faire
Au-dessous du mérite et du fils et du père.
Je vais lui témoigner quels nobles sentiments
La vertu vous inspire en tous vos mouvements,
Et combien vous montrez d'ardeur pour son service.
LE VIEIL HORACE.
Je vous devrai beaucoup pour un si bon office ².

SCÈNE III.

LE VIEIL HORACE, CAMILLE.

LE VIEIL HORACE.
Ma fille, il n'est plus temps de répandre des pleurs ;
Il sied mal d'en verser où l'on voit tant d'honneurs :

---

¹ VAR. Du service de l'un, et du sang des deux autres.
VALÈRE.
Le roi ne sait que c'est d'honorer à demi * ;
. . . .
Fait qu'il estime encor l'honneur qu'il vous veut faire. (1641-48.)

² Ici la pièce est finie, l'action est complétement terminée. Il s'agissait de la victoire, et elle est remportée ; du destin de Rome, et il est décidé. Voici donc une autre pièce qui commence ; le sujet en est bien moins grand, moins intéressant, moins théâtral que celui de la première. Ces deux actions différentes ont nui au succès complet des *Horaces*. Il est vrai qu'en Espagne, en Angleterre, on joint quelquefois plusieurs actions sur le théâtre :

* Cette phrase est italienne. Nous disons aujourd'hui : *ne sait ce que c'est ;* mais la dignité du tragique rejette ces expressions de comédie. (V.)

356 HORACE.

On pleure injustement des pertes domestiques,
Quand on en voit sortir des victoires publiques [1].
Rome triomphe d'Albe, et c'est assez pour nous ;
Tous nos maux à ce prix doivent nous être doux [2].
En la mort d'un amant vous ne perdez qu'un homme [3]
Dont la perte est aisée à réparer dans Rome ;
Après cette victoire, il n'est point de Romain
Qui ne soit glorieux de vous donner la main.
Il me faut à Sabine en porter la nouvelle [4] ;
Ce coup sera sans doute assez rude pour elle,
Et ses trois frères morts par la main d'un époux
Lui donneront des pleurs bien plus justes qu'à vous [5] ;

on représente dans la même pièce la mort de César et la bataille de Philippes. *Nos musas colimus severiores :*
>Qu'en un lieu, qu'en un jour, un seul fait accompli
>Tienne jusqu'à la fin le théâtre rempli.

Remarquez que Camille a été si inutile sur la fin de la première pièce, qu'elle n'a proféré qu'un *hélas !* pendant le récit de la mort de Curiace. Remarquez encore que le vieil Horace n'a plus rien à dire, et qu'il perd le temps à répéter à Camille qu'il va consoler Sabine. (V.)

[1] *Des victoires qui sortent* font une image peu convenable; on ne voit point sortir des victoires comme on voit sortir des troupes d'une ville. (V.) — *Sortir* est ici au figuré, et devient l'équivalent de *naître*. On se console aisément d'une perte dont on voit naître de grands avantages : voilà ce que Corneille a exprimé en poëte. Il savait bien qu'on *ne voit pas sortir des victoires comme on voit sortir des troupes d'une ville;* une idée aussi étrange ne pouvait pas même s'offrir à sa pensée : ce qui nous surprend, c'est qu'elle ait pu s'offrir à Voltaire. (P.)

[2] Var. Tous nos maux, à ce prix, nous doivent être doux. (1641-48.)

[3] L'auteur répète trop souvent cette idée, et ce n'est pas là le temps de parler de mariage à Camille. (V.)

[4] Var. Je m'en vais à Sabine en porter la nouvelle. (1641-48.)

[5] *Lui donneront des pleurs justes* n'est pas français. C'est Sabine

ACTE IV, SCÈNE IV.

Mais j'espère aisément en dissiper l'orage,
Et qu'un peu de prudence, aidant son grand courage,
Fera bientôt régner sur un si noble cœur
Le généreux amour qu'elle doit au vainqueur.
Cependant étouffez cette lâche tristesse;
Recevez-le, s'il vient, avec moins de foiblesse;
Faites-vous voir sa sœur, et qu'en un même flanc
Le ciel vous a tous deux formés d'un même sang [1].

SCÈNE IV.

CAMILLE.

Oui, je lui ferai voir, par d'infaillibles marques,
Qu'un véritable amour brave la main des Parques [2],

qui donnera des pleurs; ce ne sont pas ses frères morts qui lui en donneront. Un accident fait couler des pleurs, et ne les donne pas. (V.)

[1] *Faites-vous voir... et qu'en...* est un solécisme, parceque *faites-vous voir* signifie *montrez-vous, soyez sa sœur;* et *montrez-vous, soyez, paraissez,* ne peut régir un *que.* Ajoutez qu'après lui avoir dit, *faites-vous voir sa sœur,* il est très superflu de dire qu'elle est sortie du même flanc. (V.)

[2] Voici Camille qui, après un long silence, dont on ne s'est pas seulement aperçu, parceque l'ame était toute remplie du destin des Horaces et des Curiaces, et de celui de Rome; voici Camille, dis-je, qui s'échauffe tout d'un coup et comme de propos délibéré; elle débute par une sentence poétique, *Qu'un véritable amour brave la main des Parques. Infaillibles marques* n'est là que pour la rime; grand défaut de notre poésie. Ce monologue même n'est qu'une vaine déclamation. La vraie douleur ne raisonne point tant, ne récapitule point; elle ne dit point qu'on bâtit en *l'air sur le malheur d'autrui,* et que son père *triomphe,* comme son frère, de ce malheur; elle ne s'excite point à *braver la colère,* à

358 HORACE.

Et ne prend point de lois de ces cruels tyrans
Qu'un astre injurieux nous donne pour parents.
Tu blâmes ma douleur, tu l'oses nommer lâche ;
Je l'aime d'autant plus que plus elle te fâche,
Impitoyable père, et par un juste effort
Je la veux rendre égale aux rigueurs de mon sort [1].
En vit-on jamais un dont les rudes traverses
Prissent en moins de rien tant de faces diverses,
Qui fût doux tant de fois, et tant de fois cruel,
Et portât tant de coups avant le coup mortel?
Vit-on jamais une ame en un jour plus atteinte
De joie et de douleur, d'espérance et de crainte,
Asservie en esclave à plus d'événements,
Et le piteux jouet de plus de changements?
Un oracle m'assure, un songe me travaille [2] ;
La paix calme l'effroi que me fait la bataille ;
Mon hymen se prépare, et presque en un moment
Pour combattre mon frère on choisit mon amant [3] ;

essayer de déplaire. Tous ces vains efforts sont froids ; et pourquoi? c'est qu'au fond le sujet manque à l'auteur. Dès qu'il n'y a plus de combats dans le cœur, il n'y a plus rien à dire. (V.)

[1] Elle dit ici qu'elle veut rendre sa douleur *égale, par un juste effort, aux rigueurs de son sort.* Quand on fait ainsi des efforts pour proportionner sa douleur à son état, on n'est pas même poétiquement affligé. (V.)

[2] *Assurer* pour *rassurer*. Ce mot est très ancien dans notre langue ; on le trouve dans Montaigne et dans Amyot, et Racine est le dernier qui l'ait employé en ce sens :

O bonté qui *m'assure* autant qu'elle m'honore ! (*Esth.*, act. II, sc. VII.)

A présent, *assurer* avec un régime direct signifie *certifier*. L'exemple de Corneille et celui de Racine n'ont pu le conserver. (A.-M.)

VAR. Un oracle m'assure, un songe m'épouvante;
    La bataille m'effraie, et la paix me contente. (1641-48.)

[3] Cette récapitulation de la pièce précédente n'est-elle point

ACTE IV, SCÈNE IV.

Ce choix me désespère, et tous le désavouent ¹,
La partie est rompue, et les dieux la renouent;
Rome semble vaincue, et, seul des trois Albains,
Curiace en mon sang n'a point trempé ses mains.
O dieux! sentois-je alors des douleurs trop légères ²
Pour le malheur de Rome et la mort de deux frères,
Et me flattois-je trop quand je croyois pouvoir
L'aimer encor sans crime, et nourrir quelque espoir?
Sa mort m'en punit bien, et la façon cruelle
Dont mon ame éperdue en reçoit la nouvelle;
Son rival me l'apprend, et, faisant à mes yeux
D'un si triste succès le récit odieux,
Il porte sur le front une allégresse ouverte,
Que le bonheur public fait bien moins que ma perte,
Et, bâtissant en l'air sur le malheur d'autrui,
Aussi bien que mon frère il triomphe de lui.
Mais ce n'est rien encore au prix de ce qui reste :
On demande ma joie en un jour si funeste;
Il me faut applaudir aux exploits du vainqueur,
Et, baiser une main qui me perce le cœur.
En un sujet de pleurs si grand, si légitime,
Se plaindre est une honte, et soupirer, un crime;
Leur brutale vertu veut qu'on s'estime heureux,
Et si l'on n'est barbare on n'est point généreux.
 Dégénérons, mon cœur, d'un si vertueux père ⁵;

encore l'opposé d'une affliction véritable? *Curæ leves loquuntur.* (V.)

¹ VAR. Les deux camps mutinés un tel choix désavouent,
  Ils rompent la partie, et les dieux la renouent. (1641-48.)
² VAR. Dieux! sentois-je point lors des douleurs trop légères
  . . . .
  Me flattois-je point trop quand je croyois pouvoir. (1641-48.)
⁵ Ce *dégénérons, mon cœur,* cette résolution de se mettre en co-

Soyons indigne sœur d'un si généreux frère :
C'est gloire de passer pour un cœur abattu ¹,
Quand la brutalité fait la haute vertu.
Éclatez, mes douleurs; à quoi bon vous contraindre?
Quand on a tout perdu, que sauroit-on plus craindre?
Pour ce cruel vainqueur n'ayez point de respect;
Loin d'éviter ses yeux, croissez à son aspect;
Offensez sa victoire, irritez sa colère,
Et prenez, s'il se peut, plaisir à lui déplaire.
Il vient, préparons-nous à montrer constamment
Ce que doit une amante à la mort d'un amant².

lère, ce long discours, cette nouvelle sentence mal exprimée, que *c'est gloire de passer pour un cœur abattu*, enfin tout refroidit, tout glace le lecteur, qui ne souhaite plus rien. C'est, encore une fois, la faute du sujet. L'aventure des Horaces, des Curiaces, et de Camille, est plus propre en effet pour l'histoire que pour le théâtre. On ne peut trop honorer Corneille, qui a senti ce défaut, et qui en parle dans son Examen avec la candeur d'un grand homme. (V.)

¹ Var. C'est gloire de passer pour des cœurs abattus,
   Quand la brutalité fait les hautes vertus. (1641-48.)

² *Préparons-nous* augmente encore le [défaut. On voit une femme qui s'étudie à montrer son affliction, qui répète, pour ainsi dire, sa leçon de douleur. (V.)

SCÈNE V.

HORACE, CAMILLE, PROCULE.

(Procule porte en sa main les trois épées des Curiaces [1].)

HORACE.
Ma sœur, voici le bras qui venge nos deux frères [2],
Le bras qui rompt le cours de nos destins contraires,
Qui nous rend maîtres d'Albe; enfin voici le bras
Qui seul fait aujourd'hui le sort de deux états;
Vois ces marques d'honneur, ces témoins de ma gloire,
Et rends ce que tu dois à l'heur de ma victoire.

CAMILLE.
Recevez donc mes pleurs, c'est ce que je lui dois.

---

[1] Var. (Procule et deux autres soldats portant chacun une épée des Curiaces.) (1641-48.)

[2] Ce n'est plus là l'Horace du second acte. Ce *bras* trois fois répété, et cet ordre de rendre *ce qu'on doit à l'heur de sa victoire*, témoignent, ce semble, plus de vanité que de grandeur : il ne devrait parler à sa sœur que pour la consoler, ou plutôt il n'a rien du tout à dire. Qui l'amène auprès d'elle? est-ce à elle qu'il doit présenter les armes de ses beaux-frères? C'est au roi, c'est au sénat assemblé, qu'il devait montrer ces trophées. Les femmes ne se mêlaient de rien chez les premiers Romains : ni la bienséance, ni l'humanité, ni son devoir, ne lui permettaient de venir faire à sa sœur une telle insulte. Il paraît qu'Horace pouvait déposer au moins ces dépouilles dans la maison paternelle, en attendant que le roi vînt; que sa sœur, à cet aspect, pouvait s'abandonner à sa douleur, sans qu'Horace lui dît, *voici ce bras*, et sans qu'il lui ordonnât de ne s'entretenir jamais que de sa victoire; il semble qu'alors Camille aurait paru un peu plus coupable, et que l'emportement d'Horace aurait eu quelque excuse. (V.)

362 HORACE.

HORACE.
Rome n'en veut point voir après de tels exploits,
Et nos deux frères morts dans le malheur des armes
Sont trop payés de sang pour exiger des larmes :
Quand la perte est vengée, on n'a plus rien perdu.

CAMILLE.
Puisqu'ils sont satisfaits par le sang épandu,
Je cesserai pour eux de paroître affligée,
Et j'oublierai leur mort que vous avez vengée;
Mais qui me vengera de celle d'un amant
Pour me faire oublier sa perte en un moment?

HORACE.
Que dis-tu, malheureuse?

CAMILLE.
O mon cher Curiace!

HORACE.
O d'une indigne sœur insupportable audace[1]!
D'un ennemi public dont je reviens vainqueur
Le nom est dans ta bouche et l'amour dans ton cœur[2]!
Ton ardeur criminelle à la vengeance aspire!
Ta bouche la demande, et ton cœur la respire!
Suis moins ta passion, règle mieux tes desirs,

[1] Observez que la colère du vieil Horace contre son fils était très intéressante, et que celle de son fils contre sa sœur est révoltante et sans aucun intérêt. C'est que la colère du vieil Horace supposait le malheur de Rome ; au lieu que le jeune Horace ne se met en colère que contre une femme qui pleure et qui crie, et qu'il faut laisser crier et pleurer. Cela est historique, oui ; mais cela n'est nullement tragique, nullement théâtral. (V.)

[2] Le reproche est évidemment injuste. Horace lui-même devait plaindre Curiace : c'est son beau-frère; il n'y a plus d'ennemis, les deux peuples n'en font plus qu'un. Il a dit lui-même, au second acte, qu'*il aurait voulu racheter de sa vie le sang de Curiace.* (V.)

ACTE IV, SCÈNE V.

Ne me fais plus rougir d'entendre tes soupirs :
Tes flammes désormais doivent être étouffées ;
Bannis-les de ton ame, et songe à mes trophées ;
Qu'ils soient dorénavant ton unique entretien.

CAMILLE.

Donne-moi donc, barbare, un cœur comme le tien [1] ;
Et, si tu veux enfin que je t'ouvre mon ame,
Rends-moi mon Curiace, ou laisse agir ma flamme :
Ma joie et mes douleurs dépendoient de son sort :
Je l'adorois vivant, et je le pleure mort.
 Ne cherche plus ta sœur où tu l'avois laissée ;
Tu ne revois en moi qu'une amante offensée,
Qui, comme une furie attachée à tes pas,
Te veut incessamment reprocher son trépas.
Tigre altéré de sang, qui me défends les larmes [2],
Qui veux que dans sa mort je trouve encor des charmes,
Et que, jusques au ciel élevant tes exploits,
Moi-même je le tue une seconde fois !
Puissent tant de malheurs accompagner ta vie [3],
Que tu tombes au point de me porter envie !
Et toi bientôt souiller par quelque lâcheté
Cette gloire si chère à ta brutalité !

HORACE.

O ciel ! qui vit jamais une pareille rage ?

---

[1] Ces plaintes seraient plus touchantes, si l'amour de Camille avait été le sujet de la pièce ; mais il n'en a été que l'épisode, on y a songé à peine : on n'a été occupé que de Rome. Un petit intérêt d'amour interrompu ne peut plus reprendre une vraie force. Le cœur doit saigner par degrés dans la tragédie, et toujours des mêmes coups redoublés, et sur-tout variés. (V.)

[2] Var. Tigre affamé de sang, qui me défends les larmes. (1641.)

[3] Var. Puissent de tels malheurs accompagner ta vie. (1641 48.)

364   HORACE.

Crois-tu donc que je sois insensible à l'outrage,
Que je souffre en mon sang ce mortel déshonneur?
Aime, aime cette mort qui fait notre bonheur,
Et préfère du moins au souvenir d'un homme
Ce que doit ta naissance aux intérêts de Rome.

CAMILLE.

Rome, l'unique objet de mon ressentiment [1] !
Rome, à qui vient ton bras d'immoler mon amant!
Rome qui t'a vu naître, et que ton cœur adore!

[1] Ces imprécations de Camille ont toujours été un beau morceau de déclamation, et ont fait valoir toutes les actrices qui ont joué ce rôle. Plusieurs juges sévères n'ont pas aimé le *mourir de plaisir*; ils ont dit que l'hyperbole est si forte, qu'elle va jusqu'à la plaisanterie. Il y a une observation à faire : c'est que jamais les douleurs de Camille, ni sa mort, n'ont fait répandre une larme.

Pour m'arracher des pleurs, il faut que vous pleuriez.

Mais Camille n'est que furieuse; elle ne doit pas être en colère contre Rome; elle doit s'être attendue que Rome ou Albe triompherait : elle n'a raison d'être en colère que contre Horace, qui, au lieu d'être auprès du roi après sa victoire, vient se vanter assez mal-à-propos à sa sœur d'avoir tué son amant. Encore une fois, ce ne peut être un sujet de tragédie. (V.) — L'imprécation de Camille a toujours passé pour la plus belle qu'il y ait au théâtre, et le génie de Corneille se fait sentir dans toute sa vigueur. Camille doit s'emporter contre Rome, parceque son frère n'oppose à ses douleurs que l'intérêt de Rome, et que c'est à ce grand intérêt qu'il se vante d'immoler Curiace : l'excès de la passion, d'ailleurs, ne raisonne pas; et si l'emportement de Camille avait moins de violence, la férocité d'Horace serait révoltante. Il fallait amener ce trait de barbarie consacré par l'histoire, et Corneille n'avait que ce moyen de le rendre supportable. *Mourir de plaisir* n'est point une hyperbole qui aille jusqu'à la plaisanterie; c'est un dernier coup de pinceau plein de vigueur. Que veut dire là *mourir de plaisir*, sinon mourir de l'excès de ravissement qu'une vengeance satisfaite peut faire éprouver? (P.)

ACTE IV, SCÈNE V.

Rome enfin que je hais parcequ'elle t'honore !
Puissent tous ses voisins ensemble conjurés
Saper ses fondements encor mal assurés !
Et, si ce n'est assez de toute l'Italie,
Que l'Orient contre elle à l'Occident s'allie ;
Que cent peuples unis des bouts de l'univers
Passent pour la détruire et les monts et les mers !
Qu'elle-même sur soi renverse ses murailles,
Et de ses propres mains déchire ses entrailles !
Que le courroux du ciel allumé par mes vœux
Fasse pleuvoir sur elle un déluge de feux !
Puissé-je de mes yeux y voir tomber ce foudre [1],
Voir ses maisons en cendre, et tes lauriers en poudre,
Voir le dernier Romain à son dernier soupir,
Moi seule en être cause, et mourir de plaisir !

HORACE, mettant l'épée à la main, et poursuivant sa sœur qui s'enfuit.

C'est trop, ma patience à la raison fait place ;
Va dedans les enfers plaindre ton Curiace [2] !

CAMILLE, blessée derrière le théâtre.

Ah, traître !

HORACE, revenant sur le théâtre.

    Ainsi reçoive un châtiment soudain
Quiconque ose pleurer un ennemi romain !

---

[1] Var. Puissé-je de mes yeux voir tomber cette foudre ! (1641-48.)

[2] On ne se sert plus du mot de *dedans*, et il fut toujours un solécisme quand on lui donne un régime ; on ne peut l'employer que dans un sens absolu : *Êtes-vous hors du cabinet ? Non, je suis dedans*. Mais il est toujours mal de dire *dedans ma chambre, dehors de ma chambre*. Corneille, au cinquième acte, dit :

> Dans les murs, hors des murs, tout parle de sa gloire.

Il n'aurait pas parlé français, s'il eût dit, *dedans les murs, dehors des murs*. (V.)

SCÈNE VI.

HORACE, PROCULE.

PROCULE.

Que venez-vous de faire[1] ?

HORACE.

Un acte de justice;

---

[1] D'où vient ce Procule? à quoi sert ce Procule, ce personnage subalterne qui n'a pas dit un mot jusqu'ici? C'est encore un très grand défaut; non pas de ces défauts de convenances, de ces fautes qui amènent des beautés, mais de celles qui amènent de nouveaux défauts. Cette scène a toujours paru dure et révoltante. Aristote remarque que la plus froide des catastrophes est celle dans laquelle on commet de sang-froid une action atroce qu'on a voulu commettre. Addison, dans son *Spectateur*, dit que ce meurtre de Camille est d'autant plus révoltant, qu'il semble commis de sang-froid, et qu'Horace, traversant tout le théâtre pour aller poignarder sa sœur, avait tout le temps de la réflexion. Le public éclairé ne peut jamais souffrir un meurtre sur le théâtre, à moins qu'il ne soit absolument nécessaire, ou que le meurtrier n'ait les plus violents remords. (V.) — Toute cette critique tombe sur la règle qui ne veut pas qu'on ensanglante la scène, et non sur Corneille. Il est très vrai que la réflexion d'Horace, *Ainsi reçoive un châtiment soudain*, etc., prononcée un moment après le crime, est tout à fait intolérable : la malédiction doit frapper avec le coup, comme dans Tite-Live. Romulus, en tuant son frère, s'écrie : *Ainsi périsse quiconque franchira ces murailles!* L'instant qui suit un tel fait est toujours un instant de honte et d'effroi, et non de bravade. Corneille avait certainement conçu le meurtre *instantané*, et par conséquent sur la scène. C'est ainsi que la pièce fut jouée aux premières représentations, comme on peut le voir dans l'Examen. Mais on cita la règle, et l'auteur se défendit en disant que Camille doit fuir. La faute n'est donc pas de lui, mais de son siècle. (A.-M.)

Un semblable forfait veut un pareil supplice.
PROCULE.
Vous deviez la traiter avec moins de rigueur.
HORACE.
Ne me dis point qu'elle est et mon sang et ma sœur.
Mon père ne peut plus l'avouer pour sa fille :
Qui maudit son pays renonce à sa famille ;
Des noms si pleins d'amour ne lui sont plus permis ;
De ses plus chers parents il fait ses ennemis ;
Le sang même les arme en haine de son crime.
La plus prompte vengeance en est plus légitime ;
Et ce souhait impie, encore qu'impuissant,
Est un monstre qu'il faut étouffer en naissant.

SCÈNE VII.

SABINE, HORACE, PROCULE.

SABINE.
A quoi s'arrête ici ton illustre colère [1] ?
Viens voir mourir ta sœur dans les bras de ton père ;
Viens repaître tes yeux d'un spectacle si doux ;
Ou, si tu n'es point las de ces généreux coups,

---

[1] Sabine, arrivant après le meurtre de Camille, seulement pour reprocher cette mort à son mari, achève de jeter de la froideur sur un événement qui, autrement préparé, devait être terrible. L'*illustre colère* et les *généreux coups* sont une déclamation ironique. Racine a pourtant imité ce vers dans *Andromaque* :

    Que peut-on refuser à ces généreux coups ?

Cette conversation de Sabine et d'Horace, après le meurtre de Camille, est aussi inutile que la scène de Proculus ; elle ne produit aucun changement. (V.)

Immole au cher pays des vertueux Horaces
Ce reste malheureux du sang des Curiaces.
Si prodigue du tien, n'épargne pas le leur ;
Joins Sabine à Camille, et ta femme à ta sœur ;
Nos crimes sont pareils, ainsi que nos misères,
Je soupire comme elle, et déplore mes frères :
Plus coupable en ce point contre tes dures lois,
Qu'elle n'en pleuroit qu'un, et que j'en pleure trois,
Qu'après son châtiment ma faute continue.

HORACE.

Sèche tes pleurs, Sabine, ou les cache à ma vue.
Rends-toi digne du nom de ma chaste moitié,
Et ne m'accable point d'une indigne pitié.
Si l'absolu pouvoir d'une pudique flamme
Ne nous laisse à tous deux qu'un penser et qu'une ame,
C'est à toi d'élever tes sentiments aux miens,
Non à moi de descendre à la honte des tiens.
Je t'aime, et je connois la douleur qui te presse ;
Embrasse ma vertu pour vaincre ta foiblesse [1],
Participe à ma gloire au lieu de la souiller,
Tâche à t'en revêtir, non à m'en dépouiller [2].
Es-tu de mon honneur si mortelle ennemie,
Que je te plaise mieux couvert d'une infamie [3] ?
Sois plus femme que sœur, et, te réglant sur moi,
Fais-toi de mon exemple une immuable loi.

SABINE.

Cherche pour t'imiter des ames plus parfaites.

---

[1] Est-ce là le langage qu'il doit tenir à sa femme, quand il vient d'assassiner sa sœur dans un moment de colère ? (V.)

[2] Sans parler des fautes de langage, tous ces conseils ne peuvent faire aucun bon effet, parceque la douleur de Sabine n'en peut faire aucun. (V.)

[3] VAR. Que je te plaise mieux, tombé dans l'infamie ? (1641-48.)

Je ne t'impute point les pertes que j'ai faites,
J'en ai les sentiments que je dois en avoir,
Et je m'en prends au sort plutôt qu'à ton devoir ;
Mais enfin je renonce à la vertu romaine [1],
Si, pour la posséder, je dois être inhumaine,
Et ne puis voir en moi la femme du vainqueur
Sans y voir des vaincus la déplorable sœur.
　Prenons part en public aux victoires publiques,
Pleurons dans la maison nos malheurs domestiques,
Et ne regardons point des biens communs à tous,
Quand nous voyons des maux qui ne sont que pour nous.
Pourquoi veux-tu, cruel, agir d'une autre sorte ?
Laisse en entrant ici tes lauriers à la porte [2],
Mêle tes pleurs aux miens. Quoi ! ces lâches discours
N'arment point ta vertu contre mes tristes jours ?
Mon crime redoublé n'émeut point ta colère ?
Que Camille est heureuse ! elle a pu te déplaire ;
Elle a reçu de toi ce qu'elle a prétendu,
Et recouvre là-bas tout ce qu'elle a perdu.
Cher époux, cher auteur du tourment qui me presse,
Écoute la pitié, si ta colère cesse ;
Exerce l'une ou l'autre, après de tels malheurs,
A punir ma foiblesse, ou finir mes douleurs :
Je demande la mort pour grace, ou pour supplice ;
Qu'elle soit un effet d'amour ou de justice,
N'importe ; tous ses traits n'auront rien que de doux [5],

---

[1] C'est une répétition un peu froide des vers de Curiace :
　　Je rends graces aux dieux de n'être pas Romain. (V.)
　Var. Mais aussi je renonce à la vertu romaine. (1641-48.)

[2] On sent assez qu'*agir d'une autre sorte*, et *laisser en entrant les lauriers à la porte*, ne sont des expressions ni nobles ni tragiques, et que toute cette tirade est une déclamation oiseuse. (V.)

[5] Var. N'importe ; tous ses traits me sembleront fort doux. (1641-48.)

Si je les vois partir de la main d'un époux.
####### HORACE.
Quelle injustice aux dieux d'abandonner aux femmes
Un empire si grand sur les plus belles ames [1],
Et de se plaire à voir de si foibles vainqueurs
Régner si puissamment sur les plus nobles cœurs!
A quel point ma vertu devient-elle réduite [2] !
Rien ne la sauroit plus garantir que la fuite.
Adieu. Ne me suis point, ou retiens tes soupirs.
####### SABINE, seule.
O colère, ô pitié, sourdes à mes desirs,
Vous négligez mon crime, et ma douleur vous lasse,
Et je n'obtiens de vous ni supplice, ni grace!
Allons-y par nos pleurs faire encore un effort,
Et n'employons après que nous à notre mort [3].

[1] Cette tendresse est-elle convenable à l'assassin de sa sœur, qui n'a aucun remords de cette indigne action, et qui parle encore de sa vertu? Voyez comme ces sentences et ces discours vagues sur le pouvoir des femmes conviennent peu devant le corps sanglant de Camille, qu'Horace vient d'assassiner. (V.)

[2] *Devient réduite* n'est pas français. Ce mot *devenir* ne convient jamais qu'aux affections de l'ame : on devient faible, malheureux, hardi, timide, etc.; mais on ne devient pas *forcé à*, *réduit à*. (V.) — Nous convenons que le vers de Corneille n'est pas françois; mais Voltaire se trompe lorsqu'il ajoute que le mot *devenir* ne convient qu'aux affections de l'ame : on devient vieux, aveugle, sourd, paralytique; on devient riche, pauvre, etc., etc. (P.)

[3] Sabine parle toujours de mourir : il n'en faut pas tant parler quand on ne meurt point. (V.)

FIN DU QUATRIÈME ACTE.

ACTE CINQUIÈME[1].

SCÈNE I.

LE VIEIL HORACE, HORACE.

LE VIEIL HORACE.
Retirons nos regards de cet objet funeste,
Pour admirer ici le jugement céleste :
Quand la gloire nous enfle, il sait bien comme il faut
Confondre notre orgueil qui s'élève trop haut :
Nos plaisirs les plus doux ne vont point sans tristesse ;
Il mêle à nos vertus des marques de foiblesse,
Et rarement accorde à notre ambition

---

[1] Corneille, dans son jugement sur *Horace*, s'exprime ainsi : *Tout ce cinquième acte est encore une des causes du peu de satisfaction que laisse cette tragédie; il est tout en plaidoyers*, etc. Après un si noble aveu, il ne faut parler de la pièce que pour rendre hommage au génie d'un homme assez grand pour se condamner lui-même. Si j'ose ajouter quelque chose, c'est qu'on trouvera de beaux détails dans ces plaidoyers. Il est vrai que cette pièce n'est pas régulière, qu'il y a en effet trois tragédies absolument distinctes : la victoire d'Horace, la mort de Camille, et le procès d'Horace. C'est imiter, en quelque façon, le défaut qu'on reproche à la scène anglaise et à l'espagnole ; mais les scènes d'Horace, de Curiace, et du vieil Horace, sont d'une si grande beauté, qu'on reverra toujours ce poëme avec plaisir quand il se trouvera des acteurs qui auront assez de talent pour faire sentir ce qu'il y a d'excellent, et faire pardonner ce qu'il y a de défectueux. (V.)

L'entier et pur honneur d'une bonne action.
Je ne plains point Camille; elle étoit criminelle;
Je me tiens plus à plaindre, et je te plains plus qu'elle :
Moi, d'avoir mis au jour un cœur si peu romain;
Toi, d'avoir par sa mort déshonoré ta main.
Je ne la trouve point injuste ni trop prompte;
Mais tu pouvois, mon fils, t'en épargner la honte ;
Son crime, quoique énorme et digne du trépas,
Étoit mieux impuni que puni par ton bras.

HORACE.

Disposez de mon sang, les lois vous en font maître [1];
J'ai cru devoir le sien aux lieux qui m'ont vu naître.
Si dans vos sentiments mon zèle est criminel,
S'il m'en faut recevoir un reproche éternel,
Si ma main en devient honteuse et profanée [2],
Vous pouvez d'un seul mot trancher ma destinée :
Reprenez tout ce sang, de qui ma lâcheté [3]
A si brutalement souillé la pureté.
Ma main n'a pu souffrir de crime en votre race;
Ne souffrez point de tache en la maison d'Horace.
C'est en ces actions dont l'honneur est blessé
Qu'un père tel que vous se montre intéressé :
Son amour doit se taire où toute excuse est nulle;
Lui-même il y prend part lorsqu'il les dissimule;
Et de sa propre gloire il fait trop peu de cas

---

[1] Var. Disposez de mon sort, les lois vous en font maître;
    J'ai cru devoir ce coup aux lieux qui m'ont vu naître.
    Si mon zèle au pays vous semble criminel. (1641-42.)

[2] Une action est honteuse, mais la main ne l'est pas; elle est souillée, coupable, etc. (V.)

[3] Var. Reprenez votre sang, de qui ma lâcheté
    A si mal-à-propos souillé la pureté.

ACTE V, SCÈNE II.

Quand il ne punit point ce qu'il n'approuve pas.
LE VIEIL HORACE.
Il n'use pas toujours d'une rigueur extrême ;
Il épargne ses fils bien souvent pour soi-même ;
Sa vieillesse sur eux aime à se soutenir,
Et ne les punit point, de peur de se punir [1].
Je te vois d'un autre œil que tu ne te regardes ;
Je sais.... Mais le roi vient, je vois entrer ses gardes.

SCÈNE II.

TULLE, VALÈRE, LE VIEIL HORACE, HORACE, TROUPE DE GARDES.

LE VIEIL HORACE.
Ah! sire, un tel honneur a trop d'excès pour moi ;
Ce n'est point en ce lieu que je dois voir mon roi :
Permettez qu'à genoux [2]....
TULLE.
Non, levez-vous, mon père.
Je fais ce qu'en ma place un bon prince doit faire.
Un si rare service et si fort important
Veut l'honneur le plus rare et le plus éclatant.
(montrant Valère.)
Vous en aviez déjà sa parole pour gage ;
Je ne l'ai pas voulu différer davantage.
J'ai su par son rapport, et je n'en doutois pas,

---

[1] VAR. Et ne les punit point, pour ne se pas punir. (1641-48.)

[2] Ici Corneille, et c'est une faute qu'on a rarement à lui reprocher, oublie les mœurs romaines. Tulle ressemble trop à un roi de France, et le vieil Horace à genoux est, il faut le dire, un anachronisme. (A.-M.)

374 HORACE.

Comme de vos deux fils vous portez le trépas [1],
Et que, déja votre ame étant trop résolue,
Ma consolation vous seroit superflue :
Mais je viens de savoir quel étrange malheur
D'un fils victorieux a suivi la valeur,
Et que son trop d'amour pour la cause publique,
Par ses mains, à son père ôte une fille unique.
Ce coup est un peu rude à l'esprit le plus fort [2],
Et je doute comment vous portez cette mort [3].

LE VIEIL HORACE.

Sire, avec déplaisir, mais avec patience.

TULLE.

C'est l'effet vertueux de votre expérience.
Beaucoup par un long âge ont appris comme vous
Que le malheur succède au bonheur le plus doux :
Peu savent comme vous s'appliquer ce remède,
Et dans leur intérêt toute leur vertu cède.
Si vous pouvez trouver dans ma compassion
Quelque soulagement pour votre affliction,
Ainsi que votre mal sachez qu'elle est extrême,
Et que je vous en plains autant que je vous aime [4].

VALÈRE.

Sire, puisque le ciel entre les mains des rois
Dépose sa justice et la force des lois [5],

[1] Il faut *comment*; et *portez* n'est plus d'usage. (V.)

[2] Var. Je sais que peut ce coup sur l'esprit le plus fort. (1641-48.)

[3] Répétition vicieuse. (V.)

[4] Var. Et que Tulle vous plaint autant comme il vous aime. (1641-48.)

[5] Il faut avouer que ce *Valère* fait là un fort mauvais personnage; il n'a encore paru dans la pièce que pour faire un compliment; on n'en a parlé que comme d'un homme sans conséquence. C'est un défaut capital, que Corneille tâche en vain de pallier dans son Examen. (V.)

ACTE V, SCÈNE II.

Et que l'état demande aux princes légitimes
Des prix pour les vertus, des peines pour les crimes,
Souffrez qu'un bon sujet vous fasse souvenir
Que vous plaignez beaucoup ce qu'il vous faut punir.
Souffrez....

LE VIEIL HORACE.

Quoi? qu'on envoie un vainqueur au supplice?

TULLE.

Permettez qu'il achève, et je ferai justice :
J'aime à la rendre à tous, à toute heure, en tout lieu;
C'est par elle [1] qu'un roi se fait un demi-dieu;
Et c'est dont je vous plains qu'après un tel service
On puisse contre lui me demander justice [2].

---

[1] Var. C'est pour elle. (1641-48.)

[2] C'est la loi de l'unité de lieu qui force ici l'auteur à faire le procès d'Horace dans sa propre maison; ce qui n'est ni convenable, ni vraisemblable. J'ajouterai ici une remarque purement historique : c'est que les chefs de Rome, appelés *rois*, ne rendaient point justice seuls; il fallait le concours du sénat entier, ou des délégués. (V.) — Voltaire se trompe; il n'est pas question du sénat dans Tite-Live. Voici le passage, que Voltaire n'avait pas présent à la mémoire : « Ce fait parut atroce aux patriciens et au « peuple; mais la gloire récente du guerrier balançait son crime. « Cependant il fut traîné devant le roi pour être jugé : *raptus in* « *jus ad regem*. Mais le roi, pour ne pas prononcer lui-même une « sentence si impopulaire, et pour ne pas ordonner ce supplice, « convoqua l'assemblée du peuple, et dit : Je crée des duumvirs « pour juger le crime d'Horace. » Or, si le roi avait dû juger avec tout le sénat, comme le dit Voltaire, il aurait moins redouté l'impopularité de la sentence, et il n'aurait pas créé ces duumvirs. Dans Tite-Live, les duumvirs condamnent, et c'est le roi qui conseille à Horace d'en appeler au peuple. Corneille a donc un peu altéré les faits pour les adapter à la scène; mais il n'a pas donné à Tulle plus de pouvoir qu'il n'en avait. (A.-M.)

VALÈRE.

Souffrez donc, ô grand roi, le plus juste des rois,
Que tous les gens de bien vous parlent par ma voix [1] :
Non que nos cœurs jaloux de ses honneurs s'irritent,
S'il en reçoit beaucoup, ses hauts faits les méritent ;
Ajoutez-y plutôt que d'en diminuer ;
Nous sommes tous encor prêts d'y contribuer :
Mais, puisque d'un tel crime il s'est montré capable,
Qu'il triomphe en vainqueur, et périsse en coupable.
Arrêtez sa fureur, et sauvez de ses mains,
Si vous voulez régner, le reste des Romains ;
Il y va de la perte ou du salut du reste.

   La guerre avoit un cours si sanglant, si funeste [2],
Et les nœuds de l'hymen, durant nos bons destins,
Ont tant de fois uni des peuples si voisins,
Qu'il est peu de Romains que le parti contraire
N'intéresse en la mort d'un gendre, ou d'un beau-frère,
Et qui ne soient forcés de donner quelques pleurs,
Dans le bonheur public, à leurs propres malheurs.
Si c'est offenser Rome, et que l'heur de ses armes
L'autorise à punir ce crime de nos larmes,
Quel sang épargnera ce barbare vainqueur,
Qui ne pardonne pas à celui de sa sœur,

---

[1] Ce plaidoyer ressemble à celui d'un avocat qui s'est préparé : il n'est ni dans le génie de ces temps-là, ni dans le caractère d'un amant qui parle contre l'assassin de sa maîtresse. (V.)

[2] VAR. Vu le sang qu'a versé cette guerre funeste,
    Et tant de nœuds d'hymen dont nos heureux destins
    Ont uni si souvent des peuples si voisins,
    Peu de nous ont joui d'un succès si prospère,
    Qu'ils n'aient perdu dans Albe un cousin, un beau-frère,
    Un oncle, un gendre même, et ne donnent des pleurs. (1641-48.)

ACTE V, SCÈNE II.

Et ne peut excuser cette douleur pressante [1]
Que la mort d'un amant jette au cœur d'une amante,
Quand, près d'être éclairés du nuptial flambeau,
Elle voit avec lui son espoir au tombeau?
Faisant triompher Rome, il se l'est asservie;
Il a sur nous un droit et de mort et de vie;
Et nos jours criminels ne pourront plus durer,
Qu'autant qu'à sa clémence il plaira l'endurer.
   Je pourrois ajouter aux intérêts de Rome,
Combien un pareil coup est indigne d'un homme;
Je pourrois demander qu'on mît devant vos yeux
Ce grand et rare exploit d'un bras victorieux :
Vous verriez un beau sang, pour accuser sa rage,
D'un frère si cruel rejaillir au visage;
Vous verriez des horreurs qu'on ne peut concevoir;
Son âge et sa beauté vous pourroient émouvoir :
Mais je hais ces moyens qui sentent l'artifice [2].
Vous avez à demain remis le sacrifice;
Pensez-vous que les dieux, vengeurs des innocents,
D'une main parricide acceptent de l'encens?
Sur vous ce sacrilége attireroit sa peine;
Ne le considérez qu'en objet de leur haine;
Et croyez avec nous qu'en tous ses trois combats
Le bon destin de Rome a plus fait que son bras,
Puisque ces mêmes dieux, auteurs de sa victoire,
Ont permis qu'aussitôt il en souillât la gloire,
Et qu'un si grand courage, après ce noble effort,
Fût digne en même jour de triomphe et de mort.

---

[1] Var. Et ne peut excuser la douleur véhémente. (1641-48.)

[2] Ce trait est de l'art oratoire, et non de l'art tragique; mais, quelque chose que pût dire Valère, il ne pouvait toucher. (V.)

Sire, c'est ce qu'il faut que votre arrêt décide.
En ce lieu Rome a vu le premier parricide;
La suite en est à craindre, et la haine des cieux.
Sauvez-nous de sa main, et redoutez les dieux.

TULLE.

Défendez-vous, Horace.

HORACE.

A quoi bon me défendre?
Vous savez l'action, vous la venez d'entendre [1];
Ce que vous en croyez me doit être une loi.
Sire, on se défend mal contre l'avis d'un roi;
Et le plus innocent devient soudain coupable [2],
Quand aux yeux de son prince il paroît condamnable.
C'est crime qu'envers lui se vouloir excuser :
Notre sang est son bien, il en peut disposer;
Et c'est à nous de croire, alors qu'il en dispose,
Qu'il ne s'en prive point sans une juste cause.
Sire, prononcez donc, je suis prêt d'obéir;
D'autres aiment la vie, et je la dois haïr.
Je ne reproche point à l'ardeur de Valère
Qu'en amant de la sœur il accuse le frère :
Mes vœux avec les siens conspirent aujourd'hui;
Il demande ma mort, je la veux comme lui.
Un seul point entre nous met cette différence,
Que mon honneur par-là cherche son assurance,
Et qu'à ce même but nous voulons arriver,
Lui pour flétrir ma gloire, et moi pour la sauver.
  Sire, c'est rarement qu'il s'offre une matière

---

[1] VAR. Vous savez l'action, vous le venez d'entendre. (1641.)

[2] VAR. Et le plus innocent que le ciel ait fait naître,
  Quand il le croit coupable, il commence de l'être. (1641-48.)

ACTE V, SCÈNE II.

A montrer d'un grand cœur la vertu tout entière [1] ;
Suivant l'occasion elle agit plus ou moins,
Et paroît forte ou foible aux yeux de ses témoins.
Le peuple, qui voit tout seulement par l'écorce,
S'attache à son effet pour juger de sa force [2] ;
Il veut que ses dehors gardent un même cours,
Qu'ayant fait un miracle, elle en fasse toujours :
Après une action pleine, haute, éclatante,
Tout ce qui brille moins remplit mal son attente :
Il veut qu'on soit égal en tout temps, en tous lieux ;
Il n'examine point si lors on pouvoit mieux,
Ni que, s'il ne voit pas sans cesse une merveille,
L'occasion est moindre, et la vertu pareille :
Son injustice accable et détruit les grands noms ;
L'honneur des premiers faits se perd par les seconds ;
Et quand la renommée a passé l'ordinaire,
Si l'on n'en veut déchoir, il faut ne plus rien faire [3].

Je ne vanterai point les exploits de mon bras ;
Votre majesté, sire, a vu mes trois combats :

---

[1] Ces vers sont beaux, parcequ'ils sont vrais et bien écrits. (V.)

[2] VAR. Prend droit par ses effets de juger de sa force,
　　Et s'ose imaginer, par un mauvais discours,
　　Que qui fait un miracle en doit faire toujours. (1641-48.)

[3] Ne dirait-on pas qu'ici Corneille plaide sa propre cause? Plus on relit ces vers, plus l'allusion devient frappante. Voilà comment le siècle parlait de Corneille ; ce sont bien là les critiques du temps. Pour se venger, le grand poëte n'a besoin que de les répéter, car le public y applaudira, et, sans le savoir, se moquera de lui-même. Chez les Grecs, le coryphée s'avançait quelquefois sur la scène, et il plaidait ouvertement la cause de l'auteur. C'est ici, il nous semble, une imitation plus adroite de cet ancien usage. (A.-M.)

　VAR. Si l'on n'en veut déchoir, il ne faut plus rien faire. (1641-47.)

Il est bien malaisé qu'un pareil les seconde,
Qu'une autre occasion à celle-ci réponde,
Et que tout mon courage, après de si grands coups,
Parvienne à des succès qui n'aillent au-dessous ;
Si bien que, pour laisser une illustre mémoire,
La mort seule aujourd'hui peut conserver ma gloire :
Encor la falloit-il sitôt que j'eus vaincu,
Puisque pour mon honneur j'ai déja trop vécu.
Un homme tel que moi voit sa gloire ternie,
Quand il tombe en péril de quelque ignominie :
Et ma main auroit su déja m'en garantir ;
Mais sans votre congé mon sang n'ose sortir ;
Comme il vous appartient, votre aveu doit se prendre ;
C'est vous le dérober qu'autrement le répandre.
Rome ne manque point de généreux guerriers ;
Assez d'autres sans moi soutiendront vos lauriers ;
Que votre majesté désormais m'en dispense [1] :
Et si ce que j'ai fait vaut quelque récompense,
Permettez, ô grand roi, que de ce bras vainqueur
Je m'immole à ma gloire, et non pas à ma sœur.

SCÈNE III.

TULLE, VALÈRE, LE VIEIL HORACE, HORACE, SABINE.

SABINE.

Sire, écoutez Sabine ; et voyez dans son ame
Les douleurs d'une sœur, et celles d'une femme,

---

[1] On ne connaissait pas alors le titre de *majesté*. (V.) — Ni celui de *sire*. Dans ce passage, les sentiments d'Horace paraissent aussi modernes que son langage. (A.-M.)

Qui, toute désolée, à vos sacrés genoux,
Pleure pour sa famille, et craint pour son époux.
Ce n'est pas que je veuille avec cet artifice
Dérober un coupable au bras de la justice;
Quoi qu'il ait fait pour vous, traitez-le comme tel,
Et punissez en moi ce noble criminel;
De mon sang malheureux expiez tout son crime :
Vous ne changerez point pour cela de victime;
Ce n'en sera point prendre une injuste pitié,
Mais en sacrifier la plus chère moitié.
Les nœuds de l'hyménée, et son amour extrême,
Font qu'il vit plus en moi qu'il ne vit en lui-même;
Et si vous m'accordez de mourir aujourd'hui,
Il mourra plus en moi qu'il ne mourroit en lui;
La mort que je demande, et qu'il faut que j'obtienne,
Augmentera sa peine, et finira la mienne.
Sire, voyez l'excès de mes tristes ennuis,
Et l'effroyable état où mes jours sont réduits.
Quelle horreur d'embrasser un homme dont l'épée
De toute ma famille a la trame coupée!
Et quelle impiété de haïr un époux
Pour avoir bien servi les siens, l'état, et vous!
Aimer un bras souillé du sang de tous mes frères!
N'aimer pas un mari qui finit nos misères!
Sire, délivrez-moi, par un heureux trépas,
Des crimes de l'aimer et de ne l'aimer pas;
J'en nommerai l'arrêt une faveur bien grande.
Ma main peut me donner ce que je vous demande;
Mais ce trépas enfin me sera bien plus doux,
Si je puis de sa honte affranchir mon époux;
Si je puis par mon sang apaiser la colère
Des dieux qu'a pu fâcher sa vertu trop sévère,

Satisfaire, en mourant, aux mânes de sa sœur,
Et conserver à Rome un si bon défenseur.

LE VIEIL HORACE.

Sire, c'est donc à moi de répondre à Valère.
Mes enfants avec lui conspirent contre un père;
Tous trois veulent me perdre, et s'arment sans raison
Contre si peu de sang qui reste en ma maison.

(à Sabine.)

Toi, qui, par des douleurs à ton devoir contraires [1],
Veux quitter un mari pour rejoindre tes frères,
Va plutôt consulter leurs mânes généreux;
Ils sont morts, mais pour Albe, et s'en tiennent heureux :
Puisque le ciel vouloit qu'elle fût asservie,
Si quelque sentiment demeure après la vie,
Ce mal leur semble moindre, et moins rudes ses coups,
Voyant que tout l'honneur en retombe sur nous;
Tous trois désavoueront la douleur qui te touche,
Les larmes de tes yeux, les soupirs de ta bouche,
L'horreur que tu fais voir d'un mari vertueux [2].
Sabine, sois leur sœur, suis ton devoir comme eux.

(au roi.)

Contre ce cher époux Valère en vain s'anime :
Un premier mouvement ne fut jamais un crime;
Et la louange est due, au lieu du châtiment,
Quand la vertu produit ce premier mouvement.
Aimer nos ennemis avec idolâtrie,
De rage en leur trépas maudire la patrie,
Souhaiter à l'état un malheur infini,
C'est ce qu'on nomme crime, et ce qu'il a puni.

---

[1] VAR. Toi qui, par des douleurs à tes devoirs contraires. (1641.)

[2] Cela n'est pas vrai. Sabine, qui veut mourir pour Horace, n'a point montré d'horreur pour lui. (V.)

Le seul amour de Rome a sa main animée;
Il seroit innocent s'il l'avoit moins aimée.
Qu'ai-je dit, sire? il l'est, et ce bras paternel
L'auroit déja puni s'il étoit criminel;
J'aurois su mieux user de l'entière puissance
Que me donnent sur lui les droits de la naissance;
J'aime trop l'honneur, sire, et ne suis point de rang
A souffrir ni d'affront, ni de crime en mon sang.
C'est dont je ne veux point de témoin que Valère;
Il a vu quel accueil lui gardoit ma colère,
Lorsqu'ignorant encor la moitié du combat,
Je croyois que sa fuite avoit trahi l'état.
Qui le fait se charger des soins de ma famille?
Qui le fait, malgré moi, vouloir venger ma fille?
Et par quelle raison, dans son juste trépas,
Prend-il un intérêt qu'un père ne prend pas?
On craint qu'après sa sœur il n'en maltraite d'autres!
Sire, nous n'avons part qu'à la honte des nôtres,
Et, de quelque façon qu'un autre puisse agir,
Qui ne nous touche point ne nous fait point rougir.
(à Valère.)
Tu peux pleurer, Valère, et même aux yeux d'Horace;
Il ne prend intérêt qu'aux crimes de sa race :
Qui n'est point de son sang ne peut faire d'affront
Aux lauriers immortels qui lui ceignent le front.
Lauriers, sacrés rameaux qu'on veut réduire en poudre,
Vous qui mettez sa tête à couvert de la foudre,
L'abandonnerez-vous à l'infame couteau
Qui fait choir les méchants sous la main d'un bourreau[1]?
Romains, souffrirez-vous qu'on vous immole un homme

---

[1] Quel mouvement magnifique! et comme ce mot *couteau*, si vulgaire, devient, par cette image, digne du style tragique! (A.-M.)

Sans qui Rome aujourd'hui cesseroit d'être Rome,
Et qu'un Romain s'efforce à tacher le renom
D'un guerrier à qui tous doivent un si beau nom?
Dis, Valère, dis-nous, si tu veux qu'il périsse [1],
Où tu penses choisir un lieu pour son supplice :
Sera-ce entre ces murs que mille et mille voix
Font résonner encor du bruit de ses exploits?
Sera-ce hors des murs, au milieu de ces places
Qu'on voit fumer encor du sang des Curiaces,
Entre leurs trois tombeaux, et dans ce champ d'honneur
Témoin de sa vaillance et de notre bonheur [2]?
Tu ne saurois cacher sa peine à sa victoire;
Dans les murs, hors des murs, tout parle de sa gloire,
Tout s'oppose à l'effort de ton injuste amour,

---

[1] Var. Dis, Valère, dis-nous, puisqu'il faut qu'il périsse. (1641.)

[2] Corneille a emprunté cette pensée à Tite-Live. Mais l'historien a eu l'art d'introduire dans le discours du vieil Horace la sentence même des duumvirs, ce qui dut vivement émouvoir le peuple. Voici le passage; nous soulignons les termes de la sentence : « Ce guerrier que vous venez de voir dans son triomphe et « tout resplendissant des ornements de sa victoire, irez-vous le « voir enchaîné sous la fourche, au milieu des flagellations et de « la torture? Des yeux albains se détourneraient d'un tel spec- « tacle. *Va, licteur, garrotte les mains* qui viennent de donner « l'empire à Rome ; *voile la tête* du libérateur de la patrie, *at- « tache-le à l'infâme poteau*. Mais où choisiras-tu le lieu de son « supplice? *Dans le Pomœrium?* Là sont les trophées et les dé- « pouilles de ses ennemis. *Hors du Pomœrium?* Là sont les tom- « beaux des Curiaces; car ici tout est plein de la gloire de ce jeune « homme que vous condamnez à l'infamie! » Tel est ce morceau de Tite-Live, égalé, si ce n'est surpassé par Corneille. Quant à la formule de la sentence, dont l'effet dut être si terrible à Rome, Corneille n'en a fait aucun usage, et c'est un oubli regrettable. (A.-M.)

ACTE V, SCÈNE III.

Qui veut d'un si bon sang souiller un si beau jour.
Albe ne pourra pas souffrir un tel spectacle,
Et Rome par ses pleurs y mettra trop d'obstacle.
    Vous les préviendrez, sire; et par un juste arrêt
Vous saurez embrasser bien mieux son intérêt.
Ce qu'il a fait pour elle il peut encor le faire[1];
Il peut la garantir encor d'un sort contraire.
Sire, ne donnez rien à mes débiles ans :
Rome aujourd'hui m'a vu père de quatre enfants;
Trois en ce même jour sont morts pour sa querelle :
Il m'en reste encore un; conservez-le pour elle[2] :
N'ôtez pas à ses murs un si puissant appui;
Et souffrez, pour finir, que je m'adresse à lui.
    Horace, ne crois pas que le peuple stupide
Soit le maître absolu d'un renom bien solide.
Sa voix tumultueuse assez souvent fait bruit,
Mais un moment l'élève, un moment le détruit;
Et ce qu'il contribue à notre renommée
Toujours en moins de rien se dissipe en fumée.
C'est aux rois, c'est aux grands, c'est aux esprits bien faits

---

[1] VAR. Ce qu'il a fait pour elle, il le peut encor faire. (1641-48.)

[2] Quoiqu'en effet tout ce cinquième acte ne soit qu'un plaidoyer hors d'œuvre, et dans lequel personne ne craint pour l'accusé, cependant il y a de temps en temps des maximes profondes, nobles, justes, qu'on écoutait autrefois avec grand plaisir. Pascal même, qui fesait un recueil de toutes les pensées qui pouvaient servir à établir un ouvrage qu'il n'a jamais pu faire, n'a pas manqué de mettre dans son agenda cette pensée de Corneille : *Il faut plaire aux esprits bien faits.* (V.) — Pascal n'acheva point cet ouvrage, parcequ'il fut enlevé par une mort prématurée; mais il est téméraire peut-être de dire qu'il n'avait jamais pu le faire : il serait difficile de déterminer ce qui était impossible à Pascal. (P.)

A voir la vertu pleine en ses moindres effets;
C'est d'eux seuls qu'on reçoit la véritable gloire,
Eux seuls des vrais héros assurent la mémoire.
Vis toujours en Horace; et toujours auprès d'eux
Ton nom demeurera grand, illustre, fameux,
Bien que l'occasion, moins haute ou moins brillante,
D'un vulgaire ignorant trompe l'injuste attente.
Ne hais donc plus la vie, et du moins vis pour moi,
Et pour servir encor ton pays et ton roi.
  Sire, j'en ai trop dit : mais l'affaire vous touche;
Et Rome tout entière a parlé par ma bouche.

VALÈRE.

Sire, permettez-moi....

TULLE.

Valère, c'est assez;
Vos discours par les leurs ne sont pas effacés;
J'en garde en mon esprit les forces plus pressantes[1],
Et toutes vos raisons me sont encor présentes.
  Cette énorme action faite presque à nos yeux
Outrage la nature, et blesse jusqu'aux dieux.
Un premier mouvement qui produit un tel crime
Ne sauroit lui servir d'excuse légitime :
Les moins sévères lois en ce point sont d'accord;
Et si nous les suivons, il est digne de mort.
Si d'ailleurs nous voulons regarder le coupable,
Ce crime, quoique grand, énorme, inexcusable,
Vient de la même épée, et part du même bras
Qui me fait aujourd'hui maître de deux états.
Deux sceptres en ma main, Albe à Rome asservie,
Parlent bien hautement en faveur de sa vie :

---

[1] *Force* s'emploie au pluriel pour les forces du corps, pour celles d'un état, mais non pour un discours. *Plus* est une faute. (V.)

ACTE V, SCÈNE III.

Sans lui j'obéirois où je donne la loi,
Et je serois sujet où je suis deux fois roi.
Assez de bons sujets dans toutes les provinces
Par des vœux impuissants s'acquittent vers leurs princes[1] ;
Tous les peuvent aimer : mais tous ne peuvent pas
Par d'illustres effets assurer leurs états ;
Et l'art et le pouvoir d'affermir des couronnes
Sont des dons que le ciel fait à peu de personnes.
De pareils serviteurs sont les forces des rois,
Et de pareils aussi sont au-dessus des lois.
Qu'elles se taisent donc ; que Rome dissimule
Ce que dès sa naissance elle vit en Romule ;
Elle peut bien souffrir en son libérateur
Ce qu'elle a bien souffert en son premier auteur.

Vis donc, Horace ; vis, guerrier trop magnanime :
Ta vertu met ta gloire au-dessus de ton crime ;
Sa chaleur généreuse a produit ton forfait ;
D'une cause si belle il faut souffrir l'effet.
Vis pour servir l'état ; vis, mais aime Valère :
Qu'il ne reste entre vous ni haine ni colère ;
Et soit qu'il ait suivi l'amour ou le devoir,
Sans aucun sentiment[2] résous-toi de le voir.

Sabine, écoutez moins la douleur qui vous presse ;
Chassez de ce grand cœur ces marques de foiblesse :
C'est en séchant vos pleurs que vous vous montrerez
La véritable sœur de ceux que vous pleurez.

Mais nous devons aux dieux demain un sacrifice ;
Et nous aurions le ciel à nos vœux mal propice,

---

[1] Les *sujets* et les *provinces* ne conviennent guère au petit roi de deux villages (qui ce matin n'en avait qu'un). Ceci rappelle un peu trop la cour de Louis XIII. (A.-M.)

[2] Il faudrait *ressentiment*. (V.)

Si nos prêtres, avant que de sacrifier,
Ne trouvoient les moyens de le purifier :
Son père en prendra soin; il lui sera facile
D'apaiser tout d'un temps les mânes de Camille.
Je la plains; et pour rendre à son sort rigoureux
Ce que peut souhaiter son esprit amoureux,
Puisqu'en un même jour l'ardeur d'un même zèle
Achève le destin de son amant et d'elle,
Je veux qu'un même jour, témoin de leurs deux morts,
En un même tombeau voie enfermer leurs corps [1].

[1] Dans les premières éditions, la pièce ne se termine point ici. Julie, qui assistait à la scène précédente, restée seule sur le théâtre après la sortie du roi et des autres personnages, y prononce les trois stances suivantes :

> Camille, ainsi le ciel t'avoit bien avertie
> Des tragiques succès qu'il t'avoit préparés ;
> Mais toujours du secret il cache une partie
> Aux esprits les plus nets et les mieux éclairés.
>
> Il sembloit nous parler de ton proche hyménée,
> Il sembloit tout promettre à tes vœux innocents ;
> Et, nous cachant ainsi ta mort inopinée,
> Sa voix n'est que trop vraie en trompant notre sens.
>
> « Albe et Rome aujourd'hui prennent une autre face.
> « Tes vœux sont exaucés ; elles goûtent la paix ;
> « Et tu vas être unie avec ton Curiace,
> « Sans qu'aucun mauvais sort t'en sépare jamais*. » (1641-48.)

* Ce commentaire de Julie sur le sens de l'oracle est visiblement imité de la fin du *Pastor fido*; mais, dans l'italien, cette explication fait le dénouement; elle est dans la bouche de deux pères infortunés; elle sauve la vie au héros de la pièce. Ici, c'est une confidente inutile qui dit une chose inutile. Ces vers furent récités dans les premières représentations.
Les lecteurs raisonnables trouveront bon sans doute qu'on ait ainsi remarqué avec une équité impartiale les grandes beautés et les défauts de Corneille, et qu'on poursuive dans cet esprit. Un commentateur n'est pas un avocat qui cherche seulement à faire valoir en tout la cause de sa partie; et ce seroit trahir la mémoire de Corneille que de ne pas imiter la candeur avec laquelle il se juge lui-même. On doit la vérité au public. (V.)

FIN.

EXAMEN D'HORACE.

C'est une croyance assez générale que cette pièce pourroit passer pour la plus belle des miennes, si les derniers actes répondoient aux premiers. Tous veulent que la mort de Camille en gâte la fin, et j'en demeure d'accord; mais je ne sais si tous en savent la raison. On l'attribue communément à ce qu'on voit cette mort sur la scène; ce qui seroit plutôt la faute de l'actrice que la mienne, parceque, quand elle voit son frère mettre l'épée à la main, la frayeur, si naturelle au sexe, lui doit faire prendre la fuite, et recevoir le coup derrière le théâtre, comme je le marque dans cette impression. D'ailleurs, si c'est une règle de ne le point ensanglanter, elle n'est pas du temps d'Aristote, qui nous apprend que, pour émouvoir puissamment, il faut de grands déplaisirs, des blessures et des morts en spectacle. Horace ne veut pas que nous y hasardions les événements trop dénaturés, comme de Médée qui tue ses enfants; mais je ne vois pas qu'il en fasse une règle générale pour toutes sortes de morts, ni que l'emportement d'un homme passionné pour sa patrie contre une sœur qui la maudit en sa présence avec des imprécations horribles, soit de même nature que la cruauté de cette mère. Sénèque l'expose aux yeux du peuple, en dépit d'Horace; et, chez Sophocle, Ajax ne se cache point aux spectateurs lorsqu'il se tue. L'adoucissement que j'apporte dans le second de ces discours pour rectifier la mort de Clytemnestre ne peut être propre ici à celle de Camille. Quand elle s'enferreroit d'elle-même par désespoir en voyant son frère l'épée à la main, ce frère ne laisseroit pas d'être criminel de l'avoir tirée contre elle, puisqu'il n'y a point de troisième personne sur le théâtre à qui il pût adresser le coup qu'elle recevroit, comme peut faire Oreste à Ægisthe. D'ailleurs, l'histoire est trop connue pour retrancher le péril qu'il court d'une mort infame après l'avoir tuée; et la défense que lui prête son père pour obtenir sa grace n'auroit plus de lieu, s'il demeuroit innocent. Quoi qu'il en soit, voyons si cette action n'a pu causer la chute de ce poëme que par-là, et si elle n'a point d'autre irrégularité que de blesser les yeux.

Comme je n'ai point accoutumé de dissimuler mes défauts, j'en trouve ici deux ou trois assez considérables. Le premier est que cette action, qui devient la principale de la pièce, est momentanée, et n'a point cette juste grandeur que lui demande Aristote, et qui consiste en un commencement, un milieu, et une fin. Elle surprend tout d'un coup; et toute la préparation que j'y ai donnée par la peinture de la vertu farouche d'Horace, et par la défense qu'il fait à sa sœur de regretter qui que ce soit de lui ou de son amant qui meure au combat, n'est point suffisante pour faire attendre un emportement si extraordinaire, et servir de commencement à cette action.

Le second défaut est que cette mort fait une action double par le second péril où tombe Horace après être sorti du premier. L'unité de péril d'un héros dans la tragédie fait l'unité d'action; et quand il en est garanti, la pièce est finie, si ce n'est que la sortie même de ce péril l'engage si nécessairement dans un autre, que la liaison et la continuité des deux n'en fasse qu'une action; ce qui n'arrive point ici, où Horace revient triomphant sans aucun besoin de tuer sa sœur, ni même de parler à elle; et l'action seroit suffisamment terminée à sa victoire. Cette chute d'un péril en l'autre, sans nécessité, fait ici un effet d'autant plus mauvais, que d'un péril public, où il y va de tout l'état, il tombe en un péril particulier, où il n'y va que de sa vie; et, pour dire encore plus, d'un péril illustre, où il ne peut succomber que glorieusement, en un péril infame, dont il ne peut sortir sans tache. Ajoutez, pour troisième imperfection, que Camille, qui ne tient que le second rang dans les trois premiers actes, et y laisse le premier à Sabine, prend le premier en ces deux derniers, où cette Sabine n'est plus considérable; et qu'ainsi s'il y a égalité dans les mœurs, il n'y en a point dans la dignité des personnages, où se doit étendre ce précepte d'Horace :

> Servetur ad imum
> Qualis ab incepto processerit, et sibi constet.

Ce défaut en Rodelinde a été une des principales causes du mauvais succès de *Pertharite*, et je n'ai point encore vu sur nos théâtres cette inégalité de rang en un même acteur, qui n'ait produit un très méchant effet. Il seroit bon d'en établir une règle inviolable.

Du côté du temps, l'action n'est point trop pressée, et n'a rien qui ne me semble vraisemblable. Pour le lieu, bien que l'unité y soit exacte, elle n'est pas sans quelque contrainte. Il est constant qu'Horace et Curiace n'ont point de raison de se séparer du reste de la famille pour commencer le second acte; et c'est une adresse de théâtre de n'en donner aucune, quand on n'en peut donner de bonnes. L'attachement de l'auteur à l'action présente souvent ne lui permet pas de descendre à l'examen sévère de cette justesse, et ce n'est pas un crime que de s'en prévaloir pour l'éblouir, quand il est malaisé de le satisfaire.

Le personnage de Sabine est assez heureusement inventé, et trouve sa vraisemblance aisée dans le rapport à l'histoire, qui marque assez d'amitié et d'égalité entre les deux familles pour avoir pu faire cette double alliance.

Elle ne sert pas davantage à l'action que l'infante à celle du *Cid*, et ne fait que se laisser toucher diversement, comme elle, à la diversité des événements. Néanmoins on a généralement approuvé celle-ci, et condamné l'autre. J'en ai cherché la raison, et j'en ai trouvé deux : l'une est la liaison des scènes, qui semble, s'il m'est permis de parler ainsi, incorporer Sabine dans cette pièce, au lieu que, dans *le Cid*, toutes celles de l'infante sont détachées, et paroissent hors d'œuvre :

Tantum series juncturaque pollet.

L'autre, qu'ayant une fois posé Sabine pour femme d'Horace, il est nécessaire que tous les incidents de ce poëme lui donnent les sentiments qu'elle en témoigne avoir, par l'obligation qu'elle a de prendre intérêt à ce qui regarde son mari et ses frères; mais l'infante n'est point obligée d'en prendre aucun en ce qui touche le Cid; et si elle a quelque inclination secrète pour lui, il n'est point besoin qu'elle en fasse rien paroître, puisqu'elle ne produit aucun effet.

L'oracle qui est proposé au premier acte trouve son vrai sens à la conclusion du cinquième. Il semble clair d'abord, et porte l'imagination à un sens contraire; et je les aimerois mieux de cette sorte sur nos théâtres, que ceux qu'on fait entièrement obscurs, parceque la surprise de leur véritable effet en est plus belle. J'en ai usé ainsi encore dans l'*Andromède* et dans l'*OEdipe*. Je ne dis pas la même chose des songes, qui peuvent faire encore un grand ornement dans la protase, pourvu qu'on ne s'en serve pas souvent. Je voudrois qu'ils eussent l'idée de la fin véritable de la pièce, mais avec quelque confusion qui n'en permît pas l'intelligence entière. C'est ainsi que je m'en suis servi deux fois, ici et dans *Polyeucte*, mais avec plus d'éclat et d'artifice dans ce dernier poëme, où il marque toutes les particularités de l'événement, qu'en celui-ci, où il ne fait qu'exprimer une ébauche tout-à-fait informe de ce qui doit arriver de funeste.

Il passe pour constant que le second acte est un des plus pathétiques qui soient sur la scène, et le troisième un des plus artificieux. Il est soutenu de la seule narration de la moitié du combat des trois frères, qui est coupée très heureusement pour laisser Horace le père dans la colère et le déplaisir, et lui donner ensuite un beau retour à la joie dans le quatrième. Il a été à propos, pour le jeter dans cette erreur, de se servir de l'impatience d'une femme qui suit brusquement sa première idée, et présume le combat achevé, parcequ'elle a vu deux Horaces par terre, et le troisième en fuite. Un homme, qui doit être plus posé et plus judicieux, n'eût pas été propre à donner cette fausse alarme; il eût dû prendre plus de patience, afin d'avoir plus de certitude de l'événement, et n'eût pas été excusable de se laisser emporter si légèrement, par les apparences, à présumer le mauvais succès d'un combat dont il n'eût pas vu la fin.

Bien que le roi n'y paroisse qu'au cinquième, il y est mieux dans sa dignité que dans *le Cid*, parcequ'il a intérêt pour tout son état dans le reste de la pièce; et, bien qu'il n'y parle point, il ne laisse pas d'y agir comme roi. Il vient aussi dans ce cinquième comme roi qui veut honorer par cette visite un père dont les fils lui ont conservé sa couronne, et acquis celle d'Albe au prix de leur sang. S'il y fait l'office de juge, ce n'est que par accident; et il le fait dans ce logis même d'Horace, par la seule contrainte qu'impose la règle de l'unité de lieu. Tout ce cinquième est encore une des causes du peu de satisfaction que laisse cette tragédie: il est tout en plaidoyers; et ce n'est pas là la place des harangues ni des longs discours: ils peuvent être supportés en un commencement de pièce, où l'action n'est pas encore échauffée; mais le cinquième acte doit plus agir que discourir. L'attention de l'auditeur, déja lassée, se rebute de ces conclusions qui traînent et tirent la fin en longueur.

Quelques uns ne veulent pas que Valère y soit un digne accusateur d'Horace, parceque, dans la pièce, il n'a pas fait voir assez de passion pour Camille; à quoi je réponds que ce n'est pas à dire qu'il n'en eût une très forte; mais qu'un amant mal voulu ne pouvoit se montrer de bonne grace à sa maîtresse dans le jour qui la rejoignoit à un amant aimé. Il n'y avoit point de place pour lui au premier acte, et encore moins au second : il falloit qu'il tînt son rang à l'armée pendant le troisième; et il se montre au quatrième, sitôt que la mort de son rival fait quelque ouverture à son espérance : il tâche à gagner les bonnes graces du père par la commission qu'il prend du roi de lui apporter les glorieuses nouvelles de l'honneur que ce prince lui veut faire; et, par occasion, il lui apprend la victoire de son fils, qu'il ignoroit. Il ne manque pas d'amour durant les trois premiers actes, mais d'un temps propre à le témoigner ; et, dès la première scène de la pièce, il paroît bien qu'il rendoit assez de soins à Camille, puisque Sabine s'en alarme pour son frère. S'il ne prend pas le procédé de France, il faut considérer qu'il est Romain, et dans Rome, où il n'auroit pu entreprendre un duel contre un autre Romain sans faire un crime d'état, et que j'en aurois fait un de théâtre, si j'avois habillé un Romain à la françoise.

FIN DU TROISIÈME VOLUME.

TABLE DES PIÈCES

CONTENUES

DANS LE TOME TROISIÈME.

L'Illusion, comédie. Page	1
Le Cid, tragédie.	107
Horace, tragédie.	269

FIN DE LA TABLE.

www.ingramcontent.com/pod-product-compliance
Lightning Source LLC
Chambersburg PA
CBHW071857230426
43671CB00010B/1379